Criminalidade Organizada Transnacional

Criminalidade Organizada Transnacional

CORPUS DELICTI – I

2019

Coordenação
Manuel Monteiro Guedes Valente

ALMEDINA

CRIMINALIDADE ORGANIZADA TRANSNACIONAL
CORPUS DELICTI - I

COORDENAÇÃO
Manuel Monteiro Guedes Valente

AUTOR DO BORRÃO DA CAPA
Gabriel Berjano Valente

EDITOR
EDIÇÕES ALMEDINA, S.A.
Rua Fernandes Tomás, n.os 76-80
3000-167 Coimbra
Tel.: 239 851 904 · Fax: 239 851 901
www.almedina.net · editora@almedina.net

DESIGN DE CAPA
FBA.

PRÉ-IMPRESSÃO
EDIÇÕES ALMEDINA, SA

IMPRESSÃO E ACABAMENTO
DPS - Digital Printing Services
Dezembro, 2019

DEPÓSITO LEGAL
464780/19

Este trabalho é financiado por Fundos Nacionais através da FCT – Fundação para a Ciência e a Tecnologia no âmbito do projecto Ref.ª: UID/DIR/04441/ /2019".

ALMEDINA | GRUPOALMEDINA

BIBLIOTECA NACIONAL DE PORTUGAL – CATALOGAÇÃO NA PUBLICAÇÃO

CRIMINALIDADE ORGANIZADA TRANSNACIONAL

Criminalidade organizada transnacional / coord. Manuel Monteiro Guedes Valente
V. 1: Corpus delicti. – p. – ISBN 978-972-40-8223-3

I – VALENTE, Manuel Monteiro Guedes, 1970-

CDU 343

PLANO DA OBRA

APRESENTAÇÃO
CORPUS DELICTI: *ESTUDOS DE CRIMINALIDADE ORGANIZADA TRANSNACIONAL* 7

CRIMINALIDADE ORGANIZADA TRANSNACIONAL:
UM ESTUDO CRÍTICO JURÍDICO-POLÍTICO EMERGENTE
TRANSNATIONAL ORGANIZED CRIME:
AN EMERGING CRITICAL LEGAL-POLITICAL STUDY
Manuel Monteiro Guedes Valente 11

CRIMINALIDADE ORGANIZADA – DAS FRONTEIRAS
À COOPERAÇÃO JUDICIÁRIA
ORGANIZED CRIME – FROM BORDERS TO JUDICIAL COOPERATION
Anabela Miranda Rodrigues 31

TRATAMIENTO JURÍDICO PENAL DE LAS SOCIEDADES
INSTRUMENTALES: ENTRE LA CRIMINALIDAD ORGANIZADA Y LA
CRIMINALIDAD EMPRESARIAL
CRIMINAL LEGAL TREATMENT OF INSTRUMENTAL SOCIETIES,
BETWEEN ORGANIZED CRIME AND CORPORATE CRIME
Laura Zuñiga Rodríguez 51

EMBARGO Y DECOMISO EN LA UNIÓN EUROPEA:
NOVEDADES LEGISLATIVAS Y RETOS
EMBARGO AND CONFISCATION IN THE EUROPEAN UNION:
LEGISLATIVE NEWS AND CHALLENGES
Teresa Aguado-Correa 99

DIREITO PENAL DO AMIGO: UMA ANÁLISE COMPORTAMENTAL DA CORRUPÇÃO SISTÊMICA
CRIMINAL LAW OF THE FRIEND: A BEHAVIORAL ANALYSIS OF SYSTEMIC CORRUPTION
Guilherme Cunha Werner 123

VISÃO CRIMINOLÓGICA DA TERMINOLOGIA ASSOCIADA AO TRÁFICO DE PESSOAS E AO AUXÍLIO À IMIGRAÇÃO ILEGAL PROMOVIDOS PELAS ORGANIZAÇÕES CRIMINOSAS
CRIMINOLOGICAL VIEW OF HUMAN TRAFFICKING AND SMUGGLING OF MIGRANTS TERMINOLOGY PROMOTED BY CRIMINAL ORGANIZATIONS
Maria João Guia 173

THE FEDERAL POLICE AND THE INVESTIGATION OF ORGANIZED CRIME
A POLÍCIA FEDERAL E A INVESTIGAÇÃO DO CRIME ORGANIZADO
Anthony W. Pereira 189

NOTAS ATUAIS SOBRE MEDIDAS CAUTELARES PATRIMONIAIS NO SISTEMA PROCESSUAL PENAL BRASILEIRO
CURRENT NOTES ON PRECAUTIONARY PROPERTY MEASURES IN THE BRAZILIAN CRIMINAL PROCEDURE SYSTEM
Marta Saad 207

COMPETÊNCIA MATERIAL DO TRIBUNAL PENAL INTERNACIONAL: INCLUSÃO E/OU EXCLUSÃO DA CRIMINALIDADE ORGANIZADA E DO TERRORISMO?
MATERIAL JURISDICTION OF THE INTERNATIONAL CRIMINAL COURT: INCLUSION AND / OR EXCLUSION OF ORGANIZED CRIME AND TERRORISM?
Maria João Escudeiro 237

INDAGINI TRANSNAZIONALI E TUTELA DEI DIRITTI FONDAMENTALI
TRANSNATIONAL INVESTIGATIONS AND PROTECTION OF FUNDAMENTAL RIGHTS
Giulio Illuminati 259

MÉTODOS EXPEDITOS DE OBTENÇÃO DE PROVA: OS VALORES DEMOCRÁTICOS EM RISCO?
EXPEDITED METHODS OF EVIDENCE: DEMOCRATIC VALUES AT RISK?
Germano Marques da Silva 273

APRESENTAÇÃO

CORPUS DELICTI: ESTUDOS DE CRIMINALIDADE ORGANIZADA TRANSNACIONAL

1. A criminalidade organizada transnacional, a par do fenómeno do terrorismo, tem sido o mote de muitas alterações legislativas. Há muito que os Estados assumiram o fenómeno da criminalidade como um fenómeno mutante, especializado, complexo, violento, plurilocalizado, organizado e transnacional. A consciência desta realidade tem colocado o desafio entre o Direito penal de justiça, quantas vezes deturpado e pouco estudado e explorado, por não ser subsumido a uma hermenêutica capaz de produzir uma exegese própria de uma solução adequada a responder aos desafios, e a defesa de um Direito penal persecutório securitário, justicialista, belicista, de segurança nacional ou do inimigo. Este dilema tem regido os Governos que tão fácil cedem à ideia de eficácia das medidas adotadas por meio da restrição de direitos, liberdades e garantias fundamentais pessoais em prol de uma segurança cognitiva.

Só estudos científicos capazes de colocar em cima da tábua da ciência uma investigação adequada que desenvolva um debate centralizante do e no rosto da pessoa humana como o núcleo do pensamento predisposto a solucionar as grandes questões suscitadas quantas vezes de forma enviusada: veja-se que a *vox populi* defende, sempre e em primeiro lugar, a mudança da legislação – da norma – e não o estudo da razão do porquê da norma não resolver a *vexata quaestio*. Uma ciência, que se quer séria, primeiro estuda as razões do falhanço e só depois avança para os ajustes e as alterações caso se manifestem necessárias.

Muitas vezes o problema está no desconhecimento do tecido jurídico, melhor do Direito enquanto pentagonia – *v. g.*, princípios gerais do Direito, princípios gerais de cada ramo do Direito, direito positivo [supraconstitucional, constitucional e infraconstitucional], jurisprudência e doutrina – e não na ausência de norma ou de Direito. Mas o poder político pensa que soluciona a *vexata quaestio* por meio da aprovação de uma 'nova' norma ou de um pseudonovo instituto jurídico e não pela prossecução de estudos científicos que possam elucidar as verdadeiras razões da não resolução da *vexata quaestio*. O problema não é a ausência de norma ou de direito; é a ausência de uma boa interpretação e aplicação do tecido jurídico legítimo, válido, vigente e efetivo.

2. Este projeto – ***Corpus Delicti*: Estudos de Criminalidade Organizada Transnacional** – insere-se na linha de investigação *Law and Governance* do *Ratio Legis* – Centro de I&D em Direito da Universidade Autónoma de Lisboa e tem como escopo a promoção de estudos científicos sobre o fenómeno da criminalidade organizada e o Direito, avocando para a investigação ciências paralelas ou corresponsáveis na [e pela] prevenção e repressão de fenómenos criminais detratores dos valores nucleares de uma sociedade constitucionalizada e democrática. Pretende-se contribuir para a construção de um pensar científico adequado a resolver problemas de hermenêutica, exegese e operativos em obediência a uma política criminal transistemática ao Direito penal que lhe determina o *se* e *como* da intervenção.

O projeto foi desenhado em Brasília nos *idos* de setembro de 2015, na Escola Superior de Polícia da Academia Nacional de Polícia – Polícia Federal [ESP/ANP-PF], tendo o seu primeiro evento internacional ocorrido na mesma cidade a 9 de março de 2016 e sido dedicado ao tema *Criminalidade Organizada Transnacional: Investigação, Direito e Ciência*, cujas intervenções foram publicadas pela Almedina Brasil. Nos dias 20 a 22 de novembro de 2018, o *Ratio Legis* – Centro de I&D em Direito da Universidade Autónoma de Lisboa [UAL] realizou o segundo evento internacional com a participação de professores/investigadores da UAL, da Universidade Católica Portuguesa [UCP], da Universidade de Coimbra [UC], da Universidade do Minho [UMinho], do Instituto Superior de Contabilidade e Administração de Lisboa

[ISCAL], da Universidade de São Paulo [USP], da Pontifícia Universidade Católica do Rio Grande do Sul [PUC-RS], da Universidade Federal do Rio de Janeiro [UFRJ], da ESP/ANP-PF, da Universidade de Salamanca [USAL], da Universidade de Sevilha [US], da Universidade de Bolonha [UBOL], e do King's College London [KCL].

Este evento – I Seminário Internacional: Estudos de Criminalidade Organizada Transnacional [SIECO I] – colocou em diálogo a Política Criminal, a Criminologia, a Ciência Política, o Direito Penal e o Direito Processual Penal, e promoveu o debate entre professores universitários, advogados, polícias, politólogos e criminólogos. É nosso ensejo convocar também para o debate do SIECO II juízes e procuradores e, assim, completar o quadro dos operadores judiciários de modo a alargar o espaço de discussão teórico-prática e a aprofundar cada um dos temas e subtemas integrantes do fenómeno da criminalidade organizada transnacional. Mais do que interdisciplinar, pretende-se um olhar multidisciplinar e transdisciplinar sobre um fenómeno que pode provocar uma mutação drástica do nosso tecido jurídico provocando uma forte [se não desmesurada] restrição de direitos, liberdades e garantias fundamentais pessoais.

3. Este volume inicia a coleção que se pretende manter ao longo de vários anos sobre o estudo da criminalidade organizada transnacional, mantendo a dialética de várias áreas científicas que tratam deste fenómeno. Do primeiro evento científico e a par do Signatário [UAL/*Ratio Legis*], integram este volume dez (10) – Anabela Miranda Rodrigues [UC], Laura Zuñiga Rodriguez [USAL], Teresa Aguado-Correa [US], Guilherme Cunha Werner [USP/ESP/ANP-PF], Maria João Guia [UAL-*Ratio Legis*], Anthony W. Pereira [KCL], Marta Saad [USP], Maria João Escudeiro [ISCAL], Giulio Illuminati [UBOL] e Germano Marques da Silva [UCP] – dos 18 conferencistas, sendo que o **Criminalidade Organizada Transnacional – *Corpus Delicti* II** já se encontra em fase de estruturação e trará à luz do dia os contributos dos outros conferencistas e moderadores de modo a ser lançado em maio de 2020, mês em que se realizará o SIECO II. É de realçar que alguns conferencistas/autores e todos os moderadores do SIECO I integram o *Ratio Legis* – Centro de I&D da UAL como investigadores.

Cabe-nos, neste ponto, frisar que este evento e a publicação do **Criminalidade Organizada Transnacional – *Corpus Delicti* I** teve o apoio do Instituto de Cooperação Jurídica Internacional, Instituto Universitário do Rio de Janeiro, Alexandre Wunderlich – Advogados, Feldens. Madruga – Sociedade de Advogados, Geraldo Prado – Consultoria Jurídica, e foi financiado por *Fundos Nacionais através da FCT – Fundação para a Ciência e a Tecnologia no âmbito do Projecto Ref.ª: UID/DIR/04441/2019.*

Os conferencistas e moderadores do SIECO I são credores de uma palavra de agradecimento por terem estado presentes, participarem e contribuírem para o debate científico sobre um tema que merece a atenção e dedicação de toda a comunidade científica. A todos, incluindo apoiantes e patrocinadores, o nosso muito obrigado.

Lisboa/Pinhal Novo, 05 de outubro e 30 dezembro de 2019

O Coordenador,
MANUEL MONTEIRO GUEDES VALENTE

CRIMINALIDADE ORGANIZADA TRANSNACIONAL: UM ESTUDO CRÍTICO JURÍDICO-POLÍTICO EMERGENTE[1]

TRANSNATIONAL ORGANIZED CRIME: AN EMERGING CRITICAL LEGAL-POLITICAL STUDY

MANUEL MONTEIRO GUEDES VALENTE
Doutor em Direito
Professor Associado da Universidade Autónoma de Lisboa
Advogado & Jurisconsulto

RESUMO: O texto critica a legiferação difusa e confusa de tópicos jurídicos como a criminalidade organizada transnacional, a criminalidade estruturada, a criminalidade de massa e a criminalidade itinerante, negando a segurança jurídica e a unidade da lei penal. Analisa a evolução desorientada e assistemática legislativa, nacional e supranacional – CNUCOT –, assim como a construção doutrinária de criminalidade organizada. O autor termina apresentando uma concetualização própria de criminalidade organizada transnacional dentro de uma política criminal do ser humano.

Palavras-chave: criminalidade organizada; legiferação; segurança jurídica; direito; critérios.

ABSTRACT: The text criticizes the diffuse and confusing lawmaking of legal topics such as transnational organized crime, structured crime, mass crime and itinerant crime, denying legal certainty and the unity of criminal law. It analyzes the disoriented and asymmetrical legislative, national and supranational evolution – CNUCOT –, as well as the doctrinal construction of organized crime. The author ends by presenting his own conceptualization of transnational organized crime within a criminal policy of the human person.

Keywords: organized crime; lawmaking; legal certainty; law; discretion.

---

[1] **Como citar este artigo:**
VALENTE, MANUEL MONTEIRO GUEDES (2019). Criminalidade Organizada Transnacional: Um brevíssimo estudo crítico jurídico-político emergente. In: Manuel Monteiro Guedes Valente (Coord.). *Criminalidade Organizada Transnacional – Corpus Delicti* I. Coimbra: Almedina, pp. 11-30.

Este artigo tem como base o texto por nós escrito e publicado em 2017 – VALENTE, MANUEL MONTEIRO GUEDES (2017). Criminalidade organizada: tópico juscriminológico supranacional. In: *Criminalidade Organizada. Investigação, Direito e Ciência*. Coord. Eliomar da Silva Pereira, Guilherme Cunha Werner e Manuel Monteiro Guedes Valente. São Paulo: Almedina Brasil, pp. 123-139 –, sendo que, neste texto, procedemos a alterações significativas de conteúdo e de desafios científico-jurídicos.

1. ENQUADRAMENTO GERAL. O PROBLEMA LEGIFERATIVO: TÓPICOS CONFUSOS E DIFUSOS. A QUEBRA DE CONFIANÇA. A RELAÇÃO UMBILICAL ENTRE CRIMINALIDADE ORGANIZADA TRANSNACIONAL E O FENÓMENO DO TERRORISMO. OS EFEITOS NEGATIVOS DESREGULAÇÃO E A INTERIORIDADE GLOBAL

A criminalidade organizada transnacional afirmou-se como a medula persecutória da política criminal securitária e justicialista nos ditos Estados de direito democrático. Não esperem uma solução ou uma proposta de solução demonstrativa. Esperem uma posição falibilista e verificacionista, em que a verdade científica se afirma como mera conjetura à espera da sua refutação e com que sempre temos estudado os fenómenos sociais, políticos e jurídicos, em especial os jurídico-criminais.

A **criminalidade organizada** é, no plano jurídico – *v. g.*, jurídico-criminal –, um **conceito difuso** e **confuso** e espelha uma dinâmica global persecutória ilimitada na sociedade atual por gerar um **temor cognitivo exacerbado e incontrolável** sempre que os **meios de comunicação social** falam em **criminalidade organizada** ou em **associações criminosas** ou em **bandos criminosos** sempre com **o mesmo sentido literário, jurídico** e **político**. Mas esta similitude concetual, na realidade, não tem o mesmo sentido jurídico [e político] nem a mesma dimensão social e muito menos a mesma *tipicidade*, *antijuridicidade* (ilicitude) e *censurabilidade* ético-jurídica (culpabilidade). São tópicos dominantes do múnus jurídico-criminal provenientes de uma política criminal desorientada e assimétrica, quando não muitas vezes sem a mínima sistemática. Poder-se-ia, até, afirmar que as dimensões fácticas integrantes destes tópicos – *facto* – geram a lesão de *valor*[es] subsumíveis a *norma*[s], mas os factos, os valores e, por consequência, as normas refletem uma assisada diferença material.

Existe, hoje e cada vez mais, uma associação fático-histórica entre a criminalidade organizada e o fenómeno do terrorismo, cujo 11 de setembro se afirmou como **"acontecimento histórico" para os *mass media*** (MANCINI 2006), e o 11 de março (Madrid, 2004) e o 7 de julho (Londres, 2005), reforçados com os atentados de Paris, Barcelona, Londres, Bruxelas, **mudaram** para sempre o **pensar** sobre a **liberdade**, a **justiça** e a **segurança** desde logo por se ter **quebrado a confiança** relacional própria da intercomunicabilidade subjetiva. O princípio da confiança das relações humanas sociais, culturais, políticas e jurídicas evaporou-se com a admissão no sistema jurídico de alguns Estados [de direito democrático] da construção da pessoa humana como *coisa* ou da pessoa humana *objeto* da ação penal, que valida e legitima, no quadro persecutório, medidas de intervenção policial e judiciária ajurídicas e aconstitucionais face ao seu elevado teor restritivo do exercício de direitos e liberdades fundamentais pessoais, assim como delatoras das garantias processuais penais.

O tópico '*criminalidade organizada*' e o tópico '*terrorismo*', que têm sido associados como fundamento de alterações legislativas ou de implementação de institutos jurídicos, em especial os referentes à teoria da prova, com o epíteto de novos, quando na realidade são retrógrados, ganharam elevada dimensão na proliferação de uma política [securitária e não criminal] do medo e da incerteza ou da ameaça.

A ideia de implementação de pseudonovos institutos probatórios, que mais não têm como base a máxima eficácia – identificar e deter os agentes de um suposto crime –, está bem presente na questão da delação premiada. Uns defendem-na como um instituto evoluído, indicando alguns países europeus – Espanha, Alemanha, Itália – como exemplo de países evoluídos que detém a delação premiada, melhor a colaboração premiada. Estamos perante um argumento falacioso e demonstrativo de um desconhecimento concreto do nosso tecido jurídico, desde logo porque não é por um Estado como a Alemanha ter um tal instituto se pode dizer que esse Estado é mais evoluído na ciência jurídica do que o Estado português [talvez se se conhecesse melhor a história do Direito penal e o contributo que os jus criminalistas portugueses do século XIX deram à ciência jurídico-criminal, aperceber-se-iam de que há muito havíamos defendido princípios e institutos jurídicos que os alemães só propalaram em pleno século XX – *v. g.*, o princípio da lealdade e da transparência da atuação do Estado persecutório apresentado e desenvolvido pelo Professor Duarte Nazareth da Universidade de Coimbra (1849)]; em segundo lugar, o tecido jurídico-criminal português já tem inscrito o instituto de atenuação especial da pena para os agentes que *colaborarem* na *descoberta da verdade* e na *realização da justiça* – *v. g.*, artigos 299.º, n.º 4 (associação criminosa), 368.º-A, n.ºs 7, 8 e 9 (branqueamento), 374.º-B (dispensa ou atenuação de pena para os crimes de participação em negócio e corrupção), conjugados com os artigos 72.º e 73.º, todos do CP; artigos 2.º, n.º 5 (organizações terroristas), 4.º, n.º 13 (terrorismo) e 5.º-A, n.º 3 (financiamento ao terrorismo), todos da Lei de Combate ao Terrorismo; artigo 31.º (atenuação ou dispensa de pena) refente aos crimes p.

e p. pelos artigos 21.º (tráfico), 22.º (precursores) e 28.º (associações criminosas), todos do DL n.º 15/93, de 22 de janeiro, que aprovou a legislação de prevenção e repressão da droga. O instituto já existe, impõe-se a sua hermenêutica e exegese, que implica um estudo aprofundado pelos operadores judiciários. Poder-se-á afirmar que se pede que se garanta ao agente do crime que colabora com a justiça uma efetiva tutela sem deturpação dos princípios basilares do sistema de justiça criminal português, em especial o princípio da legalidade cuja materialização exige o princípio da igualdade que garanta a dignidade da pessoa humana – *o homem um fim em si mesmo* (Kant) – e evite que a pessoa se converta num meio e, muito menos, num objeto em si mesmo.

A aceção projetada pela política do medo – política de segurança máxima e de justiça eficaz – coloca em cima da tábula da ciência os *efeitos negativos da globalização e glocalização desregulada*, cujo efeito real se manifesta na ***desfocagem social*** [deixa da haver uma axiologia conceitual social – "desaparece a distinção entre inimigo e amigo, soldado e civil, guerra e paz" (Beck 2011), na ***desterritorialização das ameaças*** [criminalidade organizada e terrorismo globalizam-se, organizam-se e interligam-se por meios das novas tecnologias e da sociedade digital ou do ser digital (Beck 2011) e na ***desfocagem ou liquidificação dos perigos*** [toda a criminalidade associada a estes fenómenos tem vários atores, em vários tempos e vários espaços e com vários objetos de trabalho ilícito – tráfico de droga internacional, de armas, de seres humanos, de órgãos humanos, corrupção, branqueamento – e outros fenómenos naturais como alterações climáticas que se expressam/ /manifestam dia-a-dia (Beck 2011).

Tudo está em cima dessa tabuleta científica e o mundo terrestre deixou de ser um bloco de Estados, regional, continental e internacional. O globo terrestre passou a ser um ***espaço interior global***. A **globalização da vida humana gerou um só espaço interior global** onde todos nós circulamos e assumimos a necessidade de uma nova ordem jurídica supranacional, a admitimos política e juridicamente e a integramos na ordem jurídica de cada Estado. Admitimo-la como mudança, como corte verticorizontal[2], quando se exige que seja reflexo de uma metamorfose (Beck 2017) constante que aproveita os vértices positivos das arestas e dimensões negativas do polígono 'vida humana'.

[2] Corte de 90º.

Mas o conceito de criminalidade organizada é muitas vezes confundido com a designada **criminalidade de massa** e promove uma esquizofrenia legislativa[3] interna para apetrechar os meios formais de controlo de instrumentos jurídicos de reação aos fenómenos criminais de massa – *criminalidade de massa* – com a ideia de que estamos no quadro da criminalidade organizada: *v. g.*, crimes violentos, roubos, furto de automóveis, tráfico de droga de distribuição direta ou mesmo localizada numa determinada zona territorial de um Estado.

A esta panóplia tópica conflituante de criminalidade acresce outra que se confunde com a criminalidade organizada: a designada **criminalidade itinerante.** Esta criminalidade assenta a sua base de apoio operacional e funcional nos pequenos delitos – em regra, crimes previstos e punidos com uma pena de prisão até aos 5 anos – e desenvolve-se em cidades de um só Estado e /ou, também, espalha-se por várias cidades de vários Estados soberanos. Poder-se-ia, no máximo e no âmbito jurídico, afirmar que estamos perante uma **criminalidade estruturada itinerante transnacional**, mas não se nos afigura adequado designá-la de criminalidade organizada itinerante transnacional, por encrustar-se em *grupos estruturados* ou em *bandos* criminosos.

Mas o recurso a esta concetualização confusa e em nada objetiva – criminalidade organizada [transnacional] – promove tão-só o sobressalto da **população,** germina a ideia de uma criminalidade assente em **uma ameaça difusa, interna** e **externa** (sem controlo emocional, político e jurídico ou, melhor, sob um controlo efetivo por se explanar enquanto controlo 'líquido') e, em simultâneo, semeia **«medo»** através da demonstração de uma **impotência** do Estado para a prevenir e reprimir [Hassemer 1995: 89-97 (91-92)].

O fenómeno da **criminalidade itinerante** enquadra-se na designada **criminalidade de rua** ou de **massa**, projetado [quantas vezes hiperbolizado] pelos *mass media*, **não pode deturpar** o **investigador** e o **cientista** na **prevenção** e na **repressão de um "crime organizado"** que, no fundo, **não tem os elementos político-criminais, criminológicos e jus criminais**

[3] Violando-se o princípio da segurança jurídica como consequência da inexistência do princípio da reserva de código, criando-se uma ideia falsa de melhor e mais direito quando na realidade é o oposto (Zippelius 1998: 388-391; Ferrojoli 2005: 370-371, 382-384 (384), 410e 868; Valente 2017 & 2019: 173-189 & 127-134).

que justifiquem a **intensificação**, a **ampliação** e a **proliferação** de **meios de investigação** promotores de uma total devassa dos direitos e liberdades fundamentais, assentes e germinadores de uma **visão/opção distorcida** da prevenção e repressão da verdadeira criminalidade organizada. O que temos, em essência, é uma ***criminalidade estruturada*** e muito longe da verdadeira criminalidade organizada: podendo, a título introdutório, afirmar-se como sendo aquela que os operadores do Estado não conseguem prevenir e nem reprimir por os agentes da mesma dominarem parte ou partes ou no todo as estruturas e os respetivos sistemas de poder do Estado.

2. ANÁLISE DOUTRINÁRIA NA LINHA DO PENSAMENTO HASSEMERIANO. UMA CONFLITUALIDADE CONCETUAL E DESENFREADA. A TEORIA DE TUDO (O NADA). O AFASTAMENTO DOS CRITÉRIOS TRADICIONAIS

O tópico da *criminalidade organizada* é utilizado como **instrumento político-legislativo** e insere-se no **discurso do *panéon*** e no **discurso da implementação de uma reversão do Direito penal do fato para o Direito penal de autor**, iniciando o seu percurso com o Direito penal securitário e justicialista, autoritário e totalizando, culminando em Direito penal do inimigo.

Este **pensamento** é, de forma contundente, **projetado** no e contra interior daqueles que defendem o **Direito penal garantista** ou **liberal--garantista**, desenvolvido descortinado com uma elevada profundidade e grandeza filosófico-política e filosófico-jurídica por Luigi Ferrajoli (2005), e contra o nosso **Direito penal do ser humano** (Valente 2013), assim contra os defensores do *Direito penal do fato* e/ou do *Direito penal do bem jurídico* sempre que haja a pequena hipótese de falar sobre um fenómeno criminal que revista alguma dificuldade de prevenção, de atividade investigativa e repressiva. Mas opta-se , sempre, pelo discurso fácil e recaímos sempre em redundâncias acientíficas e ajurídicas que bloqueiam no futuro a prevenção, a repressão desde o início da investigação e a posterior repressão por parte do Tribunal. Não podemos esquecer o sinalagma jus filosófico e físico-matemático: *o tudo é nada* e *o nada é tudo*. Desta feita e face ao axioma persecutório expresso nas alterações legislativas e na fundante exposição de motivos ou de considerandos, podemos afirmar que *tudo é criminalidade organizada e nada é criminalidade organizada.*

A massificação de um ser ou de uma coisa ou de uma edificação jurídica gera uma inutilização ou neutralização automática da negatividade intrínseca a essa conduta: neutraliza a *censurabilidade* ético-jurídica (culpabilidade), neutraliza a *antijuridicidade* (ilicitude), neutraliza a *tipicidade*. A teoria do *tudo* evapora, ôntico (ser) e ontologicamente (conteúdo do ser), toda e qualquer assunção material de crime e deslegitima a assunção penal material e processual. A teoria do tudo nega a transistematização da política criminal que dita o *se* e o *como* do Direito penal, cuja nota central se sente e se ouve no *como* da sua intervenção.

Para compreensão destas nossas ideias iniciais, destinadas a reforçar a vossa dúvida sobre a minha sanidade ou sobre a sanidade do legislador, trazemos à colação o pensamento de WINFRIED HASSEMER[4], cujas posições jus doutrinárias asseveram uma crítica forte e nos obrigam a refletir sobre um tema muito demasiado sério para ser tratado como uma coisa 'banal': a criminalidade organizada transnacional enquanto tópico jurídico-político nacional e supranacional com raízes localizadas e embrenhadas nas estruturas dos poderes públicos e privados dos Estados. Só existe criminalidade organizada quando o Estado se vê incapaz e se sente ou consciencializa incompetente para prevenir e reprimir as atividades criminosas desses grupos invisíveis.

Se, por um lado, HASSEMER alertou para o **perigo** que existia na **tipificação** ou na **verbalização jurídica** do **conceito** de **criminalidade organizada** quando na realidade estamos a **falar de criminalidade de massa**, por outro, poder-se-á elucidar que **não há consenso** quanto à tipologia deste fenómeno que é utilizado para reforçar e promover meios intrusivos desproporcionais de investigação criminal e para legitimar um controlo a distância de todos os cidadãos. Este discurso disforme e controverso tem germinado a semente amplificadora da teoria do direito penal do inimigo, ancorado num discurso paneónico da vida em comunidade.

Os **critérios** de **«participação de bandos bem organizados»** ou de **«atividade criminosa habitual e profissional»** não podem ser avocados como os principais **elementos caracterizadores** da criminalidade organizada. Pois, são critérios integrantes de toda e qualquer tipologia

---

[4] Professor universitário, pensador do Direito, jus penalista e constitucionalista alemão, Ministro do Supremo Tribunal Federal Alemão – Karlsruhe –, que faleceu no dia 10 de janeiro de 2013.

criminal: bagatela, localizada, itinerante, complexa, especializada, violenta, estruturada e organizada. Estes **elementos/critérios** encontram-se na **criminalidade de massa, diária** e em **todas as formas de criminalidade** (HASSEMER 1995: 91-93). Desta feita, consideramos que **são critérios correntes** e não especializados e específicos identitários da prática de crime organizado, pelo que dão a um assunto tão sério – criminalidade organizada – um ar supérfluo.

Podemos afirmar que esses critérios tradicionais diminuem a complexidade e a elevada especialidade criminógena inerente ao verdadeiro crime organizado [transnacional] e afastam quaisquer argumentos na qualificação jurídica dos tópicos jurídicos. Retiram a fundamentação de que se precisa de alterar a teoria da lei penal, a teoria do crime ou a teoria da pena, assim como os meios persecutórios – pressupostos materiais e formais –, para dar maior eficácia e eficiência à prevenção e à repressão dessa criminalidade.

3. O QUADRO JURÍDICO CONCEITUAL INTRÍNSECO AOS CÓDIGOS E LEGISLAÇÃO AVULSA PENAIS. A CONSTRUÇÃO (A)JURÍDICA (E POLÍTICA) DAS NAÇÕES UNIDAS – A CONVENÇÃO DE PALERMO. OS CRITÉRIOS AXIOMÁTICOS DA DOGMÁTICA PENAL DOS ÚLTIMOS 40 ANOS. A NOSSA POSIÇÃO

3.1. Análise global jurídico-criminal positiva. A conflitualidade discursiva dogmático-jurídico-criminal. A necessária descida ao discurso dogmático

Os códigos penais e a legislação penal de cada Estado têm uma nomenclatura topológica jurídica adequada a gerar uma conflitualidade concetual e uma incerteza interpretativa jurídico-criminal e constitucional. Têm uma construção adequada a violar o princípio constitucional material da segurança jurídica.

Todos os códigos penais têm o crime de **associação criminosa** e, até há poucos anos atrás (2003), previam e puniam os crimes de *organização terrorista* e de *terrorismo*[5]. A dificuldade de tipificação objetiva do tipo legal de

---

[5] Para uma melhor aceção e compreensão deste tema VALENTE (2003 & 2004: 375-413 e 419-457).

crime sobre a dimensão organizacional ou estrutural da associação criminosa – se quatro (4), se três (3) ou se bastavam duas (2) pessoas para se considerar que estávamos perante uma associação criminosa – manteve-se nas outras nomenclaturas topológicas.

A Lei Prevenção e Repressão do Tráfico e Consumo de Drogas – Convenção de Viena de 1988 na linha da Convenção de Viena de 1961 –, não só rebusca e reorganiza o tópico de **associação criminosa** – artigo 28.º do DL n.º 15/93 –, como reintroduz no discurso jurídico-criminal o tópico jurídico de **bando** criminoso – artigo 24.º, alínea *j*) do DL n.º 15/93.

O legislador internacional (ONU) e nacional optaram por considerar a **associação criminosa** e o **bando criminoso** como ***elementos objetivos qualificantes*** **dos crimes subjacentes** ao tráfico e produção de drogas e precursores. Esta opção, que nos parece ser demasiado americana e sem construção dogmática e sem qualquer fundamento político-criminal, tem trazido alguma discussão dogmática que se reflete na atividade concreta dos operadores judiciários. Desde logo e no plano da teoria da lei penal, existem situações que geram, quanto à associação criminosa, um conflito de normas ou um concurso aparente de crimes que obriga, sem dúvida, a socorrermo-nos da dogmática penal para saber se no caso concreto aplicamos a alínea qualificante do normativo da lei da droga ou se aplicamos o normativo do código penal que prevê o crime de associação criminosa. Impõe-se, sem qualquer margem de dúvida, que avoquemos os princípios da especialidade, da subsidiariedade e da consunção para resolução deste conflito. Caso se opte pelo normativo do código penal, impõe-se ao jurista que se concentre no debate sério em um outro concurso, este já não aparente ou de normas, mas concurso efetivo: entram na mesma equação jurídica o crime de associação criminosa e o crime de tráfico de droga.

Face a este emaranhado concetual e topológico-criminal, perguntamo-nos qual será o resultado efetivo final: condenação em concurso efetivo de crimes de tráfico de droga e de crime de associação criminosa ou por um só crime de acordo com as regras e princípios da solução de conflitos de normas ou de concurso aparente de normas (?); ou absolvição (?) por incapacidade probatória de preenchimento dos elementos objetivos do tipo legal de crime; ou absolvição (?) por violação do princípio da segurança jurídica e, como consequência, por estarmos perante uma inconstitucionalidade material.

Podemos, da mesma forma, verificar esta mesma promissora confusa relação jurídica entre o presumível *crime base* – p. e., branqueamento de património proveniência não lícita, como por exemplo do tráfico de armas, tráfico de droga, tráfico de seres humanos – e o *crime de criminalidade organizada*: estaremos perante um concurso efetivo (real) de crimes ou um concurso aparente ou de normas. Esta complexidade agrava-se face à massificação legislativa sobre temas fenomenológico-jurídicos tão próximos que exigem um juízo e discurso de pura filigrana legiferante. Desde logo existe a interrogação: qual dos tipos é o tipo legal de crime base? A resposta é, de certeza, crucial para identificarmos e determinarmos o concurso: se concurso efetivo de crimes, se concurso ideal de infrações ou de normas ou se concurso aparente de crimes ou concurso de normas – designado, também, por conflito de normas, concurso legal ou problema de *relação lógico-jurídica* de normas que gera uma *unidade de norma ou de lei* [Marques da Silva 2010: 348-354; Flávio Gomes e Bianchini 2015: 104-109; Jescheck e Weigend 2002: 775-795 (788-794)[6]] –, ou se concurso aparente de leis, seguindo a teoria das relações de hierarquia entre os preceitos penais, na linha de Honig (Correia 1996: 125-126). Será que a norma do tipo legal de crime de criminalidade organizada afasta as demais normas incriminadoras de condutas de tipos legais de crimes – por meio da consunção, da especialidade ou da subsidiariedade – ou estaremos antes perante um concurso real de crimes e os agentes devem responder por cada uma das condutas individual e jurídico-criminalmente consideradas? Veja-se, como exemplo, o tratamento da tipologia terrorismo pela lei positiva penal.

Em todas as atuais leis de prevenção e repressão do terrorismo temos o **crime de organização terrorista**, em cujo debate político-criminal e dogmático temos participado nas últimas duas décadas. O princípio da especialidade e da consunção solucionam o conflito de normas – associação criminosa e organização terrorista – como já acontecia nos tempos em que as tipologias criminais eram previstas e punidas pelo código penal. Mas o problema jurídico-dogmático entra em campo sempre que um diploma supranacional, implementado internamente pelos Estados soberanos, integra como tipologia de criminalidade organizada a tipologia terrorismo, que inclui a organização terrorista [artigo 4.º, n.º 1 da LCT]. Impõe-se um trabalho de filigrana que nem sempre é compreendido, aceite e admitido pelo povo detentor do poder de punir do Estado.

---

6 É de todo importante ler Jescheck e Weigend quanto à teoria da ***unidade da lei penal*** e respetiva resolução jurídico-criminal (2002: 788-794).

3.2. A Convenção das Nações Unidas Contra o Crime Organizado Transnacional. Os critérios dominantes e o critério dominante: organizativo. Os critérios: fechado, aberto e remissivo. Um conceito ajurídico, acientífico e tecnicamente deficitário

Esta difusividade está bem patente na **Convenção das Nações Unidas Contra o Crime Organizado** (CNUCOT) quando integra a tipologia terrorismo na tipologia de crime organizado através da pena abstrata aplicável ao fato humano negativo típico, ilícito e culpável, e por meio do espaço e efeitos do ato delinquente, por força do artigo 3.º conjugado com o artigo 5.º. Esta difusividade legiferativa agudiza-se quando o legislador nacional, na lei de implementação da decisão quadro do terrorismo, opta por uma **multiplicidade concetual**: *grupo terrorista*, *organização terrorista* ou *associação terrorista* (n.º 1 do artigo 2.º da Lei do Combate ao Terrorismo portuguesa), quando a aquela enquadra o *grupo terrorista* e a *associação estruturada terrorista* no mesmo normativo (n.º 1 do artigo 2.º da DQ 2002/475/JAI), mas centraliza a ação de direção e de participação no tópico *grupo terrorista* (n.º 2 do artigo 2.º da DQ 2002/475/JAI). Inexiste uma coerência sistemática dos tópicos jurídicos e um orientado positivar dos mesmos, lesando-se, assim o princípio da segurança jurídica. Vejamos em concreto as questões tópico-jurídicas de criminalidade organizada transnacional.

A CONUCOT constrói um emaranhado concetual que nos provoca incerteza quanto aos tópicos: *grupo organizado* [al. *a)* do artigo 2.º] e *grupo estruturado* [al. *c)* do artigo 2.º]. O legislador supranacional promove confusão topológica jurídica ao considerar que um *grupo criminoso organizado* é um *grupo estruturado*, sendo que este apresenta uma construção jurídica própria e diferente da de grupo criminoso organizado. Vejamos.

O **grupo criminoso organizado** é um «**(a)** grupo estruturado de **(b)** três ou mais pessoas, **(c)** existindo durante um período de tempo e **(d)** atuando concertadamente com a **(e)** finalidade de cometer um ou mais crimes graves ou infrações estabelecidas na presente Convenção, com a **(f)** intenção de obter, direta ou indiretamente, um benefício económico ou outro benefício material», conforme al. *a*) do artigo 2.º da CNUCOT. Conquanto **grupo estruturado** é um «**(a)** grupo **(b)** formado de maneira não fortuita para a **(c)** prática imediata de uma infração e cujos **(d)** membros não tenham necessariamente funções formalmente definidas, podendo **(e)** não haver continuidade na sua composição **(f)** nem dispor de uma estrutura desenvolvida», conforme alínea *c*) do artigo 2.º da CNUCOT. Face ao positivado, ressalta a questão: Será que podemos afirmar que se enquadra nesta topologia a tipologia de associação estruturada terrorista?

A concetualização positiva da CNUCOT de ***grupo criminoso organizado*** assenta em vários critérios legiferantes: organizativo [***a*** e ***b***], temporalidade [***c***], *modus operandi* [***d***], teleológico [***e*** (operativo) e ***f*** (beneficiário)]. A concetualização de ***grupo criminoso estruturado*** segue, de perto, a mesma linha legiferante: organizativo [***a, b, d*** e ***f***], temporalidade [**e**], teleológico-funcional [***c*** (operativo)]. Como podemos aferir o ***critério axiomático maioritário*** é o ***organizativo***.

Frise-se que o critério axiomático teleológico beneficiário – «intenção de obter, direta ou indiretamente, um benefício económico ou outro benefício material» –, expresso para o *grupo criminoso organizado*, é demasiado redutor, tendo em conta que, no quadro de alguma atividade criminosa transnacional, a teologia [a intenção] não se centra em obter vantagem económico-financeira ou material, mas sim na ocupação de espaços vazios de poder ou na conquista de poder, assim como na propagação de uma ideologia política, religiosidade fanática, ou simplesmente na propagação e no estabelecimento de um medo esquizofrénico por meio de atos terroristas.

Mas se olharmos com atenção o inciso *i*) da alínea *a)* do n.º 1 do artigo 5.º da CNUCOT aferimos que podemos ter um ***grupo criminoso*** com apenas **uma pessoa**, entrando em contradição com a al. *a*) do artigo 2.º da mesma Convenção por meio do critério da atividade criminosa consumida ou a consumir. É de todo preocupante esta incerteza e incompletude legiferante que pode paralisar a prevenção e a repressão da criminalidade organizada. Nada pior do que termos uma legislação que não respeita o princípio da segurança jurídica e da unidade da lei penal.

Do exposto retira-se que a **CNUCOT não nos apresenta um conceito harmonizador de crime organizado** ou **criminalidade organizada.** Opta por se afastar da *atividade propriamente dita*, base do conceito da terminologia em estudo, e opta por fixar-se no elemento organizativo como se afere do tópico *grupo criminoso organizado*.

E, como agravo, opta por apresentar duplicidade conceitual organizativa: *grupo criminoso organizado* e *grupo estruturado*, promovendo uma conflitualidade interpretativa jurídica quanto aos elementos objetivos do tipo. Já para não falarmos da relação de qualificante (ou não) ou de agravante (ou não) em relação ao tipo legal/tipos legais de crime base da atuação do grupo criminoso organizado ou grupo criminoso estruturado. O *critério organizativo* domina toda a concetualização positiva penal: p. e., as alineas *a*) e *c*) do artigo 2.º influenciam os incisos *i*) e *ii*) da alinea *a*) do n.º 1 do artigo 5.º da CNUCOT.

A CNUCOT centraliza-se, no ***âmbito jurídico-criminal*** e de forma aparente, na *criminalidade económica e financeira*, como se afere *in fine* al. *a*) do artigo 2.º, do artigo 6.º [branqueamento do produto do crime], e do artigo 8.º [corrupção], todos da CNUCOT.

Mas a CNUCOT tem uma aplicação muito mais ampla do que o fim ou benefício económico ou outro benefício material, como se pode aferir da al. *b)* do n.º 1 do artigo 3.º ao integrar os *crimes graves* que, nos termos da al. *b)* do artigo 2.º, são *crimes puníveis com pena privativa de liberdade de duração não inferior a 4 anos*. Podemos afirmar que a CNUCOT opta pelo método fechado e pelo método aberto no âmbito jurídico-criminal. Mas exploremos esta questão.

O artigo 3.º da CNUCOT determina as tipologias criminosas que podem enquadrar o crime organizado pelo *método fechado* – branqueamento de capitais e corrupção [al. *a)* do n.º 1 do artigo 3.º] – e pelo *método aberto* – prática de infrações graves, sendo estas todas as que sejam punidas com pena privativa da liberdade de 4 ou mais anos de prisão [al. b) do n.º 1 do artigo 3.º conjugado com a al. *b)* do artigo 2.º]. Conquanto o carácter transnacional do crime organizado ou estruturado retira-se da *prática plurilocalizada soberana* – ação, preparação planeamento ou controlo destes [alíneas *a)*, *b)* e *c)* do n.º 2 do artigo 3.º] – dos *efeitos plurilocalizados do crime* [al. *d)* do n.º 2 do artigo 3.º].

O próprio artigo 3.º, conjugado com o artigo 5.º, ambos da CNUCOT, amplia o objeto e o conceito de crime organizado, porque qualquer infração pode enquadrar o conceito de crime organizado ou organização criminosa através da promoção, pelo método passivo, da ampliação do conceito ao admitir *ampliação* da *finalidade* como se apura da interpretação do n.º 2 do seu artigo 5.º: o conhecimento, a intenção, a finalidade, a motivação ou o acordo.

Podemos afirmar que a CNUCOT segue o *método aberto* e o *método remissivo* quanto ao enquadramento do âmbito de intervenção penal: tudo pode ser crime organizado desde que se enquadre no âmbito do *grupo estruturado* al. *b)* do artigo 2.º da CNUCOT. Face a este ponto, um grupo de pessoas que se juntem para a prática de crimes de roubo durante uma noite pode ser enquadrado no âmbito da criminalidade organizada.

Como já frisamos, a CNUCOT assenta, com maior veemência, no critério axiomático organizativo e não no critério axiomático da ação – *modus operandi* – nem no critério axiomático aberto teleológico funcional [que, como já vimos, é demasiado redutor]. Opta, assim e maioritariamente, por um critério confuso e incerto na fenomenologia organizativa:

- al. *a*) do artigo 2.º: três ou mais pessoas
- al. *c*) do artigo 2.º: não indica número de pessoas (podem ser 2 ou mais)
- al. *a*) do artigo 5.º: o entendimento entre ou com uma ou mais pessoas.

Eis a revelação: um **grupo criminoso organizado** pode ser de ***uma pessoa*** ou ser resultado do entendimento de duas pessoas. Esta aceção entra em conflito com vários tópicos fenomenológicos jurídico-criminais e, por essa razão, entra em conflito com o princípio da segurança jurídica por gerar conflitualidade com o tipo legal de crime *associação criminosa*.

O conceito de criminalidade organizada, que se pode aferir da CNUCOT, é um conceito ajurídico, acientífico e tecnicamente limitado que em muito pouco respeita a técnica legislativa integrante do Direito, enquanto Ciência de justiça. Considera-se que, em vez de se constituir como tipo legal de crime impreciso e confuso dogmático-jurídico, devia tão-só funcionar como elemento qualificante ou agravante do tipo legal de crime base da ação humana negativa exteriorizada prevista em lei (típica), antijurídica (ilícita) e reprovável (culpável). Consideramos que esta opção podia permitir aos atores judiciários dos Estados uma maior segurança jurídica e uma melhor aceção na prevenção e repressão desta criminalidade.

3.3. A teoria hassemeriana da criminalidade organizada. Os traços identitários de uma criminalidade organizada. A negatividade do Estado pela criminalidade organizada

Winfried Hassemer (1995: 94-97) um dois maiores críticos da funcionalização e instrumentalização da fenomenologia *criminalidade organizada* como base política de fundamento de ampliação dos meios de prevenção, persecução e repressão criminal, tendo em conta que tudo estava a ser incrustado no espectro tipológico de criminalidade organizada, identificou e apresentou as seguintes características da criminalidade organizada: a *mutabilidade*, a *invisibilidade de vítimas diretas*, a *intimidação das vítimas diretas*, a *ação plurilocalizada* (nacional e extranacional), e a *multiplicidade simulatória*. Eis os eixos hassemerianos caracterizantes da criminalidade organizada:

a) A criminalidade organizada é um fenómeno mutável. É uma tipologia criminal dotada de uma **mutabilidade** própria de uma sociedade líquida e do risco. Integra (ou movimenta-se ou promove) as tendências de mercado económico-financeiro (e industrial) nacionais e internacionais. A funcionalidade não é linear, é incerta e indeterminada. A sua mutabilidade permite integrar as mutações sociais, económicas, políticas e jurídicas e adaptar-se à dinâmica de cada tempo e espaço.

b) A criminalidade organizada é uma atividade criminosa que desenvolve muita da sua ação nas tipologias de **crimes sem vítimas imediatas, vítimas visíveis ou difusas**: p. e., os crimes de corrupção, de branqueamento de bens, tributários ou previdenciários, desvios de subsídios e de subvenções nacionais e internacionais, manipulação do mercado de valores mobiliários, tráfico de droga e de armas.
Já difere no tráfico de seres humanos e de órgãos humanos, cujas vítimas são identificáveis e determináveis: têm um rosto, um nome e uma presença física concreta.

c) A criminalidade organizada utiliza técnicas especializadas – físicas e psicológicas – de ***intimidação das vítimas visíveis*** e ***mediatas*** de modo a impedir que possam colaborar com a justiça criminal: p. e., crimes de extorsão em troca de uma prestação como a desenvolvida pelas máfias, como a Camorra ou a Cosa Nostra (Falcone e Padovani 1992). Podemos também aferir esta intimidação pessoal ou extensível a familiares no caso de tráfico de seres humanos e tráfico de órgãos humanos.

d) A atuação é ***plurilocalizada***. Tem uma atuação em bases tradicionais territoriais nacionais e em outros espaços não produzem resultados diversos. O resultado da sua atividade é idêntico, similar ou igual independentemente do território onde se planeja, se atua, e se ordena toda a operabilidade criminógena. Podemos apontar a atuação em espaços que não a base, cujo resultado líquido se verifica na base e a lesão do bem jurídico verifica-se no espaço não berço por meio da rede ou de células. A lesão do bem jurídico pode ser localizada ou plurilocalizada independentemente do local da ação humana que pode ser localizada ou plurilocalizada. A criminalidade organizada – a verdadeira criminalidade organizada – não tem uma (única) base territorial fixa.

e) A criminalidade organizada assume uma ***multiplicidade de disfarce*** e ***simulação***. Não se conhecem os rostos dos atores do crime organizado, estão entre os demais cidadãos e integram a sociedade organizada social, cultural, económica, política e jurídica (PEREIRA. 2015). São invisíveis porque estão (são) visíveis. Temos criminalidade organizada quando o "braço com o qual pretendemos combater toda e qualquer forma de criminalidade esteja paralisado, ou seja, quando os poderes legislativos, executivo e judiciário se tornem corruptos ou venais" (HASSEMER 1995: 94). Isto é, existe criminalidade organizada quando o Estado de Direito é impotente para prevenir e reprimir essa atividade criminosa, estamos perante a verdadeira criminalidade organizada.

Este pensar de W. HASSEMER tem mais de 20 anos[7]. Aparece muito na consequência da Convenção de Viena de 1988 – Prevenção e Repressão do Tráfico e Consumo de Drogas. Mas o conceito/tópico de HASSEMER é um conceito/ tópico mais próximo do que se deve considerar como crime organizado (transnacional). É muito mais avançado do que o conceito/tópico positivo da CNUCOT – Convenção de Palermo (12-15 julho 2001) – que confunde, melhor, que remete o tópico da *criminalidade organizada* para o tópico criminógeno *crime estruturado*, cujo conceito nos parece mais adequado e mais científico no respeito pela teoria do "Dispositivo" ou do "Positivo".

3.4. A nossa posição. Um reajuste concetual necessário e urgente. A consciência do rigor concetual jurídico para o mundo da prova. O bem jurídico como reinício da discussão

O tópico jurídico de criminalidade organizada precisa de um novo sentido jurídico e de um novo qualitativo ligado à ideia de ao seu "potencial

[7] Este seu estudo foi publicado em 1993: *Strafverteidiger*, pp. 664-670.

de ameaça" concreto e diário. Esta criminalidade, que mina a saúde das democracias constitucionais, pode ser aferida pela usurpação funcional e/ou pela infiltração e instâncias centrais da ordem do Estado: introdução no aparelho do Estado de operacionais que dominam as estruturas do Estado e a influenciam[8].

Podemos dizer que, por um lado, (*a*) temos uma criminalidade **complexa, especializada, violenta** e **estruturada** no plano temporal e no espacial, sendo por isso **transnacional** [alíneas *a*) e *b*) do n.º 1 artigo 3.º da CNUCOT); por outro, (*b*) temos **instrumentos jurídicos e operativos** adequados a prevenir e reprimir este tipo de criminalidade – vejam-se as constantes alterações legislativas que pretendem dar mais *eficácia* (e não eficiência) à atividade persecutória em todos os países do mundo – e que, por isso, bem ou mal previnem e ajudam os tribunais a reprimir a criminalidade estruturada; e, ainda, (**c**) quanto ao tema da **prova** – meios de obtenção, meios de prova e prova resultado –, as polícias têm respondido com maior ou menor cientificidade e têm assumido um papel pioneiro na prevenção e repressão da criminalidade estruturada.

Mas também temos uma criminalidade organizada transnacional, que pratica os mesmos crimes que a estruturada, mas de uma forma mais indeterminada e invisível. O grande traço diferencial está **não na organização funcional**, mas no ***modus operandi*** **não identificativo** e **invisível de todas as suas ações**, o que implica uma organização que não se fixa em uma ou duas pessoas, e no **domínio de espaços** e **tempos de poder** estratégico político de planeamento, de decisão e de execução.

Podemos acrescentar aos traços desenhados por Hassemer para a criminalidade organizada – mutabilidade, indeterminação de vítimas, intimidação de vítimas muito concretas, indeterminabilidade territorial da ação e do efeito da atividade ou ação plurilocalizada, multiplicidade de disfarce (rostos invisíveis) e de simulação – outros traços muito específicos que podem ser aferidos entre ser uma **criminalidade organizada violenta** – p. e., tráfico de armas, tráfico de drogas, tráfico de seres humanos e de órgãos humanos, terrorismo – e uma **criminalidade organizada não violenta** – p. e., corrupção (pública e privada), manipulação do mercado de valores

[8] Esta nossa posição já fora por nós assumida no XX Congreso de Alumnos de Derecho Penal da Universidade de Salamanca [Valente 2008: 177-195 (179)], e é seguida em toda a linha por Flávio Cardoso Pereira [2012: 153-156 (154)].

mobiliários, branqueamento, delitos tributários, desvio de subsídios e de subvenções económico financeiras.

Identificados os dois modelos cruciais da criminalidade organizada – violenta e não violenta –, existem traços que lhes são comuns e que marcam a história jurídica confusa e difusa – como a confusão entre organização e seu funcionamento e o grupo e a ação concreta – que gera uma incerteza jurídico-dogmática e ineficiência nos resultados finais dos processos-crime.

Podemos apontar quatro grandes traços identificativos da criminalidade organizada que paralisam as estruturas políticas, executivas e judiciárias dos Estados:

- **Intangibilidade** e **impenetrabilidade** dos operadores judiciários no seio da organização criminosa. A forma como se organiza, se integra na sociedade e se entrelaça nas estruturas legais dos Estados – confundindo-se com as estruturas legais – dificulta ou impossibilita a tangibilidade e a penetrabilidade dos operadores judiciários do Estado.
- **Invisibilidade** dos agentes principais – cérebros e administradores da organização – e visibilidade de alguns atores materiais. A organização criminosa é composta por autores morais e autores materiais. Aqueles são invisíveis, os materiais são visíveis quando em ação concreta da operação típica, ilícita e culpável.
- **Indeterminabilidade das vítimas** dos crimes base da organização, em especial não violenta, sendo que na violenta há vítimas diretas como é o caso do tráfico de seres humanos e de órgãos humanos e de terrorismo. A difusidade do objeto criminógeno gera uma difusidade das vítimas. Todos são titulares do bem jurídico ofendido e, quando todos são titulares, ninguém é titular do bem ofendido.
- **Elevada lesividade** societária a médio e longo prazo e efeito negativo prorrogado no tempo e, quase sempre, no espaço. A ofensividade ou lesividade dos bens jurídicos é elevada, mas a perceção concreta desse efeito negativo só é sentida na sociedade muito tempo após as várias ações humanas negativas concretas. Temos uma criminalidade com efeito deferido no tempo.

Se tivermos consciência, esta criminalidade organizada destrói o Estado de direito e muito mais o Estado democrático constitucional material e social. Face a esta criminalidade, todo o sistema de justiça criminal é inoperante e incapaz de penetrar na mesma, pois ela domina-o de forma direta ou indireta. Podemos dizer que é o fim do Estado, a substituição do Estado enquanto ordem jurídica consistente sistemática por uma nova ordem não jurídica, vazia de valores e de princípios.

A ordem jurídica está, como expusemos de forma muito breve, muito longe de responder, em prevenção e repressão, a esta criminalidade, porque temos de ter consciência de que o que temos feito é tão-só responder (prevenir e reprimir) a uma criminalidade estruturada, utilizada pelos cérebros e administradores da criminalidade organizada transnacional, e que destrói o Estado constitucional democrático. Defendemos, por essa razão, que o Direito penal tem de se centrar mais no âmago do seu *dever ser* – tutela efetiva de bens jurídicos e garantia de defesa do delinquente face ao poder de punir do Estado (Valente 2019) – e, a partir desta, reconstruir uma dogmática, ditada pela política criminal do *se* e do *como* da intervenção penal, que aos poucos limpe as incertezas interpretativas e as lacunas e dê maior consistência ao princípio da segurança jurídica para que todos os operadores judiciários [advogados, polícia, Ministério Público e Juízes], possam atuar no respeito pela legalidade e constitucionalidade democráticas.

Lisboa/Pinhal Novo, novembro de 2018 e outubro e dezembro de 2019

REFERÊNCIAS

Beck, Ulrich. 2015. *Sociedade de risco mundial. Em busca da segurança perdida.* Tradução do alemão *Weltrisickogesellschaft. Auf der Suche nach der verlorenen Sicherheit* de Marian Toldy e Teresa Toldy. Lisboa: Edições 70.

__, 2017. *A Metamorfose do Mundo. Novos Conceitos para uma Nova Realidade.* Tradução de Maria Luiza X. de A. Borges. Rio de Janeiro: Zahar.

Correia, Eduardo. 1996. *A Teoria do Concurso em Direito Criminal.* Coimbra: Almedina.

Dias, Jorge de Figueiredo. 2007. *Direito Penal. Parte Geral – Tomo I – Questões Fundamentais. A doutrina Geral do crime.* 2.ª Edição. Coimbra: Coimbra Editora.

Falcone, Giovanni e Padovani, Marcelle. 1992. *Cosa Nostra. O Juiz e os «Homens de Honra».* Tradução do francês *Cosa Nostra. Le Juge et les «hommes d'honneur»* de J. Machado Maia. Lisboa: DIFEL.

FERRAJOLI, Luigi. 2005. *Derecho y Razon. Teoría del Garantismo Penal.* Tradução do italiano *Diritto e Ragione. Teoria del garantismo penale* de Perfecto Andrés Ibáñez et Alii. Madrid: Editorial Trotta.

GOMES, Luiz Flávio e BIANCHINI, Alice. 2015. *Curso de Direito Penal: Parte Geral* (arts. 1.º a 120.º). Salvador: Editora JUSPODIVM.

HASSEMER, Winfried. 1995. A Segurança Pública no Estado de Direito. Tradução do alemão *Innere Sicherheit im Rechtsstaat* (constante do *Strafverteidiger*, 1993) de Carlos Eduardo Vasconcelos. Lisboa: AAFDL.

INNERARITY, Daniel. 2009. *A Sociedade Invisível. Como observar e interpretar as transformações do mundo actual.* Tradução do Espanhol *La Sociedad Invisible* de Manuel Ruas. Lisboa: Teorema.

JESCHEK, Hans -Heinrich e WEIGEND, Thomas. 2002. *Tratado del Derecho Penal. Parte General.* Tradução do alemão *Lehrbuch des Strafrechts: All. Teil* de Miguel Olmedo Cardenete. Granada: Editorial Comares, S.L.

PEREIRA, Flávio Cardoso. 2012. *Agente Encubierto y Proceso Penal Garantista: Límites y Desafíos.* Córdoba: Lerner Editor.

__, 2015. *Crime Organizado e Sua Infiltração nas Instituições Governamentais.* São Paulo: Atlas.

SILVA, Germano Marques da. 2010. *Direito Penal Português I – Introdução e Teoria da Lei Penal.* 3.ª Edição. Lisboa: Babel/Verbo.

VALENTE, Manuel Monteiro Guedes. 2003 & 2004. Terrorismo: Restrição de Direitos (?). In: Adriano Moreira (Coord.). *Terrorismo.* 1.ª e 2.ª Edição. Coimbra: Almedina.

__, 2008. La Investigación del Crimen Organizado. Entrada y Registro en Domicilios por la Noche, El Agente Infiltrado y la Intervención de las Comunicaciones. In: Nieves Sanz Mulas (Coord.). *Dos Décadas de Reformas Penales.* Granada: Editorial Comares, S.L..

__, 2013. *Do Ministério Público e da Polícia. Prevenção Criminal e Acção Penal como Execução de uma Política Criminal do Ser Humano.* Lisboa: UCE.

__, 2017. Os meios ocultos de obtenção de prova na criminalidade económica e a proteção de Direitos Humanos. In: *A Proteção dos Direitos Humanos face à Criminalidade Económico-Financeira – Atas da Conferência Internacional.* Coordenação: Flávia Norversa Loureiro. Braga: Centro Interdisciplinar em Direitos Humanos.

__, 2019. *Direito Penal do Inimigo e o Terrorismo. O «Progresso ao Retrocesso».* 3.ª Edição – Versão Portuguesa. Coimbra: Almedina.

ZIPPELIUS, Reinhold (1998). *Teoria Geral do Estado.* 3.ª Edição. Tradução da 12.ª Edição alemã – *Allgemeine Staatslehre* – de Karin Praefke-Aires Coutinho. Lisboa: Fundação Calouste Gulbenkian.

CRIMINALIDADE ORGANIZADA – DAS FRONTEIRAS À COOPERAÇÃO JUDICIÁRIA

ORGANIZED CRIME – FROM BORDERS TO JUDICIAL COOPERATION

ANABELA MIRANDA RODRIGUES[1]
Professora Catedrática Faculdade de Direito
Universidade de Coimbra

SUMÁRIO: 1. Introdução. 2. A juridificação da criminalidade organizada. 3. Criminalidade organizada e cooperação judiciária. 3. a) O princípio do reconhecimento mútuo. 3. b) O princípio do *locus regit actum* temperado pela *lex fori*.

RESUMO: O tema do crime organizado implica o seu enquadramento num contexto político criminal em que a sociedade e o crime se transformaram. A globalização e o risco são responsáveis pelo surgimento de uma sociedade em rede e pela dimensão transfronteiriça desta nova forma de crime. Ao determinar o conceito jurídico de crime organizado, deve levar-se em consideração a aproximação das características identificadoras do fenômeno social, pois elas explicam amplamente os principais pontos fortes do modelo de cooperação judiciária internacional criminal. A nível da UE, os princípios do reconhecimento mútuo e o locus *regit actum*, moderados por *lex fori*, são fundamentais.

Palavras-chave: Criminalidade organizada – Globalização – Redes – Cooperação judiciária penal.

SUMMARY: 1. Introduction. 2. The legal concept of organized crime. 3. Organized crime and criminal judicial cooperation. 3. a) The principle of mutual recognition. 3. b) The principle of locus regit actum moderated by the principle of lex fori.

ABASTRACT: The theme of organized crime implies its framing in a political-criminal context in wich society and crime have transformed themselves. Globalization and risk are responsible for the emergence of a network society and for the cross-border

---

[1] **Como citar este artigo:**
RODRIGUES, ANABELA MIRANDA (2019). Criminalidade organizada – das fronteiras à cooperação judiciária. In: Manuel Monteiro Guedes Valente (Coord.). *Criminalidade Organizada Transnacional – Corpus Delicti* I. Coimbra: Almedina, pp. 31-49.

dimension of this new form of crime. In determining the legal concept of organized crime, account should be taken of an approximation of the identifying features of the social phenomenon, as they largely explain the main strengths of the model of international crimiunal judicial cooperation. At EU level, the principles of mutual recognition and the locus regit actum moderated by lex fori are fundamental.

Keywords: Organized Crime - Globalization - Networks - Criminal Judicial Cooperation.

1. INTRODUÇÃO

O tema da criminalidade organizada implica o seu enquadramento num contexto político-criminal em que a sociedade e o crime se transformaram. A *nova* sociedade e a *nova* fenomenologia criminal colocam-nos um desafio muito próximo daquelas *épocas marginais* de que falava *Karl Jaspers*. Ao indagar a razão das «novas» interrogações e perplexidades, as respostas vão-se somando.

Assiste-se ao advento de uma sociedade global e de risco, caótica e de fluxos instantâneos, que assumiu o significado de uma rutura epocal com um passado ainda recente. Volvidas três décadas sobre a publicação de *Ulrich Beck*, em 1986,[2] a propósito da *sociedade do risco*, em que captou com apurada sensibilidade a insegurança inerente ao projeto da sociedade industrial da modernidade, o seu diagnóstico não perdeu atualidade e está hoje reforçado pela crise energética, as alterações climáticas, a disrupção dos sistemas económicos e financeiros, as pandemias ou pela criminalidade organizada e pelo terrorismo. Os progressos alcançados na promoção dos direitos

[2] A referência é a Beck, Ulrich, *Risikogesellschaft. Auf dem Weg in eine andere Moderne.* Suhrkamp, Frankfurt a. M., 1986, *passim.* O Autor definiu a «sociedade do risco» como aquela que, juntamente A com os progressos da civilização, apresentava a contrapartida da produção de novos riscos conaturais àqueles progressos, por exemplo, perigos ambientais ou nucleares. Hoje em dia, como o próprio *Beck* destaca (Beck, Ulrich, and Willms, Johannes, *Conversations with Ulrich Beck*, Cambridge, Polity Press, 2003, p. 34), a lista dos «riscos» poderia ser ampliada: riscos laborais (precariedade, flexibilidade laboral e despedimentos); riscos sanitário-alimentares (contaminações, adulterações, transgénicos, pestes de animais); riscos derivados da alta sinistralidade (laboral e em acidentes com veículos); riscos próprios de desajustamentos psíquico-emocionais e derivados das «patologias do consumo» (anorexias e bulimias).

humanos, nos avanços da democracia e do Estado de direito, a crença na ciência e na técnica e nas suas possibilidades ilimitadas deram lugar a um risco existencial perante os problemas políticos, económicos, ambientais, de saúde pública, de segurança pessoal ou de segurança comunitária que, no novo milénio, confrontam a humanidade com desafios avassaladores[3]. Estamos nos antípodas do otimismo das *Luzes*, em que o percurso de domínio do Mundo pelo Homem está comprometido por um percurso de conquista ilimitada. O coro de *Antígona* deveria hoje ser dito sob o signo da «inquietação», que o retorno dos mitos de *Frankenstein* ou do *Aprendiz de Feiticeiro* traduzem.

Interagindo com o risco, a globalização é o outro fenómeno responsável pela emergência de uma sociedade que redesenha as formas da sua organização. Múltiplas redes debuxam os contornos fluidos de uma sociedade multiforme e policêntrica, já descrita, do lado da sociologia, como *fractal*[4] e, do lado da geografia, como *multiterritorial*[5]. O aspeto mais paradoxal da globalização – que unifica o espaço das trocas e das comunicações no todo (ou quase) do Planeta – traduz-se sociologicamente por uma disseminação indefinida e incontrolável de formas de socialização. Hoje, sob o efeito da globalização, vêem-se proliferar os espaços coletivos em que não podem permanecer os indivíduos que são diferentes. No novo espaço global ainda não se criou um novo espaço social – apenas foram desconstruídos os quadros sociais existentes. A organização social vai fazer-se, por isso, através da criação de redes (ou comunidades) de pessoas que se identificam entre si, não importando qualquer distinção entre rede (ou comunidade) legal ou criminosa. Ambas estão, pelo contrário, estreitamente ligadas. A criminalidade deixa de se situar à margem da sociedade, já que está em todo o lado. Uma multiplicidade de grupos sociais constitui-se e reconstitui-se,

---

[3] São sete as áreas de (in)segurança identificadas, em 1994, no *Relatório do Programa das Nações Unidas para o Desenvolvimento* (PNUD): económica, alimentar, sanitária, ambiental, pessoal, comunitária, política.

[4] A referência é a MAILLARD, Jean De, *Le marche fait sal oi. De l'usage du crime par la mondialisation*, Fayard, 2001, p. 39s; *Id*, *L'avenir du crime*, Flammarion, 1997, p. 77s. Sobre o tema, cf., também, RODRIGUES, Anabela Miranda, «Política criminal – novos desafios, velhos rumos», *Liber Discipulorum para Jorge de Figueiredo Dias*, Coimbra Editora, 2003, p. 207s.

[5] Cf. HAESBAERT, Rogério, «Da desterritorialização à multiterritorialidade», *Anais do X Encontro de Geógrafos da América Latina – 20 a 26 de março de2005 – Universidade de São Paulo*, p. 6774s.

criminosos ou não, funcionando todos da mesma maneira. O que é novo e verdadeiramente preocupante é que, do ponto de vista estrutural não há diferença entre redes quanto à sua função socializadora de base. Uma rede criminosa desempenha a mesma função de uma rede não criminosa.

Esta sociedade confronta-se com mudanças que colocam a sua humanidade no fio da navalha.

É, desde logo,[6] a *invisibilidade* dos poderes que dominam a sociedade atual, cada vez menos identificáveis. A globalização trouxe consigo a questão de saber «quem manda aqui» – ou, se se preferir, quem ordena o caos. Quando os mercados afundam ou ficam nervosos, não há nenhum interlocutor que se possa criticar ou que nos possa tranquilizar. Num espaço sem poderes visíveis em que se tornou o Mundo, não é só a definição de crime e de criminoso que por vezes se dilui e torna difícil a sua identificação enquanto tais – basta pensar em certas atividades económico-financeiras ilícitas que resistem a ser rotuladas como criminosas. A sociedade global traz consigo a dimensão transfronteiriça dos problemas que desencadeia e o aumento da interligação e interdependência entre os Estados. Potenciando a liberdade de circulação de pessoas e a utilização das tecnologias de comunicação e informação, não apenas facilitou a prática de atividades criminosas como também o surgimento de uma realidade criminológica especificamente global. Tornou o crime mais eficaz, mais lucrativo e exponencialmente mais danoso. Embebida nas suas dobras está o nascimento e a expansão de uma criminalidade que utiliza as lógicas e potencialidades de um espaço aberto, instantâneo e alargado ao tamanho do Mundo, permitindo que grupos criminosos aproveitem as vantagens que oferece. Por um lado, no *mercado gigantesco* para que evoluiu a economia mundial, existe uma procura de bens proibidos que alimenta um mercado de produtos e serviços ilegais. Por outro lado, a atividade criminosa adquiriu uma enorme capacidade de diversificação, organizando-se estrutural e economicamente de forma altamente lucrativa, para explorar os mais variados domínios. A criminalidade dita *económica,* muito ligada à criminalidade organizada, é hoje, assim, uma categoria que pode alargar-se e dizer respeito, quer ao branqueamento ou a diferentes modalidades de corrupção política, de funcionários ou de privados, como ainda aos tráficos internacionais de droga, de moeda falsa,

---

[6] Assim, Innerarity, Daniel, *A sociedade invisível,* Editorial Teorema, 2009 (primeira publicação: 2004), p. 57s.

de armas, de órgãos humanos, de crianças para a adoção internacional, de pessoas para a prostituição, de migrantes ou de trabalhadores.

Neste cenário de ameaças, de incertezas e de instabilidade – de crises – os Estados mostraram as suas vulnerabilidades. O que se observa é que, por um lado, os Estados nacionais definham na sua capacidade de produzir riqueza e veem diminuídos os seus poderes reguladores e de intervenção social – os seus poderes para tomarem as decisões que podem melhorar as condições de vida dos seus cidadãos –, e, de outro lado, mostram o seu declínio para gerir os assuntos internos e de política criminal e de segurança. Relembra-se a invisibilidade do poder. Só é possível questioná-lo através da especulação argumentativa ou derrubando o *World Trade Cente*[7]...

A criminalidade organizada é expressão deste novo modelo de organização social para que tendem as sociedades contemporâneas.

2. A JURIDIFICAÇÃO DA CRIMINALIDADE ORGANIZADA

Não há acordo quanto a uma definição do conceito. Fala-se[8] de «um *fenómeno* social, económico, político, cultural, fruto da sociedade contemporânea», análogo, na medida em que pelo seu significado na vida das pessoas clama pela sua relevância jurídico-penal, a outros fenómenos, tais como o terrorismo, a criminalidade política ou económico-financeira. A juridificação penal do conceito que aqui se propõe ter em conta no quadro de cooperação judiciária internacional em matéria penal impõe uma aproximação aos traços identificadores do fenómeno sócio criminológico, já que estes explicam, numa grande parte, o desenho das principais linhas de força do modelo de cooperação desenvolvido.

Os estudos mais recentes[9] tendem sobretudo a colocar em evidência a ação de redes, difundidas ao nível global, operando a grande escala em mercados criminais, onde grupos de pessoas mais ou menos interligadas oferecem e procuram a realização de ações criminosas. Avultam a complexidade e

---

[7] Assim, INNERARITY, Daniel, *A sociedade invisível*, cit., p. 79.

[8] Assim, DIAS, Jorge de Figueiredo, «A criminalidade organizada: do fenómeno ao conceito jurídico-penal», *Revista Brasileira de Ciências Criminais*, 71, março-abril de 2008, p. 14.

[9] Cf. CEPIK, Marco e BORBA, Pedro, «Crime organizado e segurança internacional», – vol. 33, nº 2, julho/dezembro 2011, p. 375s; *vide*, também, RODRIGUES, Anabela Miranda, *O Direito Penal Europeu Emergente*, Coimbra Editora, 2008, p. 172s. e bibliografia aí citada.

o caráter transnacional da criminalidade organizada e o facto de ser uma criminalidade dos poderosos.

Com efeito, de um ponto de vista estrutural, esta é uma criminalidade organizada em sentido amplo. Nela participam normalmente conjuntos de pessoas estruturadas hierarquicamente, quer seja na forma empresarial, quer na forma estrita de organização criminosa. De uma forma geral, com o conceito de criminalidade organizada pretende abranger-se os grupos de pessoas, organizadas de alguma forma – muitos grupos criminosos caraterizam-se precisamente por a sua forma de organização ser muito fluida – que se dedicam à prática reiterada de crimes graves. A dissociação que isto produz entre execução material direta e atuação indireta determina que o resultado lesivo possa aparecer significativamente separado, tanto no espaço como no tempo, da ação dos sujeitos mais importantes ligados ao cometimento das atividades criminosas.

Normalmente, a criminalidade responde ao estímulo de mercados ilegais ou estritamente controlados e a *permanência* e a *regularidade* são também seus elementos definidores. Uma organização criminosa envolvida no tráfico ilícito de armas ou de droga pode operar por décadas, sendo para isso fundamental evitar a investigação e a perseguição pelas instâncias de controlo estaduais. Desta forma, uma determinada atividade criminal pode tornar-se um *underground empire*, com uma forte base política multinacional, como é ocaso, designadamente, do mundo do tráfico ilícito de drogas. Para além dos aspetos bem conhecidos quanto a vastos lucros e violência, este mundo de sombra conta com a existência de numerosos atores organizados em redes ou sistemas; uma divisão de trabalho relativamente bem definida; um conjunto complexo de atitudes, de valores e de normas de comportamento; sistemas de produção e de distribuição com objetivos nacionais e internacionais; vias de branqueamento de vastos montantes de capitais; uma malha complexa de relações com os governos de diversos países, que, de uma ou de outra maneira se encontram ligados e muitos beneficiários do tráfico.

De um ponto de vista material, a criminalidade organizada é uma atividade económica em sentido amplo – ou, em todo o caso, lucrativa, embora possa ir além disso –, desenvolvendo relações simbiônticas com a estrutura ambiental com a qual convive e que lhe assegura um certo grau de imunidade. É caraterizada por produzir efeitos danosos vultuosíssimos, normalmente económicos, mas também financeiros, sociais e políticos. Destacam-se a sua capacidade de desestabilização geral dos mercados, bem como a corrupção de funcionários e governantes. Trata-se de crimes qualificados criminologicamente como *crimes of the powerful*, com uma configuração jurídica imprecisa e significativamente diversa da dos crimes do direito penal clássico, neste contexto de compreensão, *crimes of the powerless*.

Entretanto, se tradicionalmente as organizações criminosas tendiam a desenvolver a sua atividade a nível de um só Estado, a expansão e o florescimento deste tipo de criminalidade operou-se por via da sua internacionalização. A esta não foi alheia a globalização, cujas lógicas e potencialidades ela utiliza na sua organização, permitindo que grupos criminosos aproveitem as vantagens que oferece o novo espaço internacional, com a criação de zonas de comércio livre em algumas regiões do Mundo, nas quais se produz uma permeabilização económica das fronteiras nacionais e se reduzem os controlos. Neste mercado gigantesco para que evoluiu a economia global, existe uma procura de bens proibidos que por este motivo o converte em adequado para a proliferação de organizações criminosas. Para o satisfazer, surge um mercado de bens e serviços ilegais que coexiste com o mercado legal. O crime adquiriu uma enorme capacidade de diversificação, organizando-se estrutural e economicamente para explorar domínios tão diferentes quanto o jogo, o proxenetismo e a prostituição, os tráficos, de pessoas, de migrantes, de droga, de armas, de órgãos, de substâncias perigosas, de veículos, de obras de arte, aparecendo invariavelmente a corrupção e o branqueamento associados a esta criminalidade.

Neste contexto de complexidade do fenómeno, que surge entrelaçado com a criminalidade económica e mesmo com a economia legal e, mais recentemente, com o terrorismo[10], a criminalidade organizada lança um desafio paradoxal: habituarmo-nos a viver com uma criminalidade inerente ao próprio funcionamento da sociedade e conceber, todavia, réplicas que a impeçam de nos submergir. Que fazer para controlar o «caos»? É dilemático e, ao mesmo tempo, simples de enunciar: como podemos defender-nos, sem ceder a uma política criminal securitária, que atinge o próprio núcleo da democracia?

[10] Isto tornou-se evidente depois dos atentados do 11 de setembro de 2001. Cf., a este respeito, ORLOVA, Alexandra V. and MOORE, James W., «'Umbrellas' or 'Bulding Blocks?': Defining International Terrorism and Transnational Organized Crime in International Law», *Houston Journal of International Law*, 27, 2005, p. 298s.

A nível internacional e mais regional da União Europeia, revela-se que, apesar de particularmente exposta à controvérsia e ao debate – designadamente, no âmbito de uma crítica mais vasta à ausência de uma política criminal europeia autónoma que expresse o equilíbrio adequado entre liberdade e segurança –, se tem verificado um esforço de providenciar uma definição jurídico-penal consensual de criminalidade organizada. As dificuldades foram enfrentadas pelo legislador europeu, abrindo caminho, logo em 1998 – ainda antes das Nações Unidas –, com a adoção de uma *Ação Comum reativa à incriminação da participação numa organização criminosa nos Estados-Membros da União Europeia*[11], a que se seguiu, dez anos depois, a *Decisão-Quadro relativa à luta contra a criminalidade organizada*[12], ainda hoje em vigor, e que pretendeu respeitar mais de perto a Convenção da Nações Unidas entretanto aprovada. Foi, com efeito, em 2000 que foi adotada a *Convenção das Nações Unidas contra a Criminalidade OrganizadaTransnacional*[13], onde se definiu «grupo criminoso organizado»[14] como «um grupo estruturado[15] de três ou mais pessoas, existindo durante um período de tempo e atuando concertadamente com a finalidade de cometer um ou mais crimes graves[16] ou infrações estabelecidas na (...) Convenção[17], com a intenção de obter, direta ou indiretamente, um benefício económico ou outro benefício material».

Importa, entretanto, apenas salientar, nos limites do objeto das presentes considerações, como o conceito de criminalidade organizada *se liga*[18],

---

[11] Ação Comum 98/733/JAI, de 21 de dezembro de 1998, relativa à incriminação da participação numa organização criminosa nos Estados-Membros da União Europeia.

[12] Decisão-quadro 2008/841/JAI, de 24 de outubro de 2008, relativa à luta contra a criminalidade organizada.

[13] Convenção das Nações Unidas contra a Criminalidade Organizada Transnacional, adotada pela Assembleia Geral das Nações Unidas em 15 de novembro de 2000.

[14] Cf. Artigo 2º, alínea A), *Convenção de Palermo*. Cf., *infra*, a definição paralela contida no Artigo 1º, nº 1, da Decisão-Quadro, cit., e também o nº 2, do mesmo Artigo.

[15] Cf. Artigo 2º, alínea C), da *Convenção de Palermo*.

[16] Cf. Artigo 2º, alínea B), *Convenção de Palermo*.

[17] A referência é às infrações relativas à participação num grupo criminoso organizado, branqueamento, corrupção e obstrução à justiça (Artigos 5º, 6º, 8º e 23º, da *Convenção de Palermo*).

[18] Cf. Dias, Jorge de Figueiredo, *Revista Brasileira de Ciências Criminais*, cit., p. 13s, que salienta o caráter *instrumental* do conceito jurídico de criminalidade organizada cuja definição é ensaiada e é utilizada por legisladores, tanto a nível internacional como nacional, que deve ligar-se ao crime de associação criminosa, «embora com ele se não confunda ou a ele se limite, antes tenha

especificamente, no ordenamento jurídico-penal português, à tipificação do crime de associação criminosa[19], ou, no direito penal brasileiro, do crime de organização criminosa[20], este conceito, por sua vez, definido também pelo legislador[21]. Para destacar, no que imediatamente sobreleva no âmbito das considerações que se seguem, a ligação do ((como o)) conceito ((serve)) à realização de objetivos de cooperação judiciária internacional.

3. CRIMINALIDADE ORGANIZADA E COOPERAÇÃO JUDICIÁRIA

A resposta à criminalidade organizada aqui a ter em conta passa por considerar formas vertebradas de uma política criminal comum. A política criminal está em processo de desnacionalização ou desestadualização. No tempo atual tornou-se comum, a apelar à cooperação, policial e judiciária, e à harmonização. Há um processo de internacionalização e de regionalização, mais ou menos alargado, em marcha. Já não é possível conservar intatas as fronteiras jurídicas entre os Estados, quando, em muitos casos, os controlos das fronteiras físicas desapareceram.

É contra uma criminalidade que os Estados não estão em condições de combater isoladamente que nasceram os variados espaços judiciários penais.

---

de representar um *plus*, uma exigência adicional determinante de consequências jurídicas (...) de particular intensidade e gravidade» (p. 15).

[19] Cf. Artigo 299º, do Código Penal, onde se incrimina quem «promover ou fundar grupo, organização ou associação cuja finalidade ou atividade seja dirigida à prática de um ou mais crimes» (nº 1), considerando-se que «existe grupo, organização ou associação quando esteja em causa um conjunto de, pelo menos, três pessoas, atuando concertadamente durante um certo período de tempo» (nº 5).

[20] O crime de «organização criminosa» está previsto no Artigo 2º, da Lei nº 12.850, de 8 de agosto de 2013, de acordo com o qual se incrimina quem «promover, constituir, financiar ou integrar, pessoalmente ou por interposta pessoa, organização criminosa».

[21] A definição de «organização criminosa» está prevista no Artigo 1º, §1º, da mesma Lei de 2013, cit.: «Considera-se organização criminosa a associação de 4 (quatro) ou mais pessoas estruturalmente ordenada e caraterizada pela divisão de tarefas, ainda que informalmente, com objetivo de obter, direta ou indiretamente, vantagem de qualquer natureza, mediante a prática de infrações penais cujas penas máximas sejam superiores a 4 (quatro) anos, ou que sejam de caráter transnacional». Sobre as questões ligadas à *definição* e à *tipificação do crime* de «organização criminosa» resultantes da entrada em vigor da Lei de 2013, cit., cf. Badaró, Gustavo, «Processo penal e criminalidade organizada», *Revista Jurídica Luso-Brasileira, RJLB*, Ano 1, nº 1, 2015, p. 101s.

São múltiplas as convenções multilaterais que, sob a égide das Nações Unidas ou do Conselho da Europa, têm em vista[22], quer alargar a competência jurisdicional penal dos Estados – nomeadamente, através da superação do tradicional princípio da territorialidade –, quer harmonizar incriminações associadas à criminalidade organizada, tais como as de participação num grupo criminoso organizado, branqueamento, corrupção, tráfico de drogas ou de pessoas, quer ainda estabelecer regras comuns sobre mecanismos de cooperação judiciária internacional, como a extradição ou o auxílio judiciário mútuo. Os exemplos colhem-se das *Convenções das Nações Unidas contra a Criminalidade Organizada Transnacional*, já referida[23], e do seu *Protocolo relativo à Prevenção, Repressão e Punição do Tráfico de Pessoas, em especial de Mulheres e Crianças (Protocolo de Palermo)*[24], de 2000, e ainda da *Convenção*, do mesmo espaço, *contra o Tráfico Ilícito de Estupefacientes e de Substâncias Psicotrópicas*, de 1998, (*Convenção de Viena*)[25], ou de Convenções do Conselho da Europa que regularam, em 1957, a extradição[26], e, em 1959, o auxílio judiciário mútuo em matéria penal[27] – mecanismos de cooperação judiciária internacional que já tinham sido abordados nas *Convenções de Palermo* e de *Viena* no âmbito das Nações Unidas.

Já ao nível da União Europeia, a sua marca distintiva é a integração, tendo atingido um nível único que a identifica.

Os antecedentes da construção de um espaço europeu sem controlo de fronteiras internas[28] podem ir buscar-se ao *Ato Único Europeu*, de 1986,

---

[22] Também neste sentido, BORGES, Francisco, «Criminalidade organizada e cooperação judiciária em matéria penal na União Europeia: traços gerais», *Estudos de Direito e Segurança*, Jorge Bacelar Gouveia, Vol. II, Almedina, 2012 (reimpressão, 2014), p. 47s.

[23] Designadamente, quando prevê a incriminação da participação num grupo criminoso organizado, branqueamento, corrupção e obstrução à justiça (cf. Artigos 5º, 6º, 8º e 23º), ou quando prevê a possibilidade, no caso das incriminações referidas, de alargamento da competência jurisdicional penal dos Estados Parte em relação às infrações cometidas contra um dos seus cidadãos ou por um dos seus cidadãos ou por uma pessoa apátrida residente habitualmente no seu território (cf. Artigo 15º, nº 2, alíneas a) e b)).

[24] Cf. Artigo 2º bis, alínea a), onde se prevê a incriminação do tráfico de pessoas.

[25] A Convenção prevê a incriminação do tráfico de drogas (cf. Artigo 3º).

[26] A referência é à *Convenção Europeia de Extradição.*

[27] A referência é à Convenção Europeia de Auxílio Judiciário Mútuo em Matéria Penal.

[28] Cf. RODRIGUES, Anabela Miranda e MOTA, J. L. Lopes da, *Para uma política criminal europeia. Quadro e instrumentos jurídicos da cooperação judiciária em matéria penal no espaço da União Europeia*, Coimbra Editora, 2002, p. 22s. Salientando que o *Ato Único Europeu* relança a cooperação

em que este efeito aparecia ligado ao objetivo de criação de um mercado único. Mas, ao estabelecer a livre circulação de mercadorias, de serviços, de capitais e de pessoas, tanto é facilitada a circulação, por exemplo, de mercadorias lícitas como ilícitas, numa realidade que não tem paralelo fora do espaço da União Europeia. Daí que a *Convenção de Aplicação do Acordo de Schengen*, de 1990, tenha estabelecido, conjuntamente com a supressão dos controlos nas fronteiras entre os Estados Parte, um conjunto de medidas compensatórias, incluindo o incremento da cooperação judiciária em matéria penal, tendência que foi seguida pelo *Tratados da União Europeia*, o *Tratado de Maastricht*, e, principalmente, pelo *Tratado de Amesterdão*, numa evolução que se consumou, numa perspetiva que cremos não acabada, no *Tratado de Lisboa*, entrado em vigor em 2009.

Entretanto, a criação de um autêntico *espaço* europeu só tinha sido posta em marcha em 1999, exatamente com a entrada em vigor do *Tratado de Amesterdão* e do *Protocolo que integra o Acervo de Schengen no âmbito da União Europeia*, então já na perspetiva da construção de um espaço de liberdade, de segurança e de justiça. Tornou-se evidente que a União não se limitava ao mercado comum. O espaço, cuja criação era promovida[29], foi o eco do espaço sem fronteiras internas constituído pelo mercado. A sua nota distintiva foi a de dotar a União Europeia de um projeto comum: não se tratava mais, como até aí, de cooperar para permitir a cada Estado prosseguir a sua política criminal, mas sim de realizar, em comum, um espaço onde os mesmos valores são defendidos, onde – como ao tempo se enaltecia – «os cidadãos usufruam em conjunto da mesma liberdade, da mesma segurança e da mesma justiça»[30]. O Tratado de Lisboa consolidou esta via de construção da União Europeia, em que o espaço de liberdade, de segurança e de justiça

---

judiciária e policial no âmbito da União Europeia, Rodrigues, Anabela Miranda, *O Direito Penal Emergente*, cit., p. 40.

[29] Assinale-se a diferença entre o objetivo de criação de um espaço de liberdade, de segurança e de justiça, presente em Amesterdão (cf. Artigo 2º, 4º travessão, *Tratado da União Europeia*) e a consideração da sua existência, em Lisboa (cf. Artigo 3º, nº 2, *Tratado da União Europeia*).

[30] Assim, Vernimmen, Gisèle, «Le point de vue de la Comission», *Vers un espace judiciaire penal européen/Towards a European Judicial Criminal Area*, Edité par Gilles De Kerchove et Anne Weyembergh, Editions de l'Université de Bruxelles, 2000, p. 195, ao tempo Alta Funcionária da Direção-Geral Justiça e Assuntos Internos da Comissão Europeia.

está já institucionalizado, surgindo como algo *proporcionado*[31] aos cidadãos europeus, imediatamente a seguir ao objetivo da União de promover a paz, os seus valores e o bem-estar dos povos. Sendo que o aspeto mais relevante a destacar no contexto das considerações em apreço é o da adoção do método da maioria qualificada para adoção dos instrumentos legislativos penais pelo legislador europeu – numa expressão do nível de integração *europeu* da política criminal que a União Europeia se propôs desenvolver.

Não está agora em causa uma apreciação e valoração da orientação seguida pela União no desenvolvimento desta política criminal – que em muitas ocasiões se tem denunciado como securitária. Neste momento, pretende destacar-se a relação de complementaridade entre a harmonização legislativa que se vem levando a efeito e a cooperação judiciária. Na verdade, uma das condições clássicas para a admissibilidade de certas formas de cooperação internacional é a dupla incriminação. Mesmo na União, apesar de o requisito da dupla incriminação ter sido, em muitos casos, abandonado – como se verifica, exatamente, com a «infração» «participação numa organização criminosa»[32] –, a questão é muito relevante, pois a cooperação torna-se mais difícil se houver diferenças profundas quanto à definição dos domínios da criminalidade em que se verifica a necessidade de levar a efeito uma política criminal comum, como é o caso da criminalidade organizada. Por isso, compreende-se que, para efeitos de reforçar a cooperação judiciária penal, a União *inclua* entre as medidas a adotar, conforme consta dos Tratados[33], a *aproximação das disposições legislativas em matéria penal*. E que, entre os domínios da criminalidade expressamente enunciados como passíveis de harmonização esteja a criminalidade organizada[34].

---

[31] *Vide supra*, nota 27; cf., também, Artigo 67º, nº 1, do *Tratado sobre o Funcionamento da União Europeia*, onde se afirma que «A União *constitui* um espaço de liberdade, segurança e justiça (...)» (itálico nosso).

[32] Assim acontece quando está em causa, designadamente, um mandado de detenção europeu (cf. Artigo 2º, nº 2, Decisão-Quadro 2002/584/JAI, de 13 de junho de 2002; uma decisão de congelamento de bens ou de provas (cf. Artigo 3º, Decisão-Quadro 2003/577/JAI, de 22 de julho de 2003, relativa à execução na União Europeia das decisões de congelamento de bens ou de provas; ou a aplicação do princípio do reconhecimento mútuo às sentenças em matéria penal que imponham penas ou outras medidas privativas de liberdade para efeitos da execução dessas sentenças na União Europeia (cf. Artigo 7º, nº 1, Decisão-Quadro 2008/909/JAI, de 27 de novembro de 2008).

[33] Cf. Artigo 82º, nº 1, *Tratado sobre o Funcionamento da União Europeia.*

[34] Cf. Artigo 83º, nº 1, segundo parágrafo, do *Tratado sobre o Funcionamento da União Europeia.*

Foram já assinaladas as tentativas feitas pela União Europeia, em conjugação com as Nações Unidas, para definir o conceito de organização criminosa, sendo, como é, no contexto da cooperação judiciária, a identificação das atividades que relevam do crime organizado e a sua criminalização uma questão nevrálgica da política criminal europeia contra o fenómeno. Verifica-se, com efeito, uma diversidade de tratamento penal da criminalidade organizada pelos Estados-Membros, que, em alguns casos, não incluíram quaisquer incriminações referentes a criminalidade organizada nos seus ordenamentos jurídicos. A este respeito[35], todavia, suscitam-se, a nível europeu, problemas que contendem com as exigências de determinabilidade legal que se situam logo ao nível dos elementos objetivos constitutivos do grupo criminoso, residindo ainda um aspeto central na criminalização da participação em organizações criminosas. Como já se referiu, a União Europeia tentou ultrapassar estas dificuldades com a Ação Comum que adotou inovadoramente, em 1998, onde, para além da definição de «organização criminosa»[36], se teve como objetivo incriminar a participação em organização criminosa, criminalizando a *participação* ativa em tal organização e, em alternativa, a *conspiração* tendo em vista a realização da atividade criminosa da organização[37]. E, se não deixa de ser contraditório com o objetivo de harmonização o recurso a estas duas possibilidades em alternativa para incriminar a participação em organização criminosa, uma tal abordagem ficou a dever-se à necessidade de obter a unanimidade do Conselho para a aprovação da Ação Comum, num contexto jurídico muito diverso observado nos Estados-Membros e onde a alternativa da *conspiração* satisfazia de forma particular as exigências britânicas. A Decisão-Quadro, em 2008, teve em vista seguir as disposições da Convenção de Palermo,

---

[35] No que se segue, cf. SCHERRER, Amandine, MÉGIE, Antoine et MITSILEGAS, Valsamis, «La stratégie de l'Union europeenne contre la criminalité organisée: entre lacunes et inquietudes», *Cultures et Conflits. La revue 74* – Sécurité *et protection des données,* p. 93s.

[36] Definida como «a associação estruturada de duas ou mais pessoas, que se mantém ao longo do tempo e atua de forma concertada, tendo em vista cometer infrações puníveis com pena privativa de liberdade ou medida de segurança privativa de liberdade cuja duração máxima seja de, pelo menos, quatro anos, ou com pena mais grave, quer essas infrações constituam um fim em si mesmas, quer um meio de obter benefícios materiais e, se for caso disso, de influenciar indevidamente a atuação de autoridades públicas» (Artigo 1º).

[37] Cf. Artigo 2º, n º 1, alíneas a) e b).

ensaiando uma nova tentativa de definição de criminalidade organizada[38] que, entretanto, continua a ser criticada pela vaguidade e imprecisão[39], para além de manter o modelo alternativo de incriminação, em termos muito generosos[40], da participação em organização criminosa[41], que, de resto, tinha sido adotado pela Convenção; ademais, não se criminaliza a direção de um grupo criminoso organizado, numa orientação a que ao tempo a Comissão se opôs[42]. Além da insegurança jurídica e da expansão potencial da criminalização da criminalidade organizada – o conceito de organização criminosa é muito amplo e a conspiração não supõe necessariamente a implicação efetiva numa atividade criminosa – que daqui resultam, verifica-se, assim, que não se favorece a harmonização almejada.

Apesar do que se vem dizendo, a criminalidade organizada não deixa de integrar um dos domínios que beneficiam já das caraterísticas que identificam a cooperação judiciária desenvolvida no espaço da União Europeia.

a) O princípio do reconhecimento mútuo

Salienta-se, desde logo, o princípio fundamental do reconhecimento mútuo em que assenta a cooperação, que conheceu a sua primeira

---

[38] Definida, agora, como «a associação estruturada de mais de duas pessoas, que se mantém ao longo do tempo e atua de forma concertada, tendo em vista a prática de infrações passíveis de pena privativa de liberdade ou medida de segurança privativa de liberdade cuja duração máxima seja, pelo menos, igual ou superior a quatro anos, ou de pena mais grave, com o objetivo de obter, direta ou indiretamente, benefícios financeiros ou outro benefício material» (Artigo 1º, nº 1); constituindo a «associação estruturada», nos termos do nº 2, do mesmo artigo, «uma associação que não foi constituída de forma fortuita para a prática imediata de uma infração e que não tem necessariamente atribuições formalmente definidas para os seus membros, continuidade na sua composição ou uma estrutura sofisticada.».

[39] Assim, Scherrer, Amandine, Mégie, Antoine et Mitsilegas, Valsamis, *Cultures et Conflits, cit.*, p. 94.

[40] *Id, ibidem, loc. cit.*

[41] Cf. Artigo 2º, alíneas a) e b).

[42] A Comissão, a que se juntaram a França e a Alemanha, em Declaração anexa ao texto da Proposta de Decisão-Quando, sublinhou que não se instaurava um mínimo de harmonização dos atos de direção ou de participação em organização criminosa, permitindo assim aos Estados-Membros não introduzirem nos seus ordenamentos jurídicos o conceito de organização criminosa (cf. Documento do Conselho doc. 9067/06, *apud* Scherrer, Amandine, Mégie, Antoine et Mitsilegas, Valsamis, *Cultures et Conflits, cit.*, nota 10.

concretização no *Mandado de Detenção Europeu*[43] e que teve sequência em vários outros âmbitos.[44] No contexto deste princípio, releva, em primeiro lugar, a *judiciarização* da cooperação, que passou a ter lugar através de um procedimento de contato direto entre autoridades judiciárias competentes nos Estados-Membros, sem intervenção do poder político. Em segundo lugar, outro importante elemento tem a ver, em relação a certos domínios da criminalidade – e onde releva, nos termos da juridificação de criminalidade organizada já apreciados, a participação numa organização criminosa –, identificados já desde o instrumento jurídico relativo ao *Mandado de Detenção Europeu*[45], com a abolição do controlo da dupla incriminação do facto. Tradicionalmente, *maxime* na extradição, é exigido que a infração que motiva o pedido de cooperação constitua crime, quer no Estado requerente quer no requerido[46]. Exigência que é fundamentalmente uma decorrência da soberania dos Estados, ou, mais especificamente, da sua ordem pública internacional[47]: se, determinada conduta, em abstrato, não configura um crime na ordem jurídica do Estado que recebe o pedido de cooperação, a extradição do agente significará, em alguma medida, uma deturpação dos valores em que assenta essa mesma ordem jurídica. Na União

---

[43] Decisão-Quadro do Conselho de 13 de junho de 2002 relativa ao mandado de detenção europeu e aos processos de entrega entre os Estados-Membros (2002/584/JAI).

[44] Refere-se, em matéria de recolha de provas, a Diretiva 2014/41/UE relativa à decisão europeia de investigação em matéria penal que visa simplificar a recolha transfronteiras de elementos de prova; em matéria de congelamento de bens ou de provas, a Decisão-Quadro 2003/577/JAI de 22 de julho de 2003 relativa à execução na União Europeia das decisões de congelamento de bens ou de provas; e no âmbito de bens gerados por atividades criminosas, a Diretiva 2014/42/EU relativa ao congelamento e a perda dos instrumentos e produtos do crime na União Europeia.

[45] Cf. Artigo 2º, nº 2, Decisão-Quadro 2002/584/JAI. Elaborou-se um catálogo de trinta e dois domínios da criminalidade, que passou a integrar diversos instrumentos legislativos que aplicam o princípio do reconhecimento mútuo, de que são exemplos a Decisão-Quadro 2003/577/JAI, de 22 de julho de 2003, ou a Decisão-Quadro 2008/909/JAI, de 27 de novembro de 2008, já referidas.

[46] Cf. Artigo 31º, nº 2, Lei de Cooperação Judiciária Internacional em Matéria Penal (Lei nº 144/99).

[47] Cf. PAIS, Ana Isabel Rosa, «A ausência de controlo da dupla incriminação no âmbito da decisão-quadro relativa ao mandado de detenção europeu. Breve anotação ao Acórdão do Tribunal de Justiça de 3 de maio de 2007», *Estudos em Homenagem ao Prof. Doutor Jorge de Figueiredo Dias*, Vol. I, Coimbra Editora, 2009, p. 803.

Europeia, considerou-se que, em relação aos domínios de criminalidade identificados, não devia ser exigida o controlo da dupla incriminação, visto como um entrave à cooperação. A abolição desse controlo é uma medida compensatória da supressão dos controlos nas fronteiras da União[48], que, como desde sempre se teve presente, favorece a circulação da criminalidade. De qualquer modo, não deixa de se salientar que, com a abolição do controlo da dupla incriminação, o que se pretende é satisfazer o interesse da realização da justiça penal do ponto de vista unicamente do Estado de emissão, justificando que se classifique o modelo de cooperação judiciário estabelecido na União como «obrigatoriamente egocêntrico»[49]. Neste contexto, evidencia-se que o que está em causa é facilitar a realização do interesse de punir de cada Estado-Membro, em que o Estado de execução se corresponsabiliza pelo exercício da justiça penal em outro Estado-Membro à luz de normas diferentes daquelas que vigoram nas suas fronteiras. Chama-se, então, a atenção para a orientação securitária em que assenta o princípio do reconhecimento mútuo no âmbito *penal*, onde, diferentemente da circulação de bens ou produtos ou do reconhecimento de decisões de cariz civil, que dizem respeito a questões que beneficiam ou afetam apenas particulares, os interesses protegidos são os dos Estados-Membros em detrimento dos direitos das pessoas. E enfatiza-se a importância da possibilidade de oposição ao interesse do reconhecimento dos direitos das pessoas visadas com a emissão de mandados ou decisões. O que, aliás, se tem vindo a reconhecer especificamente no caso de mandados de detenção europeus, em que a salvaguarda dos direitos fundamentais da pessoa a ser detida e entregue se defende que deve orientar, não só a emissão de mandados, mas também a sua execução[50]. O que se justificará do ponto de vista da consideração da União e da sua construção como um autêntico *espaço* penal europeu e não como um aglomerado de Estados narcisistas. A implicar que se evidencie que o princípio do reconhecimento mútuo deve ter como pressuposto não a

---

[48] Cf. Borges, Francisco, *Estudos de Direito e Segurança*, cit., p. 57s.

[49] Neste sentido, e no que se segue, Rodrigues, Anabela Miranda, «Judicial Cooperation in Criminal Matters. The Principle of Proportionality and the Effectiveness of the European Arrest Warrant», *Cahiers de Défense Sociale, Joachim Vogel in memoriam*, 2013, p. 87s., por referência a André Klip, *European Criminal Law*, Intertentia, 2009, p. 351.

[50] Cf. a decisões do Tribunal de Justiça da União Europeia, de 5 de abril de 2016, C-404/15 e C-659/15/PPU (Casos conjuntos *Caldararu* e *Aranyosi*) e de 25 de julho de 2018, C-220/18 PPU (Caso *M.L.*).

confiança – ou uma *confiança confiante* –, politicamente fundada, que se basta com a vinculação teórica dos Estados aos valores comuns consagrados nos Tratados, mas uma desconfiança – uma *confiança desconfiada* –, juridicamente fundada num controlo jurisdicional efetivo[51].

b) O princípio do *locus regit actum* temperado pela *lex fori*

Outro aspeto a considerar prende-se com o princípio clássico do *locus regit actum*, que rege em matéria de execução de um pedido de cooperação internacional. É sabido, entretanto, como o funcionamento deste princípio sem quaisquer ressalvas pode tornar inútil, em alguns casos, a execução de um pedido de cooperação internacional, por força das diferentes regras processuais aplicadas à realização das diligências requeridas em relação às que valem no Estado requerente. O entrave significativo que pode aquele princípio significar no combate à criminalidade, designadamente organizada, não existiria, todavia, na União Europeia, que procurando favorecer a mais ampla e eficaz cooperação possível entre os Estados-Membros, inscreveu no seu espaço penal o princípio do reconhecimento mútuo já referido, que o pressuposto da confiança mútua alimentaria. A lógica deste princípio que conduziria, num verdadeiro espaço de liberdade, de segurança e de justiça, à validação, sem restrições, das diligências realizadas de acordo com as leis estrangeiras, é impedida, todavia, pela subsistência de muitas diferenças nos regimes processuais penais dos seus ordenamentos jurídicos em matéria de *direitos processuais de suspeitos e arguidos*. Apesar de estarmos a assistir a uma harmonização neste domínio, de acordo com uma *agenda* que a União tem procurado realizar de consagração dos seus *direitos mínimos* no processo penal em todo o espaço europeu[52], ainda não logrou garantir um

[51] Neste sentido, Rodrigues, Anabela Miranda, *Direito Penal Europeu Emergente*, Coimbra Editora, 2008, p. 132.

[52] Cf. Resolução do Conselho de 30 de novembro de 2009 sobre um *Roteiro para o reforço dos direitos processuais dos suspeitos ou acusados em processos penais* (2009/C 295/01), JO C 295, de 04-12-2009, p. 1s. Conta-se, hoje, com uma série de Diretivas que consagram direitos dos suspeitos e arguidos em processo penal e nos processos de execução de mandados de detenção europeus, designadamente, Diretiva 2010/64/EU, de 20 de outubro de 2010, relativa ao direito à interpretação e tradução em processos penais; Diretiva 2012/13/UE, de 22 de maio de 2012, relativa ao direito à informação em processos penais; Diretiva 2013/48/EU,

nível mínimo comum de direitos processuais que permita adotar a solução da aplicação da lei do Estado de execução sem mais à realização de medidas de investigação, mais consentânea com o princípio do reconhecimento mútuo que se pretende instaurar no espaço penal europeu. E, assim, continua a temperar-se o princípio da *lex loci*, que se mantem como regra, coma aplicação, pelo menos parcial, da lei do Estado de emissão, de acordo com o princípio do *forum regit actum*[53].

O facto de na União Europeia valer a regra de aplicação combinada da lei do local e da lei do foro tem, pois, por efeito alcançar o objetivo pretendido de tornar a cooperação o mais eficaz possível. Sendo de acentuar, neste contexto, o relevo que assume a harmonização em curso de um nível mínimo de direitos processuais do suspeito e do arguido, não preordenada ao interesse de perseguição penal dos Estados-Membros nem funcionalizada à cooperação, antes orientada pela busca do equilíbrio entre a realização da justiça penal e a proteção daqueles direitos em qualquer e

---

de 22 de outubro de 2013, relativa ao direito de acesso a um advogado em processo penal e nos processos de execução de mandados de detenção europeus, e ao direito de informar um terceiro aquando da privação de liberdade e de comunicar, numa situação de privação de liberdade, com terceiros e com as autoridades consulares; Diretiva (EU) 2016/343,de 9 de março de 2016, relativa ao reforço de certos aspetos da presunção de inocência e do direito de comparecer em julgamento em processo penal; Diretiva (EU) 2016/800, de 11 de maio de 2016, relativa a garantias processuais para os menores suspeitos ou arguidos em processo penal; Diretiva (EU) 2016/1919, de 26 de outubro de 2016, relativa ao apoio judiciário para suspeitos e arguidos em processo penal e para as pessoas procuradas em processos de execução de mandados de detenção europeus.

[53] Assim, *Convenção Relativa ao Auxílio Judiciário Mútuo em Matéria Penal entre os Estados-Membros da União Europeia*, de 2000, onde se estabelece que «nos casos em que for concedido auxílio judiciário mútuo, o Estado-Membro requerido respeitará as formalidades e procedimentos expressamente indicados pelo Estado-Membro requerente, salvo disposição em contrário da presente Convenção e desde que as formalidades e procedimentos indicados não sejam contrários aos princípios fundamentais de direito do Estado-Membro requerido» (Artigo 4º, nº 1). Também no caso de uma decisão europeia de investigação, esta só pode ser emitida se as medidas de investigação nela indicadas puderem «ter sido ordenadas nas mesmas condições em processos nacionais semelhantes» (Artigo 6º, nº 1, alínea b)), condição que é avaliada pela autoridade de emissão, caso a caso (Artigo 6º, nº 2); e, na sua execução, a autoridade de execução, em regra e desde que não sejam contrários aos princípios fundamentais do direito do Estado de execução, respeita as formalidades e os procedimentos expressamente indicados pela autoridade de emissão (Artigo 9º, nº 2), todos da *Diretiva 2014/41/EU, de 3 de abril de 2014, relativa à decisão europeia de investigação em matéria penal.*

cada um dos Estados-Membros da União Europeia. No que constitui, sem dúvida, um sinal positivo dado pela União Europeia de preocupação com os direitos fundamentais dos *sujeitos* visados com o processo de cooperação judiciária, cuja proteção não se quer que seja desvalorizada em detrimento da sobrevalorização do interesse de punir dos Estados.

TRATAMIENTO JURÍDICO PENAL DE LAS SOCIEDADES INSTRUMENTALES: ENTRE LA CRIMINALIDAD ORGANIZADA Y LA CRIMINALIDAD EMPRESARIAL

CRIMINAL LEGAL TREATMENT OF INSTRUMENTAL SOCIETIES: BETWEEN ORGANIZED CRIME AND CORPORATE CRIME

LAURA ZÚÑIGA RODRÍGUEZ[1-2]
Universidad de Salamanca

"Las sociedades pantalla son, para una amplia gama de astutos delincuentes, lo que una furgoneta a la puerta de un banco es para los ladrones comunes: ambas sirven a los delincuentes para darse a la fuga" Keith Prager, ex Inspector de Hacienda estadounidense.

"El crimen como empresa global, el desbordamiento del Estado nacional por redes multinacionales gansteriles y la violencia como forma cultural son poderes fácticos de la sociedad de la información y metáforas de nuestra ruina existencial" Manuel Castells, "Crimen global", El País, 21 de febrero de 1997.

SUMARIO: 1. INTRODUCCIÓN. 2. CRIMINALIDAD EMPRESARIAL Y CRIMINALIDAD ORGANIZADA: ASPECTOS CONVERGENTES. 3. LA CENTRALIDAD DE LA PERSONA JURÍDICA EN LA CRIMINALIDAD EMPRESARIAL Y EN LA CRIMINALIDAD ORGANIZADA. 3.1. La organización (la red) como estructura flexible. 3.2. El lucro lícito / ilícito: la gravedad de los comportamientos. 3.3. Participación en blanqueo de capitales. 3.4. La responsabilidad penal de las personas jurídicas. 4. TRATAMIENTO JURÍDICO ACTUAL DE LAS SOCIEDADES

---

[1] **Como citar este artigo:**
ZÚÑIGA RODRÍGUEZ, LAURA (2019). Tratamiento Jurídico Penal de las Sociedades Instrumentales: Entre la Criminalidad Organizada y la Criminalidad Empresarial. In: Manuel Monteiro Guedes Valente (Coord.). *Criminalidade Organizada Transnacional – Corpus Delicti* I. Coimbra: Almedina, pp. 51-98.

[2] Catedrática de Derecho Penal de la Universidad de Salamanca. Este trabajo se enmarca en el Proyecto de investigación DER2016-79705-R, financiado por el Ministerio de Economía y Competitividad, e apresentado na Universidade Autónoma de Lisboa com o apoio e no âmbito do Projecto FCT – Fundação para a Ciência e a Tecnologia, I.P., no âmbito do projeto Refª UID/DIR/4441/2016.

INSTRUMENTALES. 4.1. Precisiones terminológicas. 4.2. Diversas clasificaciones. 4.3. Estudio de casos emblemáticos. 4.4. Tratamiento jurisprudencial. 5. Propuesta de tratamiento jurídico-penal de sociedades instrumentales. 6. CONCLUSIONES Y PROPUESTAS DE *LEGE FERENDA*.

RESUMEN: Los comportamientos delictivos que más inquietan en la Política Criminal moderna discurren dentro de actividades inocuas, en contextos normalizados, entre los límites de lo legal y lo ilegal, como los delitos propios de la criminalidad empresarial, la corrupción pública y privada, así como varios comportamientos del entorno de la criminalidad organizada. En la mayoría de ellos encontramos personas jurídicas, sociedades instrumentales cuyo tratamiento jurídico no es pacífico al existir desde el 2010 una doble vía: la responsabilidad penal de las personas jurídicas (art. 31 bis CP) y el delito de organización criminal (art. 570 bis CP). Después del análisis de los elementos que permiten estas sinergias, se estudia la doctrina y el tratamiento jurisprudencial correspondiente para proponer una serie de elementos diferenciadores que permiten determinar uno u otro tratamiento cuando se trata de situaciones intermedias entre las actividades lícitas e ilícitas. El trabajo termina con una serie de propuestas de *lege ferenda* que permitan prevenir el uso de sociedades instrumentales.

Palabras clave: Responsabilidad penal de las personas jurídicas. Criminalidad organizada. Criminalidad empresarial. Blanqueo de capitales. Sociedades instrumentales.

RESUMO: Os comportamentos criminosos mais perturbadores da política criminal moderna ocorrem em atividades inócuas, em contextos normalizados, entre os limites legais e ilegais, como crimes de negócio, corrupção pública e privada, além de vários comportamentos próprios do crime organizado. Na maioria deles, encontramos, como autores, pessoas coletivas, sociedades instrumentais cujo tratamento legal não é pacífico, uma vez que existe um duplo caminho desde 2010: a responsabilidade criminal de pessoas jurídicas (art. 31 bis CP) e o crime de organização criminosa (art. 570 bis CP). Após a análise dos elementos que permitem essas sinergias, estuda-se a correspondente doutrina e tratamento jurisprudencial para propor uma série de elementos diferenciadores que permitem determinar um ou outro tratamento quando se trata de situações intermediárias entre atividades lícitas e ilegais. O trabalho termina com uma série de propostas *lege ferenda* que impedem o uso de sociedades instrumentais.

Palavras-chave: Responsabilidade penal das pessoas jurídicas. Criminalidade Organizada. Criminalidade empresarial. Branqueamento de capitais. Sociedades instrumentais.

1. INTRODUCCIÓN

Los juristas, al analizar un problema jurídico, solemos pensar primero en las normas y luego se observa si la realidad puede o no encajar en ellas. En el ámbito del Derecho Penal se denomina proceso de subsunción y se trata de una cuestión de interpretación regida por el principio de legalidad, de manera que aquello que queda fuera de las normas penales, no es punible y escapa a las reglas de imputación penal. Si se trata de un razonamiento más elaborado, el punto de partida es un esquema conceptual, una concepción o institución jurídica, aunque la realidad sigue siendo el segundo punto de referencia, el cual debe o no encajar en dicho teoría.

Hace algunos años que la realidad criminal ha desbordado los planteamientos teóricos y la vigencia de las normas. Las conductas de señores de cuello blanco, ya sea en el mundo de las finanzas, la empresa o la Administración Pública, así como en bufetes de abogados, notarios o asesores patrimoniales que crean empresas *offshore*, ayudan a evadir las obligaciones impositivas de las personas al igual que favorecen el reciclaje del dinero ilícitamente obtenido por una organización criminal, son asuntos que ocupan los medios de comunicación como escándalos financieros, de corrupción pública o privada[3], prácticamente cotidianos. Las diversas formas de criminalidad organizada transnacional crean sinergias y colaboran entre sí aprovechando los avances en la era de la información, facilitando aún más las formas de realización de estos delitos. Está pues absolutamente claro que los instrumentos jurídicos no están siendo idóneos para prevenir la criminalidad económica y la criminalidad organizada que azota a las sociedades actuales, llámense países desarrollados, emergentes, pobres, fallidos, etc. Los costes para la economía mundial de estos fenómenos criminales están siendo verdaderamente cuantiosos[4], por no hablar de los costes sociales directos

[3] En España la cantidad de casos de corrupción pública y privada que han salido a la luz en los últimos años son realmente incontables: Caso Gürtel, Caso Púnica, Caso Brugal, Acuamed, Adif, los ERES de Andalucía, Bankia, caso tarjetas black, etc. etc. Al lado, operaciones contra la criminalidad organizada como el Caso Emperador de blanqueo de capitales, sin contar con los primeros grandes casos como Operación Ballena Blanca y Operación Malaya, estas últimas en Marbella.

[4] Aunque es difícil contar con datos actuales al respecto, resultan interesantes los que ofrece Naciones Unidas. Se estima que el crimen organizado transnacional genera 870 mil millones de dólares al año, más de 6 veces el presupuesto de la asistencia oficial para el desarrollo

e indirectos que estos fenómenos criminales traen a las sociedades en que se desarrollan, como inseguridad ciudadana, violencia, mayores índices de corrupción, economía informal, etc.

El presente trabajo tiene como objetivo dar luces sobre los aspectos jurídico-penales más importantes del tratamiento de este gran Crimen Global, como lo denomina CASTELLS[5] que facilitan la impunidad, intentando desenredar los nudos de las redes de las conexiones que ayudan en las sinergias de estas formas de criminalidad, a los efectos de proponer una propuesta de Política Criminal efectiva, dentro de los cánones del Estado de Derecho. Es decir, primero se verá el panorama general, el funcionamiento en red de estas formas de criminalidad, para luego abordar los puntos más álgidos de los nodos, llegando al punto neurálgico de los supuestos de difícil distinción entre criminalidad organizada y criminalidad económica.

Se trata de indagar primero por qué son tan fáciles las sinergias de estas formas de criminalidad, señalando los aspectos generales de colaboración entre estas diversas formas de criminalidad transnacional, para en un segundo momento detectar los puntos de colaboración a los efectos de dificultar las actividades criminales en estos lugares comunes con propuestas preventivas y represivas.

La finalidad que anima este trabajo es la convicción de que es necesario luchar contra estas formas de criminalidad tan cambiantes, flexibles y con tanto poder de dañosidad en nuestras sociedades, creando una batería de mecanismos jurídicos idóneos, dado que hoy en día las formas de actuación criminal más importantes se desenvuelven en contextos normalizados, en los límites de lo legal e ilegal, en despachos, Administraciones públicas, negocios, dentro de actividades inocuas, como la actividad industrial, comercial o profesional, en el seno de sociedades legales e ilegales, donde se mezclan actividades lícitas e ilícitas[6]. Como pusieron de manifiesto en

---

y equivalente al 7 por ciento de las exportaciones mundiales de mercancías (2009). La delincuencia organizada transnacional es un gran negocio. En 2009 se estimó que generaba 870 miles de millones por año, lo que equivale al 1,5% del PIB mundial. Es más de seis veces de la cantidad de asistencia oficial para el desarrollo correspondiente a ese año, y equivale a casi el 7% de las exportaciones mundiales de mercancías. Véase en *https://www.unodc.org/toc/es/crimes/organized-crime.html*.

[5] Véase Castells, Manuel, "El Crimen global", *El País*, 21 de febrero de 1997.

[6] Solo por poner un ejemplo paradigmático: el fraude del IVA. Desde hace tiempo las Agencias Tributarias de Europa topan con un fenómeno criminal *sui generis*, muy rentable,

Ferracuti y Bruno, respecto de la criminalidad organizada que ya mostraba su capacidad emprendedora:

El desafío de la Criminología y del Estado es la rapidez y el carácter proteico del fenómeno, siempre expresión de un anticipo de las propias transformaciones sociales y, por tanto, la insuficiencia de los tradicionales instrumentos criminológicos, sobre todo, porque es un fenómeno que no se pone en neta antítesis con los valores de la sociedad "sana" y, por tanto, no es "patologizable"[7].

En suma, la Criminología y el Derecho Penal ha podido disciplinar los comportamientos cuando se trataba de la división entre comportamiento desviado individual (criminal) y Sociedad, pero los fenómenos criminales de los que nos ocupamos discurren en relaciones sociales consentidas, buscadas, engañosas, opacas, pero no siempre claramente contrapuestas con la Sociedad, lo que la hace más difícil de desentrañar, no siempre encuentra reproche social y, por tantos, los mecanismos de control social informales suelen fallar para enfatizar sus aspectos prohibitivos.

2. CRIMINALIDAD EMPRESARIAL Y CRIMINALIDAD ORGANIZADA: ASPECTOS CONVERGENTES

En 1949 Sutherland puso de manifiesto que podía haber similitudes entre la *Corporate Crime* y la *Organized Crime*, al definir el delito de "cuello blanco" como *delito organizado*, estableciendo el siguiente parangón entre el delito de "cuello blanco" y el robo profesional: Primero, la delincuencia de las corporaciones al igual que la de los ladrones profesionales es persistente;

donde intervienen personas y empresas de diversos países, el llamado "carrusel del IVA". Así *El País*, 14 de julio de 2015: Una operación internacional destapa un fraude de 300 millones en la que participaron ocho países ha desmontado una organización criminal dedicada al fraude carrusel del IVA. Véase en http://economia.elpais.com/economia/2015/07/14/actualidad/1436899452_349555.html Más recientemente: *El País*, 14 de agosto de 2016: Cerco a una 'trama carrusel' que defraudó más de 47 millones en IVA. El juez José de la Mata procesa a 51 personas y 134 empresas, entre ellas una filial del BBVA, por participar en una trama organizada que defraudó 47,3 millones de euros en IVA con un alambicado sistema que simulaba la venta de mercancías. Véase en http://economia.elpais.com/economia/2016/08/12/actualidad/1471030692_587060.html Más ampliamente en epígrafe 4.3.

[7] *Cfr.* Ponti, Gianluigi, "Criminalità organizzata e criminología", en Bandini, Tullio; *et. al.* (Eds.), *La Criminalità Organizzata. Moderne metodologie di ricerca e nuove ipotesi esplicative*, Milán, Giuffrè, 1993, p. 180.

una gran proporción de los delincuentes son reincidentes. Segundo, la conducta ilegal es mucho más extensa de lo que indican las acusaciones y denuncias. Tercero, el hombre de negocios que viola las leyes para regular los negocios generalmente no pierde su status entre sus asociados. Y, cuarto, los hombres de negocios generalmente sienten y expresan desprecio hacia la ley, el gobierno y el personal del gobierno[8]. Con esta observación Sutherland se encargaba de enfatizar los aspectos comunes entre estas formas de criminalidad: delincuencia profesional, realizada en muchos casos en entornos inocuos (normalizados), por lo que carecen de reproche social y veneración por la desregulación con el fin de tener mayores espacios de impunidad.

Se pueden señalar muchos casos donde se evidencian dichas convergencias, pero quizás el escándalo más reciente es de los llamados *Panamá Papers*. La filtración acaecida el año pasado por la que se descubrió la existencia de un despacho de abogados en Panamá, Mossack-Fonseca, dedicado a la creación de cientos de miles de sociedades *offshore* de políticos, empresarios, deportistas, traficantes, terroristas, etc., es sin duda el descubrimiento más evidente de cómo funcionan los paraísos fiscales y los profesionales que se dedican a ofrecer servicios que facilitan el blanqueo de capitales en todo el mundo. El sistema *offshore* que funciona con el consentimiento de las autoridades de los países considerados paraísos fiscales, se encarga de proveer sociedades pantalla, creando una barrera de protección alrededor de los verdaderos propietarios (opacidad), con la designación de directivos que en realidad no actúan como tales (testaferros), sino son "hombres de paja" designados directivos fiduciarios por el despacho Mossack-Fonseca. El procedimiento es fácil, limpio, muy barato y, sobre todo, garantiza que no se conocerá el nombre del verdadero propietario del dinero[9], con lo cual es el lugar ideal para todos los negocios turbios del mundo: tráfico de armas, tráfico de drogas, financiación del terrorismo, corrupción pública y corrupción privada, etc. El bufete tiene filiales o conexiones con muchos bufetes ubicados en Zurich, Ginebra, Luxemburgo, España[10], etc. La forma

[8] Sutherland, Edwin, *El delito de cuello blanco*, Madrid, La Piqueta, 1999, pp. 261-264.

[9] Véase Obermaier, Frederik y Obermayer, Bastian. *Los papeles de Panamá. El club mundial de los evasores de impuestos*, Castellón, Titivillus, 2016, pp. 21 y 22.

[10] En 2015 Mossack-Fonseca tiene cerca de 50 despachos repartidos por más de 30 países. Unas 30 son filiales y el resto despachos asociados" (similar a una franquicia). Véase Obermaier, Frederik y Obermayer, Bastian. *Los papeles de Panamá, op. cit.*, p. 197.

de crear la barrera de protección frente al patrimonio real y que permite borrar las huellas del origen del dinero, es que no trabajan con clientes finales, sino tan solo con intermediarios, como abogados, gestores de patrimonio o bancos. De tal manera que Mossack-Fonseca trabaja como un holding: si algunas de sus filiales o bufetes asociados tuviera algún problema legal, siempre podrá desconectarse, sin sufrir perjuicio alguno. Mientras más movimientos se hagan, sobre todo si intervienen más países (mejor si son paraísos fiscales), más difícil será seguir el rastro del dinero[11].

Las ventajas que este entramado ofrece para el ocultamiento del origen del dinero son evidentes: la organización, la cadena de pasos por los que va pasando el dinero borran su rastro y por tanto garantiza la opacidad. Además, la transnacionalidad de la red le otorga la dificultad en su persecución, pues mientras se mueva el dinero por más países, más problemático resulta la recuperación de las ganancias ilícitas. La red permite la conexión y la desconexión en función de los intereses concretos y admite cortar la cadena de movimientos del capital, en el momento deseado. De manera que en un procedimiento penal es fácil decir, "yo no sabía", y por tanto, no se puede comprobar un componente del delito referente al tipo subjetivo del blanqueo: el conocimiento del origen ilícito de los bienes. De esta manera, la criminalidad organizada encuentra su hábitat natural, caracterizado por la búsqueda de la impunidad y el aprovechamiento de sus bienes ilícitamente obtenidos.

No hay duda de que la empresa (persona jurídica), sociedad anónima y sociedad de responsabilidad limitada son fórmulas económico-jurídicas útiles para la realización de todas estas conductas, por ser el instrumento jurídico dúctil para sortear responsabilidades: división entre el capital social de persona jurídica y el de los administradores, transformaciones de sociedades, opacidad en las cuentas, marketing engañoso, etc. Tampoco hay duda de que, en muchos casos, se trata de comportamientos individuales que se aprovechan de esta fórmula jurídica para la realización de conductas fraudulentas. La *corporate crime*, como se conoce en Criminología norteamericana a la criminalidad cometida desde las corporaciones, es el

---

[11] Como sostienen Obermaier, Frederik y Obermayer, Bastian, *Los papeles de Panamá, op. cit.*, p. 338, "cuando una red de empresas pantalla se extiende por 5, 10, 30 paraísos fiscales, las autoridades se enfrentan a una misión casi imposible de demostrarlo jurídicamente mediante una cadena de pruebas".

concepto que comprende la realización de estos delitos de cuello blanco de las sociedades reales y fantasmas, que protagonizan los latrocinios de los últimos tiempos. La situación de poder que caracteriza a la mayoría de sujetos que cometen delitos a través de sociedades[12], refuerza estos comportamientos en una sociedad de riesgos y configura una serie de caracteres distinguibles: personas bien situadas social y económicamente, alto grado de impunidad, comportamientos adecuados socialmente, conductas que rozan la ilegalidad.

¿Cómo hacer frente a estos comportamientos lo más efectivamente posible? ¿Los comportamientos de este despacho de abogados Mossack-Fonseca pueden encuadrarse en la delincuencia económica o se trata de sujetos favorecedores de la criminalidad organizada? Parece, pues, que al llegar al ámbito del blanqueo de capitales, las líneas demarcatorias entre ambas formas de criminalidad se difuminan, al ser el lugar convergente de todos los fenómenos criminales caracterizados por el lucro ilícito.

Puede dar luces el hecho de que este despacho, de puertas para afuera opera con conceptos como "cumplimiento legal", "diligencia debida", departamento de estudios de "clientes éticamente-problemáticos" (auténticos delincuentes), pero por dentro (gracias a la filtración de documentos última) se sabe que asesoraba a los corruptos, evasores, traficantes, terroristas, delincuentes de medio mundo. Se trata, entonces, de una persona jurídica que formalmente cumple las leyes, pero materialmente asesora para violarlas[13], por supuesto, con una serie de construcciones jurídicas que impiden observar las ilegalidades. Son actividades ilícitas encubiertas dentro de actividades legales.

La contaminación de la criminalidad organizada en el mundo empresarial es evidente en Europa. Las más poderosas organizaciones criminales

---

[12] En el caso del despacho Mossack- Fonseca, uno de los dueños, el Sr. Ramón Fonseca Mora ha sido ministro consejero de la Presidencia de Panamá y presidente del oficialista Partido Panameñista que gobierna, con lo cual parece evidente su capacidad de influencia en las leyes que se dictan en el país y, en todo caso, de poder sortear una persecución penal.

[13] Ellos dirán que se trata de asesoramiento legal para realizar actividades admitidas por los vacíos legales, es decir, sin vulnerarlas, pero las filtraciones demuestran que iban más allá de los meros vacíos, al proporcionar auténticas construcciones jurídicas a los efectos de desvincular el dinero mal habido de sus orígenes. Véase Obermaier, Frederik y Obermayer, Bastian, *Los papeles de Panamá, op. cit.*, p. 174: "Los empleados de Mossfon explicaban qué paraísos fiscales eran los mejores para cada necesidad, qué entramado prometía la mejor protección y juraban que los datos más sensibles de los auténticos propietarios estaban a salvo".

modernas europeas han llegado a una etapa de desarrollo económico al invertir en empresas legales su dinero ilícitamente obtenido. Se trata de un proceso económico que se ha venido desarrollando en las últimas décadas, en el que se observa que el capital ilícito acumulado durante la década de los setenta y ochenta, es introducido en el mercado financiero gracias a la apertura de los mercados y a la creación de estructuras comerciales, legales y ficticias, por medio de testaferros, colaboradores, con la asesoría de abogados o agentes financieros. Es lo que los italianos denominan "el período de la mafia-empresa o mafia financiera"[14], lo cual con la apertura de los mercados dentro de Europa, constituye una amenaza potencial a todos los Estados europeos.

En el último *Informe del Parlamento Europeo, el Informe Iacolino*[15], se hace eco de esta preocupación al señalar que:

"La criminalidad organizada comprende dos esferas de actividades: de un lado las organizaciones criminales están comprometidas en un cada vez mayor número de negocios legítimos y, de otro lado, las mismas tienden a mantener sus tradicionales actividades ilícitas usando métodos del mundo de los negocios e intercambiando la administración de prácticas y beneficios de ambos lados".

También la *Resolución del Parlamento Europeo, de 25 de octubre de 2011*, en su punto 5:

"Expresa su más profunda preocupación ante los intentos por parte de la delincuencia organizada de infiltrarse en los ámbitos político, administrativo a todos los niveles, económico y financiero; pide a la Comisión Europea, al Consejo y a los Estados miembros que centren su acción disuasoria en la lucha contra los activos de origen delictivo, incluidos los ocultos tras una red de testaferros, simpatizantes, instituciones políticas y grupos de presión; subraya que *la lucha contra la delincuencia organizada debe tener plenamente en cuenta los delitos de «cuello blanco»*".

Estos datos se corroboran en España con el estudio sobre los perfiles criminales en la delincuencia organizada española, al señalar que casi un 60% de los sujetos imputados por delitos de la criminalidad organizada

[14] *Cfr.* más ampliamente Zúñiga Rodríguez, Laura, *Criminalidad organizada y sistema del Derecho penal. Contribución al estudio del injusto de organización*, Granada, Comares, 2009, pp. 90-91.

[15] *Cfr.* Parlamento Europeo, *Working document on organized crime, Special committee on organized crime, corruption and Money laundering*, Relator Salvatore Iacolino, DT/913961, 2009-2014, p. 3.

mantienen su actividad legal en paralelo a su actividad delictiva[16]. Esto nos muestra que el mundo del crimen organizado no sólo está compuesto por profesionales del delito, es decir criminales dedicados organizadamente a la realización de delitos, sino también por colaboradores de distintas profesiones que dan soporte de todo tipo a las organizaciones criminales. Esta información resulta relevante para inducir cuántas personas se encuentran en la periferia de las organizaciones criminales, no integran las mismas, pero son las que les alimentan, le dan fuelle.

La jurisprudencia española ha aplicado el tipo hiperagravado del art. 370 CP de simulación de comercio internacional entre empresas en la STS (Sentencia del Tribunal Supremo) 176/2015 de 25 de marzo. En este caso los autores enviaban la droga en contenedores de fruta, simulando ser empresas importadoras de fruta desde Sudamérica. El TS (Tribunal Supremo) fundamenta su calificación en que la creación de todo el entramado de empresas para simular todas estas operaciones requiere de una compleja organización. También la STS 186/2015 de 1 de abril condena a los acusados por tráfico de drogas que traía camuflada en las maquinarias importadas, objeto social de la empresa del que era dueño uno de ellos y administrador el hijo. Además la sentencia arguye sobre otros acusados:

Puede afirmarse que en el caso concreto concurre un supuesto de organización. Los imputados en el hecho aprovechan su condición de trabajadores de un buque que realiza una travesía periódica, lo que permite el conocimiento por parte de los funcionarios de policía encargados de la vigilancia y control de la aduana de Algeciras, y aprovechan los medios que su trabajo les proporciona, desde el acceso a las instalaciones portuarias, como el conocimiento de la dinámica de inspección y control.

En este caso el Tribunal simplemente calificó la agravación correspondiente a integración en organización criminal. Por último cabe destacar la primera sentencia del TS que condena a una persona jurídica, la STS 154/2016, en la que se declara responsable de un delito contra la salud pública a una empresa que exportaba maquinaria en la que se ocultaba cocaína. Sobre este último caso, por su relevancia, nos detendremos en el epígrafe 4.4.

---

[16] *Cfr.* Giménez-Salinas Framis, Andrea*; et. al.* "¿Existe un perfil de delincuente organizado? Exploración a partir de una muestra española", *Revista Electrónica de Ciencia Penal y Criminología*, Nº 13-3, 2011, http://criminet.ugr.es/recpc/13/recpc13-03.pdf, p. 28.

Estos datos refrendan la utilización de estructuras comerciales aparentemente legales para la realización de actividades criminales. Interesante también es el análisis proporcionado por GIMÉNEZ-SALINAS FRAMIS y otros, al estudiar el perfil de los delincuentes de la criminalidad organizada:

Los datos nos muestran que los españoles participan en mayor medida en este tipo de actividades delictivas, están presentes en la mayoría de actividades ilícitas, ocupan puestos relevantes en las organizaciones en mayor proporción, son poseedores de contactos y recursos relevantes y facilitan en mayor proporción que los extranjeros sus empresas legales para facilitar la ejecución de la actividad ilegal[17].

Cierto es que las actividades internacionales de los tráficos ilícitos necesitan de un soporte nacional para llevar a cabo sus delitos, puesto que es un nacional quien se encuentra mejor situado profesional y socialmente para aportar las relaciones y conocimientos de las instituciones que las organizaciones criminales necesitan.

A partir de esta constatación se trata de señalar los aspectos convergentes y divergentes de estas actuaciones criminales, a los efectos de señalar cuál es la respuesta jurídico-penal idónea. A mi entender ese trasvase de comportamientos de la legalidad a la ilegalidad y viceversa, se centra en la utilización de la fórmula de persona jurídica, por tanto, conviene entrar a analizar los elementos que lo admiten.

3. LA CENTRALIDAD DE LA PERSONA JURÍDICA EN LA CRIMINALIDAD EMPRESARIAL Y EN LA CRIMINALIDAD ORGANIZADA

Puede parecer una evidencia señalar que tanto en una organización criminal como en una persona jurídica[18] estamos ante un núcleo común que es la organización. Es decir, se trata de estructuras permanentes de

[17] *Ibidem*. Frente a estos datos los autores consideran que "el trabajo parece que no es un factor de desistimiento de la carrera criminal".

[18] Me referiré al concepto de persona jurídica, como ente colectivo con reconocimiento jurídico que puede adoptar la forma de sociedades mercantiles de diverso tipo, partidos políticos, sindicatos, ONGs, fundaciones, etc., cuya forma económica suele ser la empresa. No entro aún en el tema de la complejidad de la misma, sino simplemente en que se trata de una organización con reconocimiento como sujeto de Derecho.

personas que se dividen el trabajo bajo una finalidad común, que en las organizaciones criminales se trata de finalidades ilícitas, mientras que en las personas jurídicas se trata de finalidades lícitas. Sin embargo, esta constatación puede servir bien para desentrañar las similitudes y diferencias entre ambas formas de organización y, sobre todo, para señalar el por qué la fórmula persona jurídica se presenta tan funcional para el trasvase de unas actividades de una a otra.

3.1. La organización (la red) como estructura flexible

En el mundo globalizado que vivimos la estructura social se configura en red, como afirma Castells. Según este autor:

"Una sociedad red es aquella cuya estructura social está compuesta de redes potenciadas por tecnologías de la información y de la comunicación basadas en la microelectrónica... Una red es un conjunto de nodos interconectados... Una red no posee ningún centro, sólo nodos. Los nodos pueden tener mayor o menor relevancia para el conjunto de la red: aumentan su importancia cuando absorben más información relevante y la procesan más eficientemente. La importancia relativa de un nodo no proviene de sus características especiales, sino de su capacidad para contribuir a los objetivos de la red. No obstante, todos los nodos de la red son necesarios para la actuación de la propia red. Cuando los nodos se hacen redundantes pierden su función, las redes tienden a reconfigurarse, eliminando alguno de ellos y añadiendo otros nuevos"[19].

Trasladado este análisis al campo que nos ocupa, a la criminalidad organizada y a la criminalidad de empresa, es posible entender los procesos de conexión y desconexión entre los distintos componentes de las redes que en un mundo globalizado son posibles de configurarse y desconfigurarse. Siguiendo nuevamente a este autor: "Las redes son auto-reconfigurables, estructuras complejas de comunicación que aseguran, al mismo tiempo, unidad de propósitos y flexibilidad en su ejecución gracias a su capacidad para adaptarse al entorno operativo"[20].

---

[19] Castells, Manuel, "Informacionalismo, redes y sociedad en red: una propuesta teórica", *La sociedad red: una visión global*, Madrid, Alianza Editorial, 2006, p. 27.

[20] *Idem*, p. 28.

Como se sabe, las organizaciones criminales han sido tradicionalmente jerárquicas, al igual que el modelo empresarial. Lo decisivo de los sistemas sociales jerárquicos ha sido la autonomía en el sistema de toma de decisiones; esto es, un sistema de toma de decisiones centralizado. Sin embargo, a medida que se ha complejizado la sociedad la tendencia tanto de las organizaciones criminales, al igual que los demás sistemas sociales, es a la estructura en red. Lo mismo ha sucedido en el ámbito organizativo empresarial, que ha dejado de ser jerárquico, para articular un sistema de organización horizontal. El *modelo reticular* en la criminalidad organizada, al igual que el de *la empresa-red* en la criminalidad empresarial, consisten en una serie de subsistemas con estructuras flexibles, con gran capacidad de adaptación al medio, ligadas a un sistema social mayor (una gran organización criminal o una empresa transnacional), en el que la autonomía en el proceso de toma de decisiones de los diversos subsistemas es fundamental[21].

Esta configuración de los sistemas sociales en red facilita la comprensión de las nuevas formas de criminalidad organizada y empresarial, sus vinculaciones y sinergias. Así como el carácter flexible, de acuerdo a la utilidad o falta de utilidad de los nodos. Permite comprender el trasvase de comportamientos de una forma de criminalidad a otra y percibir nodos en los que confluyen claramente, como sucede con el blanqueo de capitales y con la utilización de sociedades para ocultar el origen ilícito de las ganancias.

Buena muestra de la actividad en red es el sistema *offshore* descubierto en los Papeles de Panamá. Los proveedores de las empresas (*offshore providers*), como el bufete Mossack-Fonseca se encargan de crear una barrera de protección alrededor de los verdaderos propietarios. Para ello, este despacho nombra como directivos a "hombres de paja" que figuran como representantes oficiales de la empresa, pero en realidad trabajan para Mossack-Fonseca, mientras el verdadero propietario se esconde tras de esa fachada. La manera de asegurar la confidencialidad del cliente es que dicho bufete nunca trabaja

[21] *Cfr.* sobre la empresa-red, Castells, Manuel, *La era de la información. La sociedad red, Vol. 1*, Madrid, Alianza Editorial, 2001, pp. 201-227. Si "cada sociedad tiende a generar sus propios mecanismos organizativos" (p. 227), la sociedad de la información y de la empresa red tendrá que generar las organizaciones criminales en red. Se dice que una de las primeras formas de organización criminal en red fue Al Qaeda y que, precisamente esta estructura flexible y autónoma del centro de decisión es lo que le granjeó los éxitos conocidos. También el autodenominado Estado Islámico funciona en red, en tanto mecanismo organizativo lamentablemente exitoso.

con clientes finales, pues trabaja con filiales en todo el mundo, sino tan solo con intermediarios, como abogados, gestores de patrimonio o bancos[22]. De esta manera siempre pueden decir que no sabían del origen del dinero, que puede provenir de un rico, un poderoso o un criminal. Se trata de crear una serie de filtros con el dinero que dificultan perseguir al dueño final.

Realmente el sistema offshore es una red de empresas reales e irreales, bancos, despachos de abogados, asesores patrimoniales, personas de todo tipo, que se vinculan entre sí para ocultar el origen del dinero, obtenido lícita e ilícitamente. El carácter flexible de esta red, dificulta la persecución penal, pues es posible desvincularse en cualquier momento. Como afirman OBERMAIER y OBERMAYER, "Mossack-Fonseca es un holding, si alguna de sus empresas tuviera problemas legales, siempre podría distanciarse de la filial sin sufrir perjuicio alguno"[23]. Además, las distintas legislaciones por las que pasa el movimiento de capitales impide aún más el seguimiento del dinero, augurando la impunidad. Esto es, a mayor complejidad de la organización del sistema de movimientos de capitales, más difícil será encontrar la huella del dinero.

Organizaciones, redes, empresas reales o ficticias, lo cierto es que la criminalidad organizada y la criminalidad empresarial actuales se aprovechan de esta maraña de articulaciones para sortear la acción de la justicia. A mayor complejidad de los movimientos, mayor garantía de impunidad. Esto conecta con la categoría de la complejidad que los italianos han desarrollado en el tema de la criminalidad organizada. Como afirma ALEO, "la organización puede ser considerada en general como una categoría de la complejidad. Complejidad es el objeto y el resultado (es necesariamente el método, según MORIN) del análisis de lo múltiple, multifactorial y contextual"[24]. El carácter transnacional y la dimensión organizativa flexible, dan a estos fenómenos criminales una complejidad aún mayor, pues entran a tallar diversas realidades, regulaciones, organizaciones y tipos de criminalidad,

[22] *Idem*, p. 53.

[23] *Idem*, p. 191.

[24] Aleo, Salvatore, "Criminalità transnazionale e definizione della criminalità organizzata: il requisito dell'organizzazione", en Patalano, Vincenzo (Dir), *Nuove strategie per la lotta al crimine organizzato transnazionale*, Turín, G. Giapplichelli, 2003, p. 11, siguiendo a Morin, Edgard, *La Méthode,I, La nature de la nature*, Paris, Edition du Soleil, 1977. Este carácter complejo de los fenómenos criminales en estudio, también obligan a un análisis interdisciplinar, pues una sola disciplina sería incapaz de abordar todo el fenómeno en su total dimensión.

que elevan los factores causales de manera exponencial. Vienen a bien las reflexiones de ALEO sobre la criminalidad organizada transnacional, y cómo hay que enmarcarla en la categoría de la complejidad. "Sólo se puede comprender esta forma de criminalidad, en un proceso de carácter general, en el que la palabra *crisis*, simplemente pone en evidencia la incapacidad de las categorías tradicionales para comprender el significado de realidades en transformación como la democracia, las funciones del Estado social, la crisis de la lógica formal, la cultura de la relatividad y de la contextualización, en general la superación de las dimensiones nacionales de todas las actividades humanas, esto es, la *cultura de la complejidad*"[25].

3.2. El lucro lícito/ilícito: la gravedad de los comportamientos

Otro aspecto que merece un análisis detenido es que todas estas formas de criminalidad en las que intervienen organizaciones (reales, ficticias, personas jurídicas), tienen en común el ánimo de lucro. Es decir, el motivo por el cual se traspasan las fronteras de la legalidad es el afán de maximizar las ganancias.

Efectivamente, además de la organización, el lucro ilícito es lo que hermana a la criminalidad organizada y la criminalidad económica empresarial. Es decir, el ánimo de lucro que se considera en nuestra sociedad capitalista un valor positivo, pues mueve al *homo economicus* a maximizar las ganancias, eligiendo el comportamiento racional más favorable a sus objetivos, se tergiversa a tal punto que las personas son capaces de saltar las barreras de la ley, si con ello se obtienen beneficios económicos. En el caso de la criminalidad organizada queda claro que se trata de un lucro ilícito, en la medida que los medios para lograrlo son de carácter delictivo (la realización de delitos graves o los delitos correspondientes[26]), mientras que en la criminalidad empresarial se trata de un *abuso* de la situación jurídica de la empresa, dado que formalmente su ánimo de lucro es lícito.

---

[25] Aleo, Salvatore, "Criminalità transnazionale e definizione della criminalità organizzata: il requisito dell'organizzazione", *op. cit.*, p. 10.

[26] Según la Convención de Palermo ha de tratarse de delitos graves, con penas de al menos cuatro años. Sin embargo, las legislaciones nacionales suelen acotar los delitos correspondientes a los tráficos ilícitos.

Ciertamente es fácil percibir la gravedad de los comportamientos de la criminalidad organizada porque son *evidentemente* ilícitos, es más, de carácter delictivo. Pero los comportamientos fraudulentos, abusivos de la criminalidad empresarial suelen pasar desapercibidos enmascarados por la supuesta legalidad. Inclusive el daño que pueden hacer estos delitos, es menos apreciado que el que corresponde a la criminalidad común[27].

El caso de la criminalidad empresarial adquiere especial gravedad porque, utilizando los cauces legales la empresa disfraza, miente, esconde su actividad ilegal, para lograr un enriquecimiento ilícito. Se trata de la llamada *corrupción privada*, que al decir del Profesor de Derecho Mercantil de la Universidad de Salamanca Carbajo, "se trata de una desviación fraudulenta o abusiva de potestades de control y decisión en la empresa privada que genera conflictos de intereses en el sector privado y de forma refleja o indirecta afecta al interés general"[28]. Este uso pervertido del Derecho es un elemento a resaltar. El mismo autor señala: "Las instituciones del Derecho privado patrimonial se utilizan para dar apariencia de legalidad a operaciones ilícitas de ocultación y desviación de activos y fondos públicos y privados... Un uso instrumental con fines ilícitos de instituciones jurídico--privadas (uso perverso) para dar apariencia de licitud, es decir, maquillar operaciones fraudulentas"[29].

En los últimos tiempos hemos visto lamentablemente muchos ejemplos de corrupción corporativa. Los escándalos financieros protagonizados por grandes empresas en los Estados Unidos desde comienzos de siglo y en España conocidos últimamente, muestran estas características de un *uso abusivo del Derecho*. La utilización de un uso pervertido del Derecho privado y mercantil para crear empresas ficticias, nombrar testaferros, transferir bienes para la ocultación de los mismos, etc., etc., evidencian el conocimiento de

[27] Green, Stuart, *Mentir, hacer trampas y apropiarse de lo ajeno. Una teoría moral de los delitos de cuello blanco*, Madrid, Marcial Pons, 2013, p. 69 en esta línea: "Por ejemplo, no es probable que haya demasiada controversia en relación con que el daño principal causado por un homicidio sea la muerte del ser humano. Sin embargo, en el caso de delitos de cuello blanco tales como la evasión de impuestos, el cohecho y el abuso de información privilegiada, la identificación del daño conlleva verdaderas dificultades".

[28] Carbajo, Fernando, "Corrupción en sector privado (I): La corrupción privada y el Derecho Privado Patrimonial", *Iustitia, Revista de la Facultad de Derecho de la Universidad Santo Tomás*, Nº 10, 2012, p. 287.

[29] *Idem*, pp. 307-308.

profesionales especializados y, por tanto, la colaboración de los mismos para facilitar el encubrimiento de las actividades ilícitas que han generado tales ganancias. De ahí, como se ha dicho, el interés por perseguir penalmente a los profesionales que prestan su especializado conocimiento para realizar prácticas que contaminan los negocios legales.

3.3. Participación en blanqueo de capitales

Se trata de uno de los 11 indicadores con los que trabaja EUROPOL para identificar a la criminalidad organizada. Y, curiosamente, el blanqueo de dinero se ha mostrado como el gran corruptor de toda la actividad económica legal. Como sostiene CATANZARO, gran especialista en la mafia siciliana:

"La disponibilidad de enormes cantidades de dinero hace aumentar desmesuradamente las exigencias de `limpiar´ los beneficios derivados de operaciones ilícitas. La limpieza consiste en hacer desaparecer las huellas del origen sucio del dinero. El método tradicional del blanqueo de dinero negro, a través de los bancos, implica muchas veces la necesidad de cómplices y es muy peligroso... ello provoca una mayor presión sobre los aparatos públicos para obtener contratos, concesiones inmobiliarias, obras públicas que permitan invertir capitales procedentes de actividades ilícitas"[30].

Ésta es una prueba de los efectos "contaminación", corruptor en empresas legales que posee la criminalidad organizada.

El blanqueo de dinero ha roto las compuertas de esa línea fronteriza entre lo legal e ilegal y encontramos empresas legales que blanquean dinero[31], personas que utilizan movimientos de capitales para ocultar el origen del dinero, además del dinero proveniente de las diversas formas de criminalidad. Efectivamente, el blanqueo de capitales es el delito donde

---

[30] Catanzaro, Raimondo, *El delito como empresa: historia social de la mafia*, Madrid, Taurus, 1992, p. 292.

[31] En España, en marzo de 2015 la Fiscalía Anticorrupción, a partir de denuncias provenientes de Estados Unidos, de supuestos investigados con anterioridad, como la Operación Emperador, denunció que el Banco Madrid "era una estructura en sí misma de blanqueo y fraude fiscal". La entidad mantenía una fachada A de actividad bancaria normal, mientras ofrecía los servicios B a algunos clientes para facilitarles operaciones ilícitas. Véase *El Mundo*, 30 de marzo de 2015, "La Fiscalía halla una `estructura de blanqueo´ en Banco Madrid".

confluyen todas las formas de criminalidad: la corrupción, el terrorismo, la criminalidad organizada, la criminalidad de empresa. Por ello, todos los mecanismos de prevención de blanqueo serán idóneos también para atajar el ciclo económico de los tráficos ilícitos.

Es evidente que el fin último de las organizaciones criminales y de todo aquel que ha obtenido ganancias ilícitas es poder disfrutar de las mismas, pero no todas las organizaciones criminales se dedican también al blanqueo de sus bienes. Muchas veces estas actividades se tercerizan o encomiendan a abogados, contables, auditores, inescrupulosos. La participación de profesionales altamente cualificados en el ocultamiento de los bienes por medio de entramados financieros, con sociedades interpuestas, orientando los flujos hacia paraísos fiscales, es precisamente una de las cuestiones más preocupantes de la Política Criminal contra la criminalidad organizada, la corrupción y la criminalidad empresarial. Las diferencias de regulación entre un país u otro son una buena excusa para el movimiento de capitales, que encierra realmente formas de blanqueo.

La lucha de la Política Criminal actual contra la criminalidad organizada y la corrupción precisamente se centra en este aspecto, en estrangular el ciclo económico de las ganancias obtenidas ilícitamente. De ahí que las figuras de blanqueo de capitales, decomiso y el delito de enriquecimiento ilícito (inexistente en España, pero presente subrepticiamente en el nuevo decomiso ampliado de la reforma de 2015), constituyan las herramientas jurídicas para dañar las estructuras económicas de la criminalidad organizada, la criminalidad económica y la corrupción. La figura existente en España del art. 122 CP del partícipe a título lucrativo, según la cual responde con su patrimonio también quien se ha beneficiado de los efectos del delito –se entiende, desconociendo su origen ilícito, pues sino estaríamos ante una participación en el delito- completa esta batería de respuestas que pretenden recuperar los activos del delito. Se trata, como se ha dicho tantas veces que "el delito no rinda", esto es, todos los delitos en los que ha habido un ánimo de lucro ilícito, existan instrumentos jurídicos para que los delincuentes no se beneficien de las ganancias obtenidas.

El conjunto de instrumentos jurídicos se cierra con la responsabilidad penal de las personas jurídicas y la disolución de los aparatos organizacionales creados fraudulentamente, como enseguida desarrollaré.

3.4. La responsabilidad penal de las personas jurídicas

Desde hace mucho tiempo existen consecuencias jurídicas de índole patrimonial para las empresas que infringen las normas. Primero fue a través del Derecho administrativo sancionador que se disciplinaba a las empresas, para luego cuando a partir de los años noventa el Derecho Penal pasó a tutelar los bienes jurídicos de carácter socioeconómico en el Código Penal o en Leyes especiales, se planteó más acuciantemente el tema de la responsabilidad *penal* de las personas jurídicas, en la medida que muchas normas penales se dirigían principal o exclusivamente a empresas, como los delitos contra el medio ambiente, los delitos contra los trabajadores, etc. El CP de 1995 que eleva a la categoría de delitos las infracciones más graves contra el orden socioeconómico, tiene como correlato las consecuencias accesorias del art. 129 CP, esto es, una serie de consecuencias para las personas jurídicas cuando se realicen delitos desde su actividad económica, "orientadas a prevenir la continuidad de la actividad delictiva y los efectos de la misma".

En los quince años de vigencia de las consecuencias accesorias del art. 129 CP, se aplicaron contundentemente más en supuestos relacionados con tráfico de drogas, terrorismo, prostitución, esto es, en actividades vinculadas a la criminalidad organizada, que a la criminalidad de empresa, para la que parece haberse pensado en un comienzo. No es de extrañar ello por varias razones que no pueden ocupar este trabajo[32]. Pero sí conviene recalcar que una de las demandas más acuciantes para sancionar a las personas jurídicas proviene de la Política Criminal contra la criminalidad organizada.

Esto explica que en las propuestas internacionales en la lucha contra la criminalidad organizada y la criminalidad económica, la responsabilidad penal de las personas jurídicas se presente como un instrumento clave, conjuntamente con el decomiso, para estrangular los fondos financieros de las organizaciones criminales y de los delincuentes de cuello blanco que encuentran en la fórmula societaria la mejor manera de alcanzar ganancias

[32] Entre otras porque estamos ante delincuentes de cuello blanco, sujetos bien situados social y económicamente y ello les otorga ciertas inmunidades. Véase más ampliamente Zúñiga Rodríguez, Laura, "Culpables, millonarios e impunes: el difícil tratamiento del Derecho Penal del delito de cuello blanco", en Zúñiga Rodríguez, Laura *et. al.* (Coords.), *Poder y delito: Escándalos financieros y políticos*, Salamanca, Ratio Legis, 2012, pp. 33 y ss.

ilícitas, en la medida que con este tipo de sanciones se interrumpe el ciclo económico de estas ganancias mal habidas e impiden que se introduzcan en el mercado lícito (blanqueo de dinero). Las sanciones penales a empresas se consideran, incluso, como herramientas operativas para aplicar de manera cautelar sanciones de tipo patrimonial, como el comiso de las ganancias[33] o la disolución de las asociaciones ilícitas y de las personas jurídicas que le han servido de cobertura, en tanto medidas de política criminal que se consideran esenciales para combatir la acumulación de las ganancias ilícitamente obtenidas[34].

La Convención de Naciones Unidas contra la Criminalidad Organizada Transnacional del 2000 (más conocida como Convención de Palermo), señala en el art. 10 inc. 1ºque los Estados adoptarán las medidas necesarias "a fin de establecer la responsabilidad de personas jurídicas *por participación en delitos graves* en que esté involucrado un grupo delictivo organizado" o los delitos de la Convención (blanqueo de capitales, corrupción y obstrucción a la justicia). Asimismo el inc. 4º del mismo artículo señala: "Cada Estado Parte velará en particular por que se impongan sanciones penales o no penales *eficaces, proporcionadas y disuasivas, incluidas sanciones monetarias*, a las personas jurídicas consideradas responsables con arreglo al presente

[33] Nótese que el decomiso en estos delitos, siguiendo normativas internacionales como el Convenio de Viena de Tráfico de Drogas, las Normas del GAFI, o la Convención de Naciones Unidas contra la Criminalidad Organizada Transnacional, es contemplado con una restricción de garantías, como son la inversión de la carga de la prueba sobre la ilicitud del bien, por lo cual, una vez abierto un proceso penal se puede proceder al comiso de los bienes del imputado y corresponderá a éste probar su no procedencia ilícita. Incluso las normas internacionales recomiendan el comiso ampliado, que tiene como referencia no los beneficios netos, sino los beneficios brutos. Caso de Bélgica, Alemania, Estados Unidos y últimamente España. En estos casos el delincuente tiene que pagar más de lo que ha ganado, lo cual es, para los especialistas, una muestra clara del carácter punitivo de la sanción. *Cfr.* Weigend, Thomas, "Los sistemas penales frente al reto del crimen organizado", *Revista Internacional de Derecho Penal*, Vol. 68, 1997, p. 564.

[34] La naturaleza depredadora de la criminalidad organizada, cuyo objetivo último es la consecución de beneficios económicos, hace que las sanciones patrimoniales o pecuniarias, que priven a los delincuentes de los beneficios ilícitamente obtenidos, constituyan un arma eficaz en la lucha contra este fenómeno criminal. *Cfr.* Weigend, Thomas, "Los sistemas penales frente al reto del crimen organizado", *op. cit.*, p. 550. Se trata de cortar el circuito de la criminalidad organizada, impidiendo la reinversión de lo ganado ilícitamente, lo que a su vez impide desarrollar la capacidad corruptora de la acumulación de dichas ganancias.

artículo". Asimismo, la Decisión Marco 2008/841/JAI del Consejo de 24 de octubre de 2008, relativa a la lucha contra la delincuencia organizada, también establece en su art. 6 que los Estados deberán adoptar "sanciones efectivas, proporcionadas y disuasorias, que incluirán multas de carácter penal o administrativo" cuando las personas jurídicas sean responsables de los delitos de participación en organización criminal. La doctrina ha entendido, de acuerdo al criterio del Tribunal Europeo de Derechos Humanos por el cual entiende la "materia penal", que las sanciones asociadas a dichas infracciones son de *carácter punitivo*, en la medida que son consecuencias jurídicas de delitos graves y se trata de restricciones de derechos graves, al ser "efectivas, proporcionadas y disuasorias"[35].

No pudiendo relacionar los diversos Instrumentos Internacionales que recomiendan la introducción de la responsabilidad penal de las personas jurídicas, me interesa señalar los relativos a la Corrupción, en la medida que se trata de un delito señalado por la Convención de Palermo, como propio de la criminalidad organizada y sirve de conexión entre la criminalidad organizada y la criminalidad de empresa que nos ocupa. El art. 26 de la Convención de Naciones contra la Corrupción, en su art. 26 tiene una regla muy similar a la de la Convención de Palermo, antes referida.

Aunque la responsabilidad de la persona jurídica puede ser penal, administrativa o civil, lo cierto es que una no excluye a la otra, puesto que normalmente cuando se realiza una infracción penal desde el ámbito de una organización empresarial, se despliegan una serie de efectos que pueden provocar una serie de respuestas para hacer frente a dichos efectos. Por un lado está la responsabilidad civil que tiene una finalidad de reparación de los daños a las víctimas, la responsabilidad administrativa que suele estar asociada a infracciones administrativas menores (meras desobediencias) y la responsabilidad penal que despliega una finalidad preventivo-general y

---

[35] Véase más ampliamente los fundamentos en Zúñiga Rodríguez, Laura, "Responsabilidad penal de las empresas. Experiencias adquiridas y desafíos futuros", en Queloz, Nicolas *et. al.* (Eds.), *Droit pénal et diversités culturelles. Mélanges en l' honneur de José Hurtado Pozo*, Zurich, Shulthess, 2012, pp. 540-541. Sobre los diversos instrumentos en la UE (Unión Europea), véase Sanz Mulas, Nieves, "Criminalidad transnacional y responsabilidad penal de las personas jurídicas. La necesaria armonización en el marco de la UE", en Pérez Cepeda, Ana (Dir.), *Política Criminal ante el reto de la Delincuencia Transnacional*, Valencia, Tirant lo Blanch, 2016, pp. 325-328.

preventivo-especial. Sin perjuicio, además, de la responsabilidad penal que corresponda a las personas naturales que cometan delitos.

También la Convención OCDE (Organización para la Cooperación y el Desarrollo Económico) sobre lucha contra la corrupción de los funcionarios públicos extranjeros en las operaciones económicas internacionales, adaptado el 21 de noviembre de 1997, contempla la necesidad de establecer la responsabilidad de las personas jurídicas, para luchar más eficazmente contra la corrupción internacional. El art. 2 establece: "cada parte tomará las medidas que sean necesarias para establecer la responsabilidad de las personas jurídicas por la corrupción de un servidor público extranjero". Aunque el texto no se refiere expresamente a la responsabilidad penal, dejando que cada país decida el tipo de medidas pertinentes, el texto sí dice que "El cohecho de un servidor público extranjero deberá ser castigable mediante sanciones penales eficaces, proporcionadas y disuasorias" (art. 3º). Además, el inc. 2º de este art. establece: "En el caso de que, conforme al régimen de una Parte, la responsabilidad penal no sea aplicable a las personas jurídicas, dicha Parte deberá asegurar que esas personas jurídicas serán sujetas a sanciones eficaces, proporcionadas y disuasorias de carácter no penal, incluidas las sanciones monetarias por el cohecho de servidores públicos extranjeros". Asimismo, el inc. 4º establece: "Cada Parte deberá considerar la imposición de sanciones civiles o administrativas adicionales contra una persona sujeta a sanciones por el cohecho de un servidor público extranjero"[36].

En suma, en el ámbito de la normativa internacional la apuesta es decidida sobre una responsabilidad penal de las empresas cuando desde su organización se realicen delitos graves de carácter económico o los vinculados a la criminalidad organizada. Además, aunque los textos internacionales no exijan una responsabilidad penal por respeto a la soberanía de los propios Estados, lo cierto es que deben ser sanciones "eficaces, proporcionadas y disuasorias" ante delitos graves. Además, las normas internacionales inciden en sanciones monetarias o económicas y en que a la par, debe agenciarse la responsabilidad civil y administrativa correspondiente.

---

[36] Esta Convención parece estar teniendo un efecto cada vez mayor en el influjo legislativo de países de América Latina que pretenden formar parte de la OCDE, como sucedió con la Ley de responsabilidad penal de las personas jurídicas chilena de 2009, las leyes de responsabilidad administrativa de las personas jurídicas por delitos de corrupción de funcionarios extranjeros de Colombia y Perú (ambas de 2016).

Se plantea pues, frente a los delitos cometidos desde el ámbito de personas jurídicas, una serie de mecanismos de responsabilidad civil, administrativa y penal, no excluyentes, que pueden coincidir al responder a las diversas finalidades que pueden subsistir al producirse una infracción penal desde el ámbito de organizaciones empresariales. Lo que parece difícil es no admitir que en los casos más graves, en los que se produce una dañosidad social considerable, encuadrable en una tipificación delictiva, la responsabilidad penal se retraiga, pues finalmente el mensaje a la sociedad sería de una banalización del respeto a bienes jurídicos de relevancia constitucional, como el medio ambiente, la Hacienda Pública, la seguridad en el trabajo, entre otros. Distinta es la cuestión del *cómo* establecer los criterios de imputación, que pueden discutirse. Pero el *si es posible* la responsabilidad penal de las personas jurídicas, en supuestos de hecho graves, sería una huida del Derecho Penal inadmisible en la sociedad actual.

Así parecen también entenderlo los especialistas de otras materias. Desde el prisma del Derecho Mercantil, CARBAJO sostiene: "Parece claro que el legislador europeo y español han querido relacionar directamente los delitos de corrupción privada y la responsabilidad penal de las personas jurídicas, porque en muchas ocasiones esos delitos son cometidos bajo el cobijo que proporciona la personalidad jurídica atribuida a sociedades, fundaciones y asociaciones"[37]. El mismo autor insiste también en la posible acumulación de una batería de respuestas ante la infracción compleja proveniente de sociedades: "La posibilidad que de forma alternativa o complementaria al Derecho Penal, la represión pueda venir también de la mano de mecanismos jurídico-administrativos y jurídico-privados"[38]. Por supuesto que al decir esto no se refiere sólo a sanciones, sino también a mecanismos preventivos de regulación, referentes a reglas de control y vigilancia de agentes especializados como notarios, agentes bancarios, contables y organismos de vigilancia, responsabilidad de los administradores de sociedades, control de la actividad de las sociedades, etc.[39]

Ciertamente que considerar una batería de respuestas (responsabilidades) en el ámbito económico, puede plantear objeciones ideológicas en el sentido de coartar la libertad económica, pero los últimos acontecimientos arriba

[37] Carbajo, Fernando, "Corrupción en sector privado..." *op. cit.*, p. 306.

[38] *Idem*, p. 311.

[39] Sobre esta batería de propuestas me extenderá al final del trabajo, en el epígrafe 6.

narrados en los que toman protagonismo las sociedades reales e interpuestas, el aumento progresivo de prácticas abusivas y fraudulentas del poder empresarial, demuestran la ineficacia de los Códigos de Buen Gobierno, por lo que se precisa "algo más que compromisos de honorabilidad, buen gobierno y responsabilidad social empresarial"[40]. Se trata de un nuevo movimiento neo-regulador o re-regulador impulsado en contracorriente al neoliberalismo que nos ha traído estos lodos. Por supuesto que se trata de encontrar un punto de equilibrio entre las trabas burocráticas a la iniciativa privada y la creación de medidas eficaces de control, pues a las propias empresas y, al mercado en general, damnificados por los abusos les interesa una competencia más leal.

4. TRATAMIENTO JURÍDICO PENAL ACTUAL DE LAS SOCIEDADES INSTRUMENTALES

Ahora bien, ¿merecen el mismo tratamiento las sociedades reales y las sociedades instrumentales? Conviene adentrarnos en el análisis de cada una de ellas y sus diversas manifestaciones particulares, para dilucidar cuál sería el tratamiento jurídico-penal idóneo.

4.1. Precisiones terminológicas

Como la fórmula jurídica más utilizada para encubrir las actividades ilícitas es la societaria[41], es importante distinguir sus diversas manifestaciones en la criminalidad organizada y la criminalidad de empresa. La *sociedad real*,

[40] Carbajo, Fernando, "Corrupción en sector privado..." *op. cit.*, p. 289. No me extenderé sobre los *compliance programs* que por mor de la última reforma de 2015, se configuran como eximentes de la responsabilidad penal de las personas jurídicas, vaciando de contenido -a mi entender- dicha responsabilidad. Pero sí parece importante señalar, que existe un clamor que no pueden ser suficientes para prevenir los comportamientos delictivos en la empresa. Así, por ejemplo, el famoso bufete de abogados panameño Mossack-Fonseca de los Papeles de Panamá, es una empresa que de puertas para afuera opera con conceptos "cumplimiento legal", "diligencia debida", pero al decir de sus descubridores, "por dentro funciona como una mafia". *Cfr.* Obermaier, Frederik y Obermayer, Bastian, *Los papeles de Panamá, op. cit.*, p. 167.

[41] No la única, pues no hay que olvidar que también la fórmula persona jurídica engloba también fundaciones, asociaciones, partidos políticos, sindicatos, etc.

no plantea ningún problema porque se trata de una persona jurídica, con reconocimiento jurídico correspondiente y, como tal, sujeto de imputación penal a partir del art. 31 bis CP. No importa la clase de sociedad que sea, sociedad anónima o sociedad limitada, lo cierto es que esta institución se ideó para distinguir el patrimonio de la sociedad del patrimonio de los socios, de manera que la responsabilidad patrimonial solo alcance a la masa societaria[42]. En este caso coinciden formal y materialmente las características de persona jurídica. De ahí que en el caso de que se realice un delito desde la organización societaria, con todos los presupuestos objetivos y subjetivos correspondientes, se trata claramente de la responsabilidad penal de la propia persona jurídica, introducida en 2010 y reformada en 2015 en el CP español.

Distinta es la situación de la *sociedad interpuesta* que puede ser: *sociedad pantalla o sociedad fantasma* las que al decir de CATANZARO se trata una "empresa encubridora", pues no desempeña ninguna actividad productiva real conforme disponen sus estatutos, o lo hace en mínima medida, sino que sirve para blanquear el origen del dinero[43], o para esconder actividades ilícitas. Dentro de estas sociedades interpuestas cabe distinguir la *sociedad pantalla* en la que puede haber una actividad económica encubridora de actividades ilícitas, de la *sociedad fantasma*, en la que no existe ninguna actividad económica real. Este es el caso de aquellas sociedades que no existen realmente, salvo en la formalidad de los papeles, pues no mantiene ninguna actividad económica ni productiva. El término *sociedad fachada* se utiliza ambiguamente para ambas formas de sociedades anteriores, es decir, para sociedades pantalla, con una mínima actividad económica real pero encubridora de actividades ilícitas, así como para una sociedad fantasma que no tiene ninguna actividad real.

Las conocidas como *sociedades offshore* son en la mayoría de los casos sociedades fantasma que se crean fuera del país de origen del dinero, en paraísos fiscales que garantizan confidencialidad y privacidad (no colaboración con la justicia) y ventajas fiscales (prácticamente tributación

[42] Muy crítico, desde hace tiempo De Castro, Federico, *La Persona Jurídica*, Madrid, Civitas, 1991, reimpresión de la 2ª ed. (1984), pp. 34-35: "¿Cómo se justifica que quienes no se exponen a ningún riesgo especial, ni buscan el general beneficio, quienes sólo persiguen enriquecerse a costa ajena, reciban gratuitamente la ventaja de que su patrimonio quede exento de riesgo?".

[43] *Cfr.* Catanzaro, Raimondo, *El delito como empresa*, *op. cit.*, p. 294.

cero). Suelen tramitarse rápidamente a muy bajo coste. Todo ello favorece que normalmente capten los beneficios económicos prevenientes de una serie de actividades ilícitas, principalmente la evasión fiscal, pero también de la corrupción privada y pública, el narcotráfico, el terrorismo y demás tráficos ilícitos.

Las sociedades fantasmas y la mayoría de sociedades *offshore* realmente no son sociedades, personas jurídicas amparadas por el Derecho, pues verdaderamente se sirven de esta cobertura para mover el dinero y/o realizar delitos. Se trata sólo de una máscara, un maquillaje y finalmente un instrumento para la realización de delitos. El carácter formal del Derecho Mercantil, del Derecho privado, lo permite en la medida que pueden crearse sociedades que cumplen con la formalidad jurídica correspondiente y, por tanto, son sujetos de Derecho. Pero materialmente no son realidades jurídicas, sino sujetos que se aprovechan de la formalidad para infringir las normas. Por eso en estos casos se aplica la doctrina del *levantamiento del velo*, para verificar quiénes son las personas físicas que están detrás y que, por un *abuso del Derecho*, se han agenciado de formas societarias para actuar.

En este punto, conviene realizar la distinción entre el *carácter formal* de una institución jurídica y el *carácter material* de la misma. Mientras el Derecho Mercantil es eminentemente formal, el Derecho Penal es eminentemente material. Porque si bien desde el punto de vista formal estas sociedades instrumentales existen para el Derecho Mercantil en la medida que cumplen con los requisitos formales, lo cierto es que para el Derecho Penal pueden concebirse como *instrumentos* en manos de personas físicas, como realmente lo son. Dado que al Derecho Penal le corresponde la función de prevención de conductas futuras y de intentar motivar a los ciudadanos para que no realicen determinados comportamientos ilícitos, resulta importante a quién se dirigen las normas, que en el caso de sociedades instrumentales necesariamente va dirigida a las personas físicas. Ciertamente que será necesario inutilizar el instrumento para que las personas físicas no sigan delinquiendo, siendo por eso que normalmente se señala la disolución de la misma, como lo señala el art. 66 CP[44]. Ahora bien, realmente esta

---

[44] Así también el CP chileno en su art. 294 establece que "cuando el ilícito se hubiere formado a través de una persona jurídica, se impondrá la disolución o cancelación de la personalidad jurídica".

"disolución" se asemeja más a una incautación de un instrumento del delito, pues materialmente no se puede disolver lo que no existe.

Es importante hacer esta disquisición para establecer el tratamiento jurídico correspondiente, pues como enseguida se verá, en las resoluciones judiciales encontramos diferencias de criterios, con encuadres jurídicos diversos, incluso a veces contrarios.

La pregunta que ahora corresponde hacer es: ¿La distinción entre criminalidad organizada y criminalidad de empresa puede ayudar en el tratamiento jurídico de las sociedades instrumentales? Porque normalmente se hace la ecuación sociedad real: criminalidad de empresa y responsabilidad penal de la persona jurídica, de un lado y sociedad instrumental, criminalidad organizada y delito de organización criminal, de otro. De ahí que convenga revisar las diversas clasificaciones que se han hecho en la doctrina.

4.2. Diversas clasificaciones

Decía SARTORI que "clasificar es ordenar un universo en clases que son mutuamente excluyentes; por lo tanto clasificar es establecer similitudes y diferencias"[45]. Es, por tanto, un medio de conocimiento muy utilizable en Ciencias Sociales propio del método comparativo. Por supuesto las clasificaciones se pueden realizar por diversos vectores, es decir, por algún elemento común, aportando todos ellos diversa información para el conocimiento.

Ahora bien, hay que advertir que en la realidad social no existen ámbitos totalmente demarcatorios. Sobre esto encajan perfectamente las palabras de Gouldner[46]: "si el mundo de la teoría es predeterminado y gris, el mundo de la vida diaria es verde, con posibilidades que necesitan ser cultivadas", denotando la tensión, siempre presente en las ciencias sociales, entre la generalización ideal propia de la teoría (gris) y la riqueza de matices que supone la práctica (verde). Por tanto, hay que convenir que la clasificación criminalidad empresarial y criminalidad organizada es un artificio teórico,

[45] Sartori, Giovanni, "Comparación y método comparativo", en Sartori, Giovanni y Morlino; Leonardo (Comps.), *La comparación en Ciencias Sociales*, Madrid, Alianza Editorial, 2002, p. 36.

[46] *Cfr.* Mouzelis, Nicos, *Organización y burocracia. Un análisis de las teorías modernas sobre organizaciones sociales*, Barcelona, Eds. Península, 1991, p. 71.

existiendo en la realidad casos de una difícil distinción, como ya ha podido apreciarse[47]. No obstante, importa hacerlo para un mejor tratamiento jurídico y para distinguir la Política Criminal que corresponde a uno u otro fenómeno criminal. Y, en lo que respecta al tema que nos ocupa, el tratamiento de las sociedades interpuestas, la realidad también puede ser muy variada.

La diferenciación entre una y otra forma de criminalidad que pone énfasis en *el uso de la violencia* como medio demarcatorio, está influenciada por la visión de la mafia italiana y la ley R.I.C.O.[48], visiones que se centran en comportamientos extorsivos, no siempre presente en la actualidad. Hoy en día, como resulta evidente, la utilización de la violencia no es un elemento fundamental de las organizaciones criminales dedicadas a los diversos tráficos ilícitos, por tanto existen formas de criminalidad organizada que no ejercen la violencia, como podrían ser redes que realizan productos falsificados. Y pueden existir supuestos de formas de criminalidad económica que utilicen comportamientos extorsivos[49]. Además, en el momento en que las grandes organizaciones criminales se han dedicado al ámbito empresarial y han comprendido que es mucho mejor para sus intereses económicos no llamar la atención de las fuerzas policiales, el uso de la violencia está reservado a los supuestos más gansteriles de actuación del crimen organizado (sicariato, ajustes de cuentas, eliminación de la competencia, eliminación de testigos, etc.). En suma, el uso de la violencia no puede consistir en un elemento diferenciador entre criminalidad económica y criminalidad organizada.

Ahora bien, partimos de un ideario colectivo que distingue el tipo de delitos que están vinculados a una forma de criminalidad u otra, en los

---

[47] Como señala Sartori, Giovanni, "Comparación y método comparativo", *op. cit.*, p. 35: "Las comparaciones que sensatamente nos interesan se llevan a cabo entre entidades que poseen atributos en parte compartidos (similares) y en parte no compartidos (y declarados no compartidos)".

[48] La ley estadounidense *Organized Crime Control Act* de 1970, comprendida en la más notoria *Racketeer Influenced and Corrupt Organizations* (Ley sobre las organizaciones corruptas y extorsionadoras, mundialmente conocida como ley *R.I.C.O.*), que propone una visión relativamente más genérica del fenómeno del crimen organizado, poniendo de relieve el carácter organizativo y corruptivo del mismo, y renunciando a construir una definición más articulada y descriptiva de la complejidad del fenómeno que lo comprende. La ley RICO tipifica el delito de participación en los asuntos de una empresa con ayuda de métodos extorsivos.

[49] Como más adelante se verá en el caso ACUAMED, en el epígrafe 4.3.

núcleos duros de los conceptos. Así las formas más violentas de extorsión, delitos de sangre, tráfico de drogas, tráfico de personas, etc. se asocian a la criminalidad organizada, mientras que los delitos contra la hacienda pública, societarios, quiebras fraudulentas, etc., se asocian a la criminalidad económica, pero la infiltración de la criminalidad organizada en la vida económica ha difuminado las líneas que los demarcan.

La clasificación de Catanzaro se acerca a esta visión de la criminalidad organizada donde se da protagonismo al uso de la violencia.

De acuerdo al criterio de que la actividad mafiosa se distingue por la actividad ilícita realizada y por el método de actuación (uso de la violencia), Catanzaro[50] ha establecido cuatro tipos de empresas, siendo las tres primeras, consideradas empresas mafiosas:

1) empresas que desempeñan actividades de producción ilícitas y utilizan métodos violentos para desalentar a la competencia;
2) empresas que desempeñan actividades de producción ilícitas y utilizan métodos formalmente pacíficos;
3) empresas que desempeñan actividades de producción lícitas y utilizan métodos violentos para desalentar a la competencia;
4) empresas que desempeñan actividades de producción lícitas y utilizan métodos formalmente pacíficos.

Es decir, según esta clasificación solo sería empresa lícita aquella que realiza actividades de producción lícitas y no utiliza métodos violentos, pero esta constatación poco ayuda a dilucidar qué hacer con las sociedades instrumentales.

De otro lado, Gómez-Jara ha realizado una clasificación atendiendo a la consideración de *personas jurídicas imputables e inimputables*[51]. De acuerdo con las dificultades para encuadrar dentro del ámbito de la responsabilidad penal de las personas jurídicas a las sociedades pantalla o instrumentales, el autor propone la categoría de imputabilidad para deslindar los casos en que es atribuible dicha responsabilidad. Sostiene: “Sólo pueden considerarse

---

[50] Catanzaro, Raimondo, *El delito como empresa, op. cit.*, p. 293.

[51] Gómez-Jara, Carlos, “La imputabilidad organizativa en la responsabilidad penal de las personas jurídicas. A propósito del auto de la Sala de lo Penal de la Audiencia Nacional de 19 de mayo de 2014”, *Diario La Ley*, Nº 8341, 2014.

penalmente responsables aquellas personas jurídicas que tienen un sustrato material suficiente, constituyendo las sociedades pantalla o instrumentales un supuesto de personas jurídicas no imputables"[52].

Gómez-Jara vincula imputabilidad de la persona jurídica también a la complejidad de la estructura organizativa. Según este autor, "las personas jurídicas que no tengan un mínimo de complejidad organizativa no se consideran imputables penalmente"[53]. De esta manera, habrían tres tipos de personas jurídicas: *ciudadanos corporativos (imputable), empresas ilegales (imputable) y sociedades pantallas (inimputable).* Las primeras son aquellas donde la actividad legal es mayor que la actividad ilegal. Las segundas son aquellas que desarrollan una cierta actividad legal, pero la mayor parte de dicha actividad es ilegal. Y las terceras, aquellas personas jurídicas que son una mera pantalla, sin que tengan otra actividad que la aparentemente legal (de carácter residual) para los propios propósitos delictivos[54].

El Auto de la Audiencia Nacional de 19 de mayo de 2014 sigue esta línea argumental de Gómez-Jara e introduce el concepto de imputabilidad empresarial, estableciendo que "sólo serán penalmente responsables aquellas personas jurídicas que tengan sustrato material suficiente". La Circular Nº 1/2016 de la Fiscalía sobre la responsabilidad penal de las personas jurídicas también considera que las sociedades pantalla, "aunque formalmente sean persona jurídica, materialmente carecen del suficiente desarrollo organizativo para que les sea aplicable el art. 31 bis CP".

Según este concepto de *imputabilidad empresarial*, la clasificación sería la siguiente:

1) Aquellas que operan con normalidad en el mercado, con modelos de organización y gestión.
2) Sociedades que desarrollan una cierta actividad, en su mayor parte ilegal, en las que se mezclan fondos lícitos e ilícitos.
3) Personas jurídicas inimputables, son aquellas instrumentales, sin ninguna actividad legal.

[52] *Idem*, p. 2.

[53] *Idem*, p. 4.

[54] *Idem*, p. 5.

En los dos primeros casos se aplicaría la responsabilidad penal de la persona jurídica según este autor, pues serían empresas imputables y en el último no, se entiende que el tratamiento sería el de organización criminal. Aspecto destacable positivamente de esta clasificación es que permite distinguir un diverso tratamiento según la magnitud de la actividad legal/ilegal, denotando cuando no hay actividad legal la carencia material de una verdadera organización sujeto de Derecho, conforme a lo establecido líneas arriba. La complejidad, entendida como "sustrato material", es asimismo un elemento que puede ayuda a dilucidar la materialidad de una organización sujeto de Derecho a la que se le puede imputar responsabilidad penal. En cambio, una sociedad instrumental o pantalla carente de materialidad organizativa, sino mero artificio jurídico sin una mínima complejidad, no es sujeto de Derecho realmente.

Ahora bien, los fundamentos de ciudadano corporativo del que parte GÓMEZ-JARA, aunque resulta un ideal, no puedo compartir si, como en su caso, define al ciudadano corporativo según tenga o no *compliance programs*, puesto que se formaliza el concepto a tal punto que pierde la materialidad necesaria, de la que venimos hablando. Será, por tanto, empresa imputable y, por tanto, con un tratamiento como responsable jurídicamente aquella empresa que tenga un mínimo de organización, es decir, que se pueda distinguir las personas físicas de la persona jurídica[55] y que realiza una actividad en su mayor parte lícita. Ahora bien, sigue resultando problemático el tratamiento de las sociedades que poseen cierta actividad legal, pero poseen actividad ilegal mayoritariamente, puesto que según esta clasificación sería el mismo tratamiento que el de las sociedades reales con actividad legal. No comparto esta solución por las razones que desarrollaré en el epígrafe siguiente.

Según la clasificación de LAMPE, quien ha realizado la labor dogmática más elaborada sobre los sistemas de injusto de organización o injusto de sistema, existen sistemas de injusto simples y sistemas de injusto constituidos. Como ejemplo paradigmático de sistema de injusto simple LAMPE considera la coautoría; mientras que como sistemas de injusto constituido (el verdadero injusto de sistema), señala que pueden ser de tres tipos: la organización

[55] Por eso la sociedad unipersonal parece no tener sentido imputar responsabilidad en la medida que se verifica la persona que actúa en su nombre, dirige y actúa por su cuenta y provecho.

criminal, la empresa económica con tendencia criminal, así como los Estados y las estructuras estatales criminalmente pervertidos[56]. Nuevamente esta clasificación no nos permite distinguir los casos de sociedades instrumentales en las que se produce una actividad mayoritariamente ilícita, pues en todos los casos se trata de injustos de sistema. Pero adentrándonos en las diferencias entre el injusto de organización criminal y el injusto de una empresa con tendencia criminal podemos ver elementos de análisis interesante.

Según este autor, lo que los sistemas constitutivos o injusto de sistema tendrían en común es que sus respectivos "elementos de pertenencia" serían "independientes de la persona de sus miembros", lo cual conllevaría un considerable incremento del grado de complejidad de la organización, que se expresaría en una alta jerarquización y selectividad de la comunicación al interior de la misma[57]. En cambio, se diferenciarían en el hecho de que la agrupación criminal constituye un sistema de injusto en razón de un programa (o "finalidad") criminal que define su estructura interna, mientras que el injusto de una empresa económica con tendencia criminal no sería "esencial sino únicamente accidental" para su propia organización[58]. Es decir, la finalidad criminal sería el elemento definidor de uno u otro injusto de sistema.

De acuerdo a ello, en una organización criminal los siguientes factores serían determinantes, es decir, esenciales para su respectiva forma de injusto constituido: el potencial humano y técnico disponible para la planificación y ejecución delictiva, la firme organización externa que hace posible un dominio de la voluntad común (control externo del grupo), una finalidad criminal sistémicamente constitutiva y una disposición interna de adhesión que se desarrollaría progresivamente entre los miembros (control interno)[59]. Para el injusto constituido de una empresa con tendencia criminal, en cambio,

---

[56] Lampe, Ernst-Joachim, "Injusto del sistema y sistemas de injusto" en Lampe, Ernst-Joachim *et. al.*, *La dogmática jurídico-penal entre la ontología social y el funcionalismo*, Lima, Grijley, 2003, pp. 104 y ss., 111 y ss., para quien las bandas también podrían ser entendidas como sistemas de injusto simple, en tanto que en ellas también hay organización, pero carece del carácter institucional del injusto complejo (p. 115).

[57] *Idem*, p. 112.

[58] *Idem*, pp. 127 y ss.

[59] *Idem*, p. 128. En términos similares señalé los elementos esenciales y no esenciales de una organización criminal en Zúñiga Rodríguez, Laura, *Criminalidad organizada y sistema del Derecho Penal*, *op. cit.*, pp. 126-149.

los factores determinantes serían: el peligro potencial de la organización empresarial, mecánica o lógicamente dispuesta para la respectiva prestación, el déficit de la respectiva estructura organizacional, una filosofía empresarial criminógena, y una erosión de la noción de responsabilidad por la acción individual[60].

Nótese que el elemento común es la organización, con cierto grado de complejidad como para distinguir los miembros del propio sistema constituido, ya sea organización criminal o empresa con tendencia criminal. Esto es clave, porque en ambos casos estamos ante una organización con un alto grado de autoconservación, esto es, con la capacidad de sobrevivir más allá de sus propios miembros. Pero el elemento fundamental de distinción es que la organización criminal posee un programa criminal, entiéndase como una finalidad común, programada y organizada de cometer delitos, mientras que en la empresa con tendencia criminal el fundamento sería el déficit de organización para evitar los riesgos que ella genera en su actividad societaria. Existe pues, una gran diferencia puesto que en el primer caso se trata de una empresa criminal totalmente funcionalizada a la comisión de delitos, y en el segundo caso estamos ante una empresa que ocasionalmente comete delitos. Cierto es que si la actividad mayoritaria de la empresa es la comisión de delitos, habría que tratarla igual a una organización criminal.

Lo interesante de esta clasificación de LAMPE es que distingue claramente la organización criminal de la empresa en la que "accidentalmente" se cometen delitos. Aunque más que accidentalmente, creo que tendría que incidirse en que no es nuclear de su actividad la comisión de delitos, sino que se realiza ocasionalmente.

Por último la clasificación de MAÑALICH, sigue otro vector para ordenar. De acuerdo a este autor "El *factum* de la organización puede tener relevancia jurídico-penal en tres niveles distintos. En primer término, una organización puede tener relevancia como *contexto* de imputación; en segundo lugar, como *objeto* de imputación; y en tercer lugar, como *sujeto* de imputación. Cada uno de estos tres niveles se corresponde con un ámbito de elaboración dogmática diferenciada"[61]. En el caso de la organización como contexto, se trataría de la intervención en común de varias personas en cuyo caso se aplicarían las

[60] Lampe, Ernst-Joachim, "Injusto del sistema y sistemas de injusto", *op. cit.*, p. 131.

[61] Mañalich, Juan Pablo, "Organización delictiva. Bases para su elaboración dogmática en el Derecho penal chileno", *Revista chilena de Derecho,* Vol. 38, Nº 2, 2011, p. 283.

reglas de la autoría y participación propias de la Parte General. El injusto de organización como objeto sería el correspondiente a la asociación ilícita[62], en tanto tipo penal de pertenencia a la misma. Desde que se castiga este delito independientemente del delito que cometan los sujetos que forman parte de ella, se constituye en un objeto de imputación. Y, por último, la organización sería sujeto de imputación en el supuesto correspondiente a la responsabilidad penal de las personas jurídicas, en tanto sujeto de Derecho delimitadamente constituido.

Nuevamente la problemática la encontraríamos en la sociedad instrumental puesto que formalmente es persona jurídica, pero su actuación es la de asociación ilícita. Ahora bien, la distinción de organización como objeto y como sujeto propuesta conlleva que, como señala MAÑALICH, "no es posible que una misma organización cuente, desde el punto de vista del derecho, como persona jurídica y *a la vez* como asociación ilícita"[63]. Diríamos que es una *contraditio in termini*, puesto que la persona jurídica, como su nombre lo indica es un constructo jurídico claramente delimitado y amparado por el Derecho, mientras que la asociación criminal es una realidad criminal definida fundamentalmente por su finalidad criminal y, por tanto, alejada de los cánones del Derecho.

Ante ello el autor se plantea qué naturaleza tendría la consecuencia jurídica de una asociación ilícita que utiliza personas jurídicas para la perpetuación de sus ilícitos, es decir, el caso de sociedades instrumentales que nos ocupa. Según MAÑALICH, "Esto sugiere la posibilidad de entender esta consecuencia accesoria al modo de una "sanción declarativa": la organización constitutiva de una asociación ilícita no es, porque no puede ser –esto es lo que se declara–, una persona jurídica, es decir, una organización jurídicamente reconocida como persona"[64]. Esta constatación la realiza siguiendo a LAMPE, para quien "contra una agrupación que para el derecho nunca ha existido, el DERECHO no puede tomar medida alguna"[65]. Bien, pero el problema es que para el Derecho Mercantil la persona jurídica, aunque sea

[62] Sigo en este caso la nomenclatura del autor de asociación ilícita, por ser el delito que históricamente ha correspondido a la lucha contra la criminalidad de grupo, pero cabe aclarar que en la actualidad el concepto jurídico que se impone es *organización criminal*.

[63] Mañalich, Juan Pablo, "Organización delictiva..." *op. cit.*, p. 297.

[64] *Ibidem*.

[65] Lampe, Ernst-Joachim, "Injusto del sistema y sistemas de injusto", *op. cit.*, p. 152.

instrumental, sí existe; aunque obviamente no la organización criminal que sí es una realidad al margen de la ley. Nuevamente debemos evocar la diferencia entre el contenido formal y el contenido material, quedando el contenido material para el Derecho Penal como desarrollaré en el epígrafe siguiente.

De esta clasificación hecha por MAÑALICH resulta interesante rescatar esos dos planos distintos e irreconciliables que son el de organización como objeto de imputación y organización como sujeto de imputación. Es decir, una organización que es objeto de persecución penal por constituir una estructura estable de personas y de medios, destinada a la comisión de delitos como lo es la organización criminal, de una organización que es un sujeto de Derecho con todas las obligaciones y derechos correspondientes a su estatuto jurídico.

Para plantear el tratamiento idóneo de las sociedades instrumentales resulta importante verificar algunos casos que pueden ilustrar su difícil abordaje jurídico.

4.3. Estudio de casos emblemáticos

Simplemente para ejemplificar dos casos del panorama judicial actual español, en los que sociedades legales e instrumentales son utilizadas para perpetrar delitos económicos organizadamente:

A) Caso ACUAMED.

En enero de 2016 el juez Eloy Velasco desplegó la Operación Frontino, por un fraude millonario en la empresa ACUAMED (Aguas de las Cuencas Mediterráneas), empresa pública dependiente del Ministerio de Agricultura y Medio Ambiente. Según el auto de apertura de la investigación criminal se sitúa como cabecilla de la "organización criminal" al destituido director general Arcadio Mateo, e implica a "cargos de muy alto nivel del ministerio" en pactos para favorecer con dinero público a una unión temporal de empresas (UTE) liderada por FCC (Fomento de Construcciones y Contratas), entre las cuales también estaría ACCIONA, ABENGOA, etc. Se investiga la presunta adjudicación fraudulenta de contratos públicos inflados para obras hídricas y medioambientales entre 2007 y 2014, así como la supuesta falsificación de certificaciones, facturas y liquidaciones para aumentar significativamente las cantidades a abonar a las adjudicatarias. Se indagan delitos de malversación, cohecho y fraude contra la Administración. Uno de los contratos bajo la lupa de Anticorrupción es la descontaminación del embalse de Flix (Tarragona), adjudicada a FCC por 155 millones de euros en 2008. El adjudicatario, en una de las múltiples variantes del presunto fraude, fingía utilizar determinados materiales de calidad en obras y Acuamed, conocedora de la falsedad, le abonaba la certificación. Únicamente en este aspecto, la defraudación puede alcanzar los 25 millones de euros[66].

El caso es sumamente grave, no sólo porque se trata de una empresa pública y por tanto exenta de responsabilidad penal de acuerdo al art. 31 *quinquies* CP, que supuestamente se encarga de cuestiones medioambientales, sino sobre todo porque recibió gran cantidad de dinero en materia de subvenciones por parte de la UE[67]. Además el procedimiento de actuación de los implicados era ciertamente violento, de carácter extorsivo. Según lo que ha trascendido de las investigaciones, hay varios casos de profesionales que han sido despedidos, amenazados, presionados por no aceptar la realización de falsedades para inflar los precios de los contratistas o para certificar obras que no existieron[68]. Los hechos parecen pasar el umbral de los clásicos delitos socioeconómicos, para asemejarse a la actuación gansteril de la mafia, cuyo método extorsivo resulta característico[69].

---

[66] Véase "Las nueve claves del Caso Acuamed", en *El País digital*, http://politica.elpais.com/politica/2016/01/22/actualidad/1453479297_006765.html (revisado agosto 2016).

[67] Por tanto, también podría haber un delito de fraude subvenciones de la UE del art. 306 CP. "La Comisión Europea bloquea las subvenciones a proyectos de Acuamed", *El País digital*, http://politica.elpais.com/politica/2016/01/21/actualidad/1453393859_191792.html (revisado agosto 2016). La empresa pública ha recibido 821 millones de euros en fondos públicos de la UE.

[68] Azahara Peralta, ingeniera agrónoma, explica así su salida de la empresa estatal Acuamed «Me despidieron de Acuamed porque no me plegaba a hacer cosas irregulares. Por no corromperme. Lo camuflaron como despido disciplinario, pero la realidad era que yo y unos cuantos más nos negábamos a hacer cosas manifiestamente ilegales». Véase *El Mundo digital*, http://www.elmundo.es/espana/2016/05/25/5744abc7ca474195248b4658.html (revisado agosto 2016).

[69] Los audios publicados por *El Mundo digital*, muestran este extremo. "Así funcionaba la mafia Acuamed: el contratista dijo que me destrozaría". El reportaje documenta los casos de Gracia Ballesteros, entonces gerente de Acuamed para Cataluña y Valencia, posteriormente despedida por negarse a facilitar los sobornos, a quien el contratista le llevó el presupuesto que tenía que hacer, presionándola que conocía a la directora general y al Ministro y si se negaba "destrozaría su carrera profesional". La misma ex gerente narra cómo fue presionada

B) Caso del fraude del Carrusel del IVA (Impuesto sobre el valor añadido):

Un caso interesante a estudiar porque los sujetos se aprovechan de las diferencias tributarias entre los países miembros de la UE es el conocido como fraude del carrusel del IVA.

El esquema de defraudación de esta figura se pude resumir en los siguientes tres pasos[70]:

1) Una empresa (A) realiza una adquisición intracomunitaria, por ejemplo comprando mercancía a otro país comunitario, en la que se auto-repercute y simultáneamente se deduce la cuota de IVA. Posteriormente vende dicha mercancía en el mercado interior a otra empresa (B), la cual soporta IVA por la operación, adquiriendo consiguientemente el derecho a su deducción. Sin embargo, tras realizar la venta, la empresa (A) desaparecerá sin haber ingresado el IVA repercutido al comprador, generando por tanto un perjuicio a la Hacienda Pública en dicha cuantía. A esta empresa (A) se le suele denominar "trucha" en el argot tributario, ya que siempre va a estar administrada por testaferros o personas interpuestas o insolventes, careciendo además de una estructura empresarial real, por lo que a la inspección tributaria le resultará muy complicado seguirle la pista y exigirle responsabilidades.
2) La empresa (B) que ha comprado la mercancía a la empresa "trucha" (A), va a venderla, siempre con un muy estrecho margen de beneficio, a una tercera empresa (C) que actuará de destinataria final. Esta empresa (B) cumplirá perfectamente con sus obligaciones fiscales, deduciéndose las cuotas soportadas de (A) y repercutiendo las que correspondan al destinatario final. A esta empresa (B) se la conoce como empresa "pantalla" ya que su principal objetivo es ocultar la relación existente entre las empresas (A) y (C). Es posible incluso

---

por el Director de obra para que viera con sus propios ojos como "se habían certificado dos millones de euros de una escollera que, simplemente, no existía..." http://www.elmundo.es/espana/2016/05/26/574617a8268e3e33738b4639.html (revisado agosto 2016).

[70] Véase Díaz García, Delio, "El fraude del carrusel del IVA: un problema aún sin resolver", en http://www.diariojuridico.com/el-fraude-carrusel-en-el-iva-un-problema-todavia-sin-resolver (revisado agosto 2016).

que existan múltiples empresas "pantalla", con el fin de entorpecer aún más la labor de investigación de la inspección y diluir así este nexo de unión.

3) La empresa destinataria final (C) puede seguir dos estrategias distintas:

   a) Funcionar en el mercado como una empresa perfectamente normal, pero adquiriendo la mercancía a un precio muy inferior al de la competencia, ya que se habría beneficiado de la trama de fraude anterior que consigue disminuir los costes de imposición indirecta asociados a la transformación de un producto. Por tanto, la empresa (C) ganaría en términos de competitividad en el mercado, bien porque ve ampliado su margen de beneficios, bien porque se puede permitir vender a un precio más bajo que las empresas de su mismo sector.
   b) Reiniciar nuevamente la misma cadena de fraude. Vendería de nuevo la mercancía a un país comunitario, solicitando la devolución del IVA soportado por tratarse de una entrega intracomunitaria exenta. De esta forma se iniciaría un nuevo ciclo de defraudación, que podría continuar dando vueltas indefinidamente, de ahí la característica denominación de "fraude carrusel".

Finalmente, cabe señalar que este esquema básico de defraudación admite amplias variaciones y complicaciones. Entre otras: que la mercancía que se haga circular sea ficticia, porque se emplee facturación y documentación de transporte falsa, o carezca de valor; que la cadena de empresas "pantalla" diluyan su actividad fraudulenta compatibilizándola con actividades empresariales perfectamente legales; existencia de simulación en los negocios jurídicos; utilización conjunta con otros sistemas de fraude; etc.

Como puede observarse, en estos supuestos se detectan todas las posibilidades que se pueden presentar en la realidad: empresas legales, empresas pantalla, actividad real y actividad ficticia, facturación falsa, testaferros, mercancías ficticias, simulación de negocios, movimientos del dinero de un país a otro para dificultar su persecución, etc. Lo cierto es que con esta modalidad se ha conseguido defraudar millones de euros y el sistema complejo de movimientos del dinero dificulta seriamente su investigación[71].

En el auto de procesamiento el juez establece que "implicó una pluralidad de personas asociadas, perfectamente organizada en un esquema estructurado en niveles, con roles y tareas perfectamente diferenciados, de enorme complejidad, permanente en el tiempo". Es por esas consideraciones que el magistrado imputa el delito de asociación ilícita. El magistrado considera responsables civiles subsidiarios de 28,3 millones a tres empresas: BBVA *Trade*, BBVA y Gestión Unificada de Proyectos (GUP S. A.), esta última, señala el auto, participada por BBVA e Iberdrola. Fueron estas compañías las que, según el juez, permitieron dar apariencia de negocio legítimo a la trama, al ser "sociedades filiales de sociedades importantes [...] muy reconocidas en su sector de negocio".

En este supuesto, lo que parece importante resaltar es la instrumentalización de empresas legales, con prestigio en su ámbito de negocios, como es el banco BBVA, que, aunque actúa con filiales, éstas no pueden deslindarse de su matriz a efectos de responsabilidad.

4.4. Tratamiento jurisprudencial de sociedades instrumentales

Desde que se introdujo la responsabilidad penal de las personas jurídicas en España, con la reforma de 2010, y a la vez el delito de participación en organización criminal del art. 570 bis CP (así como su correlativo delito menor de grupo criminal del art. 570 ter CP), al lado del preexiste e histórico delito de asociación ilícita del art. 515 CP, no siempre es fácil determinar cuándo calificamos responsabilidad penal de las personas jurídicas del art. 31 bis CP o consideramos que se trata realmente de una organización criminal o asociación ilícita. Esto, sobre todo en supuestos de empresas que son instrumentos para realizar actividades delictivas, muy común en

[71] "Cerco a una trama de carrusel que defraudó más de 47 millones en IVA", *El País digital*, http://economia.elpais.com/economia/2016/08/12/actualidad/1471030692_587060.html (revisado agosto 2016). El magistrado de la Audiencia Nacional José de la Mata ha *procesado* a 51 personas y 134 empresas, entre ellas una filial del BBVA, por participar en una trama organizada que defraudó 47,3 millones de euros en IVA con un alambicado sistema que simulaba la venta de mercancías. El juez les imputa delitos de asociación ilícita, contra la hacienda pública y de blanqueo de capitales, entre otros.

la criminalidad organizada, o en empresas legales que, aunque no fueron creadas con esta finalidad delictiva, devienen en organizaciones criminales debido a que su dedicación a actividades ilícitas resulta preponderante.

En primer lugar, *la finalidad predominantemente lícita o ilícita*, parecen demarcar el tradicional delito de asociación ilícita del art. 515.1 CP de los modernos delitos de organización criminal y grupo criminal. Así lo hace la propia Exposición de Motivos de la LO 5/2010 que introduce estos nuevos delitos y que ha resultado inspiradora en las decisiones judiciales, pues varias hacen suyos estos argumentos: "Las organizaciones y grupos criminales en general no son realmente «asociaciones» que delinquen, sino *agrupaciones de naturaleza originaria e intrínsecamente delictiva*, carentes en muchos casos de forma o apariencia jurídica alguna, o dotadas de tal apariencia *con el exclusivo propósito de ocultar su actividad y buscar su impunidad*". Tal parece, entonces, que ha de reservarse el delito de asociación ilícita a las empresas legales aunque en su devenir cometan delitos y calificar la existencia de una organización criminal en el caso de las agrupaciones "intrínsecamente criminales", es decir, que poseen un programa criminal. Y ello es así, porque el delito de asociación ilícita ha de concebirse precisamente como un uso ilícito del derecho de asociación, derecho constitucionalmente reconocido en el art. 22 CE, una perversión de un derecho fundamental.

Según esta Exposición de Motivos, ciertamente inspiradora, las agrupaciones con apariencia jurídica creadas "con el *exclusivo propósito* de ocultar su actividad y buscar su impunidad", como son las sociedades instrumentales, las sociedades *offshore* sin actividad real, aquellas también denominadas fantasma, han de tener un tratamiento análogo al de organización criminal. Ciertamente, como ya se ha puesto de relieve, en estos casos las sociedades son meros instrumentos en manos de personas que conforman organizaciones criminales. Es más, deben considerarse indicios del propio programa criminal y, por tanto, una prueba de la existencia de la propia organización criminal. Teniendo en cuenta las dificultades que existen para comprobar la existencia de una organización criminal en tanto carecen de estatutos jurídicos, la creación de sociedades instrumentales, fantasmas, pueden concebirse como medios materiales que dotan de realidad a un grupo de personas que se coordinan para cometer delitos.

La jurisprudencia tampoco ha sido ajena a esta simbiosis entre criminalidad organizada y criminalidad económica o de empresa, puesto que en el ámbito empresarial también se cometen delitos *organizadamente*.

De acuerdo a la doctrina establecida por Gómez Jara que clasifica en tres clases, empresas legales, empresas ilegales y empresas pantalla, la primera sentencia del TS que aplica la responsabilidad penal de la persona jurídica, en el caso de la STS Nº 154/2016, de 29 de febrero de 2016, declara responsable penalmente a la empresa TRANSPINELO S.L. de un delito contra la salud pública por ser instrumento, en la "exportación" de máquinas en las que realmente se ocultaba droga. Esta era una persona jurídica dedicada también a actividades lícitas. Según los autos GEORMADRID si es una sociedad pantalla, es decir sin actividad económica real, por tanto cabe la aplicación del art. 66 CP que dice que una sociedad instrumental debe estar al margen de la responsabilidad penal del art. 31 bis CP, para la cual queda la vía de las sanciones correspondientes al art. 129 CP, de organizaciones sin personería jurídica. Y, por último INVESTISSMENT TRANS SPAIN, empresa utilizada para la comercialización de un delito contra la salud pública, igualmente que en el caso anterior, se le dispensa un tratamiento de sociedad instrumental, pues no se cumple el requisito del art. 31 bis CP, que el delito sea cometido "en provecho o beneficio de la persona jurídica".

También encontramos pronunciamientos judiciales que califican de asociación ilícita, incluso de organización criminal los entramados de empresas que realizan delitos de corrupción pública, como ha sucedido últimamente en el caso Púnica y el caso Gürtel. Así el auto de procesamiento de la trama Púnica, el Auto del Juzgado de Instrucción Nº 6 de la Audiencia Nacional de 29 de octubre de 2014, argumenta que se trata de:

Una trama organizada con perduración temporal y reparto de roles que, sacando provecho de relaciones personales e influencias políticas, ha logrado obtener de manera irregular la adjudicación de numerosos contratos públicos, aprovechamientos urbanísticos o gestiones de bienes y servicios públicos de muy diversos tipos que, dependiendo de autoridades públicas, actuaban en beneficio de las personas físicas y jurídicas que forman parte de la trama.

Más adelante fundamenta la aplicación del art. 570 bis de participación en organización criminal aplicable a supuestos "como en el caso presente la organización criminal se dedique a cometer delitos graves".

Asimismo, el Auto de apertura del Juicio Oral, del Juzgado Central Nº 5 de la Audiencia Nacional de 28 de mayo de 2015, declara el procesamiento de los imputados por los delitos de cohecho, malversación, contra la Hacienda pública, blanqueo de capitales, etc. y además delito de asociación ilícita y organización criminal (incluso primeros en la lista de delitos), por la trama de financiación ilegal del Partido Popular, según la cual existiría una Caja B con la que se habrían pagado obras, campañas, etc. Sorprende la calificación de organización criminal y asociación ilícita a la vez, pues como se ha dicho, la primera se entiende referida a organizaciones "intrínsecamente criminales", más propia de la criminalidad organizada y no de la corrupción (delito de cuello blanco). Al no haber una fundamentación en dicho auto al respecto, no puede saberse la motivación de esa doble calificación que suele resolverse en un concurso de normas a favor de una u otra, o, en todo caso, como lo dispone el art. 570 *quater* CP, a favor del delito con pena mayor.

5. PROPUESTA DE TRATAMIENTO JURÍDICO-PENAL DE SOCIEDADES INSTRUMENTALES

En primer lugar, análogamente a la doctrina de los conceptos indeterminados, cabe clasificar los supuestos de tratamiento jurídico de sociedades legales y sociedades instrumentales en supuestos correspondientes a dos extremos claros: 1) sociedades legales que ocasionalmente cometen delitos de carácter socioeconómico (responsabilidad penal de la persona jurídica) y 2) sociedades instrumentales, fachada, pantalla, sin actividad real que son meros instrumentos en manos de organizaciones o personas criminales (trato de organización criminal). En medio de estos dos supuestos encontramos una gama de posibilidades, en las que los siguientes ingredientes pueden decantar por uno u otro tratamiento.

1. *La clase de delitos que se cometen.* Indudablemente hay delitos significativos de la criminalidad organizada como el tráfico de drogas, tráfico de armas, en general los diversos tráficos ilícitos que dicen de la *finalidad eminentemente criminal* al ser comercios absolutamente prohibidos. Por otro lado, encontramos delitos socioeconómicos propios de la criminalidad empresarial, que pueden ser cometidos ocasional o reiteradamente, como fraudes, delitos contra la Hacienda Pública, delitos contra los trabajadores, delitos contra los consumidores, delitos contra el medio ambiente, más vinculados a la actividad empresarial. Igualmente, pueden plantearse

casos híbridos: organizaciones criminales que realizan estos delitos socioeconómicos como delitos contra el medio ambiente o empresas legales que realizan delitos propios de la criminalidad organizada como el blanqueo de dinero.

2. *Uso de la violencia*. El método mafioso, dícese de comportamientos extorsivos, amenazantes, al menos, donde se ejerce la violencia física y psíquica. La utilización de la violencia por parte de miembros de las organizaciones es un ingrediente propio de la criminalidad organizada, aunque puede encontrarse en algunos comportamientos empresariales y también en los comportamientos de la corrupción.
3. *Complejidad de la organización*. Partiendo que en ambos casos estamos ante organizaciones que tienen capacidad de subsistencia más allá de sus miembros, es decir, sistemas constituidos (LAMPE), se requiere un mínimo sustrato material, la existencia de medios materiales y personales, distintos de los miembros que la conforman. Por consiguiente, si se puede identificar la organización con un sujeto individual, tiene poco sentido establecer la responsabilidad por organización. La diferencia entre criminalidad organizada y criminalidad empresarial la encontraríamos en que en este último caso en la existencia de un sujeto jurídico delimitado, la persona jurídica, mientras que en la criminalidad organizada, el objeto jurídico es más difícil de determinar, puesto que se trata de una organización criminal.
4. *Finalidad criminal*. Siendo un elemento sustancial de la criminalidad organizada, la existencia del programa criminal determina la existencia de la organización criminal. De esta manera, esclareciendo la presencia de una finalidad criminal, esto es de una planificación, reparto de tareas con el fin de perpetrar comportamientos delictivos, las sociedades instrumentales suelen ser sólo medios, instrumentos para la realización de dicho programa. En la medida que esto sucede cabe el tratamiento de organización criminal. La finalidad criminal denota *intencionalidad*, esto es conocimiento y voluntad de perpetrar delitos. Al otro extremo estarían los comportamientos organizados que se realizan por infracción de deberes de vigilancia, o lo que la doctrina denomina "*defecto de organización*" que es más propio de la responsabilidad empresarial y, por tanto, de la responsabilidad penal de las personas jurídicas.

5. *Comportamiento criminal reiterado u ocasional.* La reiteración del comportamiento delictivo puede decir de la finalidad criminal y suele vincularse a un programa criminal propio de la criminalidad organizada. En cambio un comportamiento delictivo ocasional está vinculado a la criminalidad empresarial en la medida que en principio no se trata de un resultado buscado intencionadamente. No obstante, pueden plantearse casos de conductas empresariales reiteradas.
6. *Sociedades con actividad real / sin actividad real.* Las sociedades que no poseen una actividad productiva o económica real son meros instrumentos en manos de personas con una finalidad delictiva. La simulación de la actividad, el engaño, el fraude y el abuso del Derecho societario dicen de una utilización intencionada de esconder la actividad delictiva y, por tanto, de la existencia de un programa criminal. De ahí que sea idóneo el tratamiento de meras organizaciones criminales. El mismo tratamiento merecen, a mi entender, las sociedades con una actividad económica real mínima que encubre una mayor actividad delictiva.
7. *Cantidad y calidad de la actividad legal / ilegal.* Ha de medirse la magnitud de la actividad legal de una sociedad, entendiendo aspectos cuantitativos y cualitativos a los efectos de determinar si se trata de un sujeto jurídico propio del tráfico económico o, de lo contrario, se trata de una mera máscara que sirve para realizar comportamientos delictivos.
8. *Que la actividad delictiva sea en provecho de la sociedad o en provecho de sujetos concretos.* El art. 31 bis CP señala claramente este elemento de la responsabilidad penal de la persona jurídica, que el delito sea cometido "en su beneficio directo o indirecto", denotando que el comportamiento delictivo corporativo ha de ser para lograr un beneficio económico o material propio de la persona jurídica. En cambio, en el caso de sociedades instrumentales, el delito no es en beneficio de la persona jurídica, sino en beneficio de sujetos concretos que están detrás de ella.
9. Teniendo en cuenta todos estos elementos puede darse el siguiente tratamiento a las sociedades:

a) *Responsabilidad penal de las personas jurídicas.* Cuando se trata de sociedades reales, con actividad legal productiva, que realizan delitos en beneficio de la propia persona jurídica. Generalmente los delitos no son reiterados, aunque podrían serlo, como sería el caso de delitos ambientales. En este supuesto estamos ante un injusto de organización o un delito corporativo, pues el resultado es un producto de una serie de comportamientos que corresponden con el defecto de organización. En estos casos se aplica el régimen del art. 31 bis y ss. del CP, así como las sanciones del art. 33.7 CP.

b) *Tratamiento de organización criminal / asociación ilícita.* Cuando se trate de sociedades instrumentalizadas que forman parte de un programa criminal, en las que no existe actividad productiva real, o la mayor parte de su actividad es ilegal, constituyendo la sociedad sólo una máscara que encubre actividades delictivas, el tratamiento correspondiente es el de organización criminal del art. 570 bis CP. La legislación española admite la calificación de asociación ilícita del art. 515 CP a sociedades con actividad legal preponderante, es decir, que no son "intrínsecamente criminales", que realizan comportamientos delictivos ocasionales, cuando no se trata de delitos en beneficio de la persona jurídica, sino en beneficio de personas individuales que instrumentalizan la empresa. En ambos casos las sanciones aplicables son las del art. 129 CP.

c) Por supuesto, como se ha dicho, la realidad puede ser muy rica en posibilidades y pueden darse un amplio abanico de casos situados en una zona gris, para los cuales estos elementos desarrollados pueden ayudar a convenir un tratamiento en uno u otro sentido. Ello puede coadyuvar a fundamentar un tratamiento más cierto y seguro de las sociedades instrumentales.

6. CONCLUSIONES Y PROPUESTAS DE *LEGE FERENDA*

Tanto la criminalidad organizada como la criminalidad empresarial hacen uso de personas jurídicas, sociedades reales e interpuestas, que encubren comportamientos delictivos deliberadamente realizados dentro de un programa criminal (organización criminal), o se trata de resultados lesivos producto de un defecto de organización (responsabilidad penal de las personas jurídicas). En la realidad se producen situaciones intermedias, esto es, la utilización de la forma persona jurídica para realizar comportamientos lícitos / ilícitos que encubren delitos, como los sistemas *offschore*, normalmente anclados en paraísos fiscales que crean una barrera de protección de los verdaderos dueños del dinero frente a las autoridades. Otras veces, encontramos empresas con actividades legales que encubren actividades ilícitas. En todo caso, se trata de un uso pervertido y abusivo del Derecho de sociedades, en el que el Derecho Penal debe entrar a tallar.

Para dar una solución a estos supuestos intermedios, se propone tener en cuenta ocho elementos: la clase de delitos que se cometen, uso de la violencia, complejidad de la organización, finalidad criminal, comportamiento reiterado u ocasional, sociedades con actividad real o sin actividad real, cantidad y calidad de la actividad legal / ilegal, que la actividad ilícita sea en provecho de la sociedad o en provecho de unos sujetos concretos. El estudio de todos estos elementos decantará el tratamiento del caso como responsabilidad penal de las personas jurídica del art. 31 bis CP, con las sanciones correspondientes al art. 33.7 CP, o como organización criminal del art. 570 bis CP y las consecuencias jurídicas del art. 129 CP.

Para finalizar, detectándose que muchos de los delitos que se cometen hoy en día organizadamente se realizan a través de sociedades reales e interpuestas, conviene establecer las siguientes propuestas fundamentales para prevenir estos comportamientos:

1. Un registro público de sociedades en el que conste quiénes son los reales propietarios y sus sucesivas transformaciones. Este registro debe ser abierto a nivel internacional.
2. Un control de la actividad real de sociedades vía inspecciones periódicas, verificando si se trata de sociedades reales o sociedades fantasma.
3. La penalización del testaferro. Carecemos de tipos penales específicos que castiguen inequívocamente los comportamientos graves de personas interpuestas.
4. Renovada lucha contra los paraísos fiscales. Se requieren compromisos firmes de los Estados para acabar con los paraísos fiscales y no existan refugios del dinero ilícito.
5. Vigilancia y control de los Organismos de control correspondientes. Mayores exigencias de responsabilidad a los Organismos de calificación, organismos de supervisión y certificación (notarios, etc.).

BIBLIOGRAFÍA

ALEO, SALVATORE, "Criminalità transnazionale e definizione della criminalità organizzata: il requisito dell'organizzazione", en Vincenzo Patalano (Dir), *Nuove estrategie per la lotta al crimine organizzato transnazionale*, Turín, G. Giapplichelli, 2003, pp. 7-21.

CARBAJO, FERNANDO, "Corrupción en sector privado (I): La corrupción privada y el Derecho Privado Patrimonial", *Iustitia, Revista de la Facultad de Derecho de la Universidad Santo Tomás*, Nº 10, 2012, pp. 281-342.

CASTELLS, MANUEL, *La era de la información. La sociedad red, Vol. 1*, Madrid, Alianza Editorial, 2001.

____, "Informacionalismo, redes y sociedad en red: una propuesta teórica", *La sociedad red: una visión global*, Madrid, Alianza Editorial, 2006, pp. 27-75.

CATANZARO, RAIMONDO, *El delito como empresa: historia social de la mafia*, Madrid, Taurus, 1992.

DE CASTRO, FEDERICO, *La Persona Jurídica*, Madrid, Civitas, 1991, reimpresión de la 2ª ed. (1984).

GÓMEZ-JARA, CARLOS, "La imputabilidad organizativa en la responsabilidad penal de las personas jurídicas. A propósito del auto de la Sala de lo Penal de la Audiencia Nacional de 19 de mayo de 2014", *Diario La Ley*, Nº 8341, 2014.

GIMÉNEZ-SALINAS FRAMIS, ANDREA et. ALII "¿Existe un perfil de delincuente organizado? Exploración a partir de una muestra española", *Revista Electrónica de Ciencia Penal y Criminología*, Nº 13-3, 2011, http://criminet.ugr.es/recpc/13/recpc13-03.pdf

GREEN, STUART, *Mentir, hacer trampas y apropiarse de lo ajeno. Una teoría moral de los delitos de cuello blanco*, Madrid, Marcial Pons, 2013.

LAMPE, ERNST-JOACHIM, "Injusto del sistema y sistemas de injusto", *La dogmática jurídico-penal entre la ontología social y el funcionalismo*, Lima, Grijley, 2003, pp. 97-179.

MAÑALICH, JUAN PABLO, "Organización delictiva. Bases para su elaboración dogmática en el Derecho penal chileno", *Revista chilena de Derecho*, Vol. 38, Nº 2, 2011, pp. 279-310.

MOUZELIS, NICOS, *Organización y burocracia. Un análisis de las teorías modernas sobre organizaciones sociales*, Barcelona, Eds. Península, 1991.

OBERMAIER, FREDERIK y OBERMAYER, BASTIAN, *Los papeles de Panamá. El club mundial de los evasores de impuestos*, Castellón, Titivillus, 2016.

PONTI, GIANLUIGI, "Criminalità organizzata e criminología", en Bandini, Tullio; *et. al.* (Eds.), *La Criminalità Organizzata. Moderne metodologie di ricerca e nuove ipotesi esplicative*, Milán, Giuffrè, 1993, pp. 179-187.

SARTORI, GIOVANNI, "Comparación y método comparativo", en Sartori, Giovanni y Morlino; Leonardo (Comps.), *La comparación en Ciencias Sociales*, Madrid, Alianza Editorial, 2002, pp. 29-50.

SANZ MULAS, NIEVES, "Criminalidad transnacional y responsabilidad penal de las personas jurídicas. La necesaria armonización en el marco de la UE", en Pérez Cepeda, Ana (Dir.), *Política Criminal ante el reto de la Delincuencia Transnacional*, Valencia, Tirant lo Blanch, 2016, pp. 321-360.

SUTHERLAND, EDWIN, *El delito de cuello blanco*, Madrid, La Piqueta, 1999.

WEIGEND, THOMAS, "Los sistemas penales frente al reto del crimen organizado", *Revista Internacional de Derecho Penal*, Vol. 68, 1997, pp. 547-574.

ZÚÑIGA RODRÍGUEZ, LAURA, *Criminalidad organizada y sistema del Derecho penal. Contribución al estudio del injusto de organización*, Granada, Comares, 2009.

___, "Responsabilidad penal de las empresas. Experiencias adquiridas y desafíos futuros", en Queloz, Nicolas *et. al.* (Eds.), *Droit pénal et diversités culturelles. Mélanges en l'honneur de José Hurtado Pozo*, Zurich, Shulthess, 2012, pp. 525-555.

___, "Culpables, millonarios e impunes: el difícil tratamiento del Derecho Penal del delito de cuello blanco", en Zúñiga Rodríguez, Laura *et. al.* (Coords.), *Poder y delito: Escándalos financieros y políticos*, Salamanca, Ratio Legis, 2012.

EMBARGO Y DECOMISO EN LA UNIÓN EUROPEA: NOVEDADES LEGISLATIVAS Y RETOS[1]

FREEZING AND CONFISCATION IN THE EUROPEAN UNION: LEGISLATIVE NEWS AND CHALLENGES

TERESA AGUADO-CORREA
Professora Titular de Derecho Penal
Universidad de Sevilla

Barbara Huber in memoriam

RESUMEN: El embargo y el decomiso de instrumentos y productos del crimen se encuentran entre los medios más eficaces de lucha contra la delincuencia. En este trabajo nos ocupamos de las novedades y de los retos previstos en la Directiva (UE) 2018/1673, 23 de octubre de 2018, relativa a la lucha contra el blanqueo de capitales mediante el Derecho Penal; y en el Reglamento (UE) 2018/1805 del Parlamento Europeo y del Consejo, de 14 de noviembre de 2018, sobre el reconocimiento mutuo de las resoluciones de embargo y decomiso.

Palabras-Claves: embargo; decomiso; blanqueo de capitales; reconocimiento mutuo.

ABSTRACT: Freezing and confiscation of instrumentalities and proceeds of crime are among the most effective means of combatting crime. In this work we deal with the novelties and the challenges foreseen in the Directive (EU) 2018/1673 of 23 october 2018 on combating money laundering by criminal law; and in Regulation (EU) 2018/1805 of the European Parliament and of the Council of 14 November 2018 on the mutual recognition of freezing and confiscation orders.

Keywords: Freezing; confiscation; money laundering; mutual recognition.

---

[1] **Como citar este artigo:**
AGUADO-CORREA, TERESA (2019). Embargo y Decomiso en la Unión Europea: Novedades Legislativas y Retos. In: Manuel Monteiro Guedes Valente (Coord.). *Criminalidade Organizada Transnacional – Corpus Delicti* I. Coimbra: Almedina, pp. 99-122.

Este trabajo se adscribe al Proyecto "Criminalidad organizada, terrorismo y responsabilidad penal de las personas jurídicas: el trinomio de la criminalidad organizada transnacional", Ministerio de Economía y Competitividad de España, 2016-79705R.

I. INTRODUCCIÓN

A la vista de los distintos instrumentos que se han aprobado en los últimos años no sólo en el seno de la Unión Europea sino también a nivel mundial, regional y nacional, podemos constatar que el decomiso se ha consolidado como un mecanismo indispensable en la lucha contra la delincuencia organizada, la financiación del terrorismo y el blanqueo de capitales.

No obstante, y a pesar de lo que pudiera pensarse por el protagonismo que ha alcanzado en la última década, el decomiso no es un mecanismo tan novedoso. Ya a principios de la década de los noventa del siglo pasado, ante la importancia que estaba adquiriendo, Huber se refería al decomiso de ganancias como "tercera dimensión en la lucha contra el tráfico de drogas"[2].

Recordemos que, en el Preámbulo de la Convención de las Naciones Unidas contra el tráfico ilícito de estupefacientes, y sustancias psicotrópicas (1988), las Partes se mostraron

> "Conscientes de que el tráfico ilícito genera considerables rendimientos financieros y grandes fortunas que permiten a las organizaciones delictivas transnacionales invadir, contaminar y corromper las estructuras de la Administración Pública, las actividades comerciales y financieras lícitas y la sociedad en todos sus niveles,
>
> Decididas a privar a las personas dedicadas al tráfico ilícito del producto de sus actividades delictivas y eliminar así su principal incentivo para tal actividad".

En el ámbito regional, por lo que respecta a los instrumentos del Consejo de Europa, en el Convenio relativo al blanqueo, seguimiento, embargo y decomiso de los productos del delito, hecho en Estrasburgo el 8 de noviembre de 1990 (Convenio de 1990), consideraron el decomiso como uno de los métodos modernos y novedosos en la lucha contra la delincuencia grave.

[2] Huber, B. "El comiso de ganancias en el Derecho Penal. Con especial referencia a la Legislación sobre drogas", *Actualidad Penal*, 1990, p. 348.

> "Convencidos de la necesidad de practicar una política penal común dirigida a la protección de la sociedad; Considerando que la lucha contra los delitos graves, que constituye un problema con una dimensión cada vez más internacional, requiere el uso de métodos modernos y efectivos a escala internacional; Estimando que uno de dichos métodos consiste en privar al delincuente del producto del delito; Considerando que para alcanzar dicho objetivo debe establecerse también un sistema eficaz de cooperación internacional...".

En términos parecidos se refirieron al decomiso quince años después en el Convenio del Consejo de Europa relativo al blanqueo, seguimiento, embargo y comiso de los productos del delito y a la financiación del terrorismo, hecho en Varsovia el 16 de mayo de 2005. Los países del Consejo de Europa que lo suscribieron se mostraron convencidos de que lucha contra los delitos graves, que constituye un problema con una dimensión cada vez más internacional, requería el uso de métodos modernos y efectivos a escala internacional y que "uno de dichos métodos consiste en privar al delincuente del producto del delito y de los instrumentos para su comisión".

En el ámbito de la Unión Europea, que es el que nos interesa en este trabajo, la importancia del decomiso en la lucha contra la delincuencia organizada se viene poniendo de manifiesto desde la Acción Común de 3 de diciembre de 1998, adoptada por el Consejo de la Unión Europea sobre la base del artículo K.3 del Tratado de la Unión Europea. Al poco tiempo, en el Consejo Europeo de Tampere, celebrado los días 15 y 16 de octubre de 1999, se aludió al papel del decomiso en la lucha contra la delincuencia organizada y el blanqueo de capitales en la conclusión 51, en los siguientes términos: "El blanqueo de capitales está en el centro mismo de la delincuencia organizada y debe erradicarse allí donde se produzca. El Consejo Europeo está resuelto a garantizar que se den pasos concretos para proceder al seguimiento, embargo preventivo, incautación y decomiso de los beneficios del delito". Posteriormente, y ya tras la entrada en vigor del Tratado de Ámsterdan, se aprobó la DM 2001/500/JAI del Consejo, del 26 de junio de 2001, relativa al blanqueo de capitales, la identificación, seguimiento, embargo, incautación y decomiso de los instrumentos y productos del delito, algunas de cuyas disposiciones han sido recientemente sustituidas por la Directiva 2018/1673 (UE) del Parlamento Europeo y del Consejo, de 23 de octubre de 2018, relativa a la lucha contra el blanqueo de capitales mediante el Derecho penal[3], de la que nos ocuparemos en este trabajo.

La estrecha relación entre la delincuencia organizada, el blanqueo de capitales y el decomiso vuelve a ser recordada por la Comisión, en la Comunicación que dirigió a la Comisión al Parlamento Europeo y al Consejo, titulada "Productos de la delincuencia organizada. Garantizar que "el delito no resulte provechoso" (2008)[4]:

> "Para atajar las actividades de la delincuencia organizada es esencial privar a sus autores de los productos generados por esas actividades. Las organizaciones delictivas construyen redes internacionales a gran escala y ganan enormes beneficios de sus distintas actividades ilícitas. A continuación, los productos del delito se blanquean y se reinyectan en la economía legal".

En los últimos años, a raíz de los atentados terroristas que han tenido lugar en el seno de la Unión Europea y fuera de ella, se ha puesto el foco en la importancia del decomiso en la lucha contra el terrorismo, fenómeno delictivo estrechamente relacionado con la delincuencia organizada y, como no podía ser de otra forma, con el blanqueo de capitales[5].

---

[3] "Artículo 12. Sustitución de determinadas disposiciones de la Decisión marco 2001/500/JAI
La presente Directiva sustituye, por lo que respecta a los Estados miembros vinculados por ella, lo dispuesto en el artículo 1, letra b), y el artículo 2 de la Decisión marco 2001/500/JAI, sin perjuicio de las obligaciones de dichos Estados miembros relativas a la fecha de transposición de dicha Decisión marco al Derecho nacional.
En el caso de los Estados miembros vinculados por la presente Directiva, las referencias a las disposiciones de la Decisión marco 2001/500/JAI mencionadas en el párrafo primero se entenderán hechas a la presente Directiva". Recordemos que ya a través de la Directiva 2014/42/UE se habían sustituido los artículos 3 y 4 de la Decisión Marco 2001/500/JAI.

[4] Vid. Aguado Correa, T., "Decomiso de los productos de la delincuencia organizada. "Garantizar que el delito no resulte provechoso"", *Revista Electrónica de Ciencia Penal y Criminología, RECPC 15-05 (2013)*, pp. 8 y ss., trabajo en el que defendimos la importancia del comiso del producto del delito como un medio eficaz de lucha contra la delincuencia organizada y analizamos las distintas medidas propuestas en el documento "Comunicación de la Comisión al Parlamento Europeo y al Consejo, "Productos de la delincuencia organizada. Garantizar que el "delito no resulte provechoso", COM (2008) 766 final.

[5] Vid. Aguado Correa, T.: "Decomiso: denominador común de la lucha eficaz contra el blanqueo de capitales, la delincuencia organizada y la financiación del terrorismo en la Unión

En la Comunicación de la Comisión al Parlamento Europeo, el Consejo, el Comité Social y Económico Europeo (CESE) y el Comité de las Regiones (CR). '*La Agenda Europea de Seguridad Unión Europea*', de 24 de abril de 2015, documento en el que la Comisión Europea fija la estrategia con la que la Unión hará frente a las amenazas a la seguridad en la UE durante el período 2015-2020, la Comisión se refirió a los vínculos que tiene la delincuencia organizada con el terrorismo ya que lo nutre (suministro de armas, ingresos procedentes del tráfico de drogas y la infiltración de los mercados financieros y el blanqueo de capitales), apuntando a la necesidad de reforzar el marco jurídico de la UE para lucha contra el blanqueo de capitales. Puesto que los terroristas recurren frecuentemente al producto de sus actividades delictivas para financiar sus actividades y utilizan los sistemas de blanqueo de capitales para convertir, ocultar o adquirir este producto, el refuerzo del marco jurídico contribuirá, por consiguiente, a atajar la financiación del terrorismo de manera más eficaz[6]. En su posterior Comunicación titulada "Plan de acción para intensificar la lucha contra la financiación del terrorismo", de 2 de febrero de 2016, la Comisión destacó la necesidad de luchar contra el blanqueo de capitales a través del Derecho penal y garantizar que los que financiaban el terrorismo se vean privados de sus activos[7].

En la misma línea se pronunció el Comité Económico y Social Europeo en su Dictamen sobre la "Propuesta de Reglamento del Parlamento Europeo y del Consejo relativo a los controles de la entrada o salida de efectivo de la Unión y por el que se deroga el Reglamento (CE) nº 1889/2005", de 27 de abril de 2017, que comienza afirmando que en opinión del CESE "la lucha contra el terrorismo y su financiación y contra el blanqueo de capitales y otras formas de delincuencia económica conexas tienen que ser prioridades permanentes en la política de la UE"[8].

A la estrecha relación entre estos fenómenos delictivos y a la amenaza que implican para la seguridad de la Unión Europea, se vuelve a aludir en la Directiva (UE) 2018/843 del Parlamento europeo y del Consejo, de 30

Europea", en *El lavado de activos y la persecución de bienes de origen ilícito*, Universidad Sergio Arboleda, Colombia, 2017, pp. 125 y ss.

6 Agenda Europea de Seguridad, p. 11.

7 COM (2016) 50 final.

8 DO C 246 de 28.7.2017, p. 22.

de mayo de 2018, por la que se modifica la Directiva (UE) 2015/849 relativa a la prevención de la utilización del sistema financiero para el blanqueo de capitales o la financiación del terrorismo, y por la que se modifican las Directivas 2009/138/CE y 2013/36/UE[9]

> "Las Naciones Unidas, Interpol y Europol han venido informando acerca de la convergencia cada vez mayor entre la delincuencia organizada y el terrorismo. El vínculo entre delincuencia organizada y terrorismo y los lazos entre grupos criminales y terroristas constituyen una amenaza cada vez mayor para la seguridad de la Unión. Evitar que se utilice el sistema financiero para fines de blanqueo de capitales o de financiación del terrorismo es parte integrante de cualquier estrategia para hacer frente a tal amenaza" (considerando 3).

La importancia que han adquirido el embargo y el decomiso como instrumentos claves en el espacio europeo de libertad, seguridad y justicia, es reconocida de forma expresa y reiterada en los instrumentos jurídicos que se han adoptado en los últimos meses en la Unión Europea, y que vienen a refrendar lo afirmado hace cuatro años en la Directiva 2014/42/UE del Parlamento Europeo y del Consejo, de 3 de abril de 2014, sobre el embargo y el decomiso de los instrumentos y del producto del delito en la Unión Europea: "Entre los medios más eficaces en la lucha contra la delincuencia organizada se encuentran el establecimiento de consecuencias jurídicas graves por la comisión de tales delitos, así como la detección eficaz del embargo y el decomiso de los instrumentos y del producto del delito" (considerando 3).

En el año 2018 se vuelve a insistir en su importancia en el considerando 3 del Reglamento (UE) 2018/1805 del Parlamento Europeo y del Consejo – "El embargo y el decomiso de los instrumentos y del producto del delito se encuentran entre los medios más eficaces de la lucha contra la delincuencia"- y, en términos muy parecidos, en la reciente Directiva (UE) 2018/1673 del Parlamento Europeo y del Consejo, de 23 de octubre de 2018, relativa a la lucha contra el blanqueo de capitales mediante el Derecho penal[10]: "El embargo y decomiso de los instrumentos y del producto del delito eliminan los incentivos financieros que fomentan los actos delictivos" (considerando 13).

---

[9] DO L 156 de 19.6.2018, p. 44.

[10] DO L 248 de 12.11.2018, p. 22.

A la vista de todo ello no cabe más que reconocer que el decomiso y el embargo se han erigido en elementos comunes e imprescindibles en la lucha contra la delincuencia organizada, el terrorismo y el blanqueo de capitales.

En este trabajo nos centraremos, por razones de espacio, en algunas de las novedades previstas en dos de los instrumentos jurídicos recientemente aprobados en el seno de la Unión Europea con base en lo dispuesto en los artículos 82 y 83 TFUE, en concreto, en la Directiva (UE) 2018/1673, de 23 de octubre de 2018, relativa a la lucha contra el blanqueo de capitales mediante el Derecho Penal y en el Reglamento (UE) 2018/1805 del Parlamento Europeo y del Consejo, de 14 de noviembre de 2018, sobre el reconocimiento mutuo de las resoluciones de embargo y decomiso.

II. LUCHA CONTRA EL BLANQUEO DE CAPITALES MEDIANTE EL DERECHO PENAL

Tras casi dos años de tramitación desde que la Comisión presentó su Propuesta el día 11 de noviembre de 2018, se publicó en el Diario Oficial de la Unión Europea, la Directiva (UE) 2018/1673 del Parlamento Europeo y del Consejo, de 23 de octubre de 2018, relativa a la lucha contra el blanqueo de capitales mediante el Derecho penal[11], entrando en vigor el día 3 de diciembre de 2018[12].

La Directiva (UE) 2018/1673, que viene a completar y a reforzar la 4ª Directiva contra el blanqueo de capitales (Directiva (UE) 2015/849), comienza recordando que tanto el blanqueo de capitales como la financiación del terrorismo y la delincuencia organizada relacionadas con el mismo, siguen siendo problemas importantes a escala de la Unión "por lo que perjudican la integridad, estabilidad y reputación del sector financiero y

[11] Esta Directiva sustituye, por lo que respecta a los Estados miembros vinculados por ella, las disposiciones en el ámbito de la tipificación del blanqueo de capitales contenidas en el artículo 1, letra b), y el artículo 2, de la Decisión marco 2001/500/JAI en lo relativo a los Estados miembros que participan en la directiva (art. 12).
Las disposiciones en materia de decomiso recogidas en el artículo 1, letra a), y los artículos 3 y 4, de la Decisión marco 2001/500/JAI, fueron sustituidas por la Directiva 2014/42/UE.

[12] Los Estados miembros disponen de dos años (3 de diciembre de 2020) para transponer las disposiciones legales, reglamentarias y administrativas necesarias para dar cumplimiento a lo establecido en la misma (art. 13.1 Directiva).

constituyen una amenaza para el mercado interior y la seguridad interior de la Unión" (considerando 1 Directiva).

El propósito de la misma es la lucha contra el blanqueo de capitales mediante el Derecho penal[13], permitiendo una cooperación transfronteriza más eficaz y rápida entre las autoridades competentes, dado que la Decisión marco 2001/500/JAI del Consejo no es suficientemente exhaustiva y la tipificación del blanqueo de capitales en ella contemplada carece de la suficiente coherencia para luchar eficazmente contra el blanqueo de capitales en toda la Unión, dando lugar a la existencia de lagunas en materia de ejecución y obstáculos en la cooperación entre las autoridades competentes de los distintos Estados miembros (considerando 4 Directiva)[14].

Como se afirmaba en la Propuesta de Directiva presentada por la Comisión, "Las actividades de los delincuentes y las organizaciones delictivas están concebidas para generar beneficios. En esencia, los involucrados en el blanqueo de capitales utilizan las ganancias generadas por un sinfín de actividades transfronterizas ilegales, como el tráfico de drogas, la trata de seres humanos, el tráfico ilícito de armas o la corrupción, para adquirir, convertir o transferir bienes, ocultando la verdadera naturaleza de su origen, con el fin de usar el producto de estos delitos en la economía legal. Gracias al blanqueo de capitales, las organizaciones delictivas pueden sacar provecho de sus actividades ilegales y seguir funcionando. El refuerzo de la respuesta penal al blanqueo de capitales contribuye a contrarrestar el incentivo económico que motiva la delincuencia"[15].

La base jurídica de la Directiva es el artículo 83, apartado 1, del TFUE, donde se menciona el blanqueo de capitales como uno de los delitos que revisten una dimensión transfronteriza particular; es uno de los denominados "eurodelitos".

---

[13] En relación con el objetivo, el Consejo de la Abogacía Europea, en el documento Comentarios de CCBE sobre la propuesta de Directiva del Parlamento Europeo y del Consejo relativa a la lucha contra el blanqueo de capitales a través del Derecho Penal COM 2016 (826) Final 2016/0414 (COD), de 31.3.2017, publicado en www.abogacia.es, consultado por última vez el 08/03/2019, p. 1, afirma que "va mucho más allá de la lucha contra el blanqueo de capitales, y busca resolver delitos menores y aumentar los ingresos fiscales".

[14] Sobre estas deficiencias vid. Aguado Correa, "Decomiso: denominador común...", *El lavado de ...*, cit., pp. 137 y 138.

[15] Propuesta de Directiva del Parlamento Europeo y Consejo sobre la lucha contra el blanqueo de capitales mediante el Derecho penal, Bruselas, 21.12.2016 COM (2016) 826 final 2016/0414 (COD) p.3.

Esta Directiva 2018/1673/UE también refuerza la lucha contra el crimen organizado completando la Directiva 2014/42/UE, cuyo objetivo es la creación de un conjunto común de normas mínimas para la detección, localización y decomiso de los productos del delito en la UE, así como la Decisión marco 2008/841/JAI del Consejo que tipifica como delito la participación en un grupo delictivo organizado y el chantaje sistematizado[16].

La importancia del embargo y el decomiso en la lucha contra el blanqueo de capitales se reconoce en el considerando 16 de la Directiva (UE) 2018/18673 –"El embargo y decomiso de los instrumentos y del producto del delito eliminan los incentivos financieros que fomentan los actos delictivos"-, y queda reforzada por la inclusión del artículo 9 dedicado al decomiso, precepto que no estaba presente en el texto de Proyecto de Directiva presentado por la Comisión al Consejo y al Parlamento, y que no hace más que recordarnos la vigencia de la Directiva 2014/42/UE en los siguientes términos:

> "Artículo 9. Decomiso. Los Estados miembros adoptarán las medidas necesarias para garantizar que, cuando proceda, sus autoridades competentes acuerden, de conformidad con la Directiva 2014/42/UE, el embargo o el decomiso del producto de la comisión o de la contribución a la comisión de uno de los delitos contemplados en la presente Directiva, así como de los instrumentos utilizados o destinados a ser utilizados para tal comisión o contribución".

Cabe llamar la atención sobre la expresión "o de la contribución a la comisión de uno de los delitos contemplados en la presente Directiva", expresión que fue incluida en la enmienda propuesta en el Parlamento Europeo, en consonancia con la definición de actividad delictiva contemplada en el art. 2.1): "cualquier tipo de participación delictiva en la comisión de cualquier delito..."[17], y con la previsión del apartado 5 del art. 4[18].

---

[16] Propuesta de Directiva p. 8. Bruselas, 21.12.2016 COM (2016) 826 final 2016/0414 (COD)

[17] En el texto de la Propuesta de Directiva en el artículo 3 dedicado a los "delitos de blanqueo", se incluía la expresión "a sabiendas de que dichos bienes proceden de una actividad delictiva o de una participación en ese tipo de actividad".

[18] En la memoria explicativa de la Propuesta de Directiva se justifica la inclusión de este precepto en los siguientes términos: "La complicidad en un delito de blanqueo de capitales puede incluir una amplia gama de actividades, que van desde la facilitación o el asesoramiento hasta la prestación de servicios de apoyo para la comisión de dichos actos.

Si nos fijamos en la tramitación del texto en el Parlamento Europeo, constatamos cómo en un primer momento se pretendió dar mayor protagonismo al decomiso, proponiéndose la inclusión de varios artículos relacionados con el decomiso y el embargo[19], e incluso con la devolución de fondos y activos ilícitos al país de origen[20], si bien finalmente no prosperó.

Partiendo de la finalidad de la Directiva, que no es otra que tipificar como delito el blanqueo de capitales cuando se haya cometido intencionadamente y a sabiendas de que los bienes provenían de una actividad delictiva

---

Esta disposición garantiza la adaptación a las definiciones establecidas en las normas internacionales mencionadas anteriormente.
Además, para garantizar una disuasión efectiva, es preciso tipificar como delito la inducción, haciendo punible el acto de incitar a otros a efectuar los delitos anteriormente mencionados".

[19] "Artículo 8 bis Decomiso de los bienes y los beneficios derivados de actividades delictivas 1. Cada Estado miembro procederá a decomisar todos los bienes y beneficios procedentes de actividades delictivas, así como los instrumentos utilizados o destinados a su utilización en la comisión de dichas actividades definidas en la presente Directiva, de conformidad con la Directiva 2014/42/UE del Parlamento Europeo y del Consejo. 2. Cada Estado miembro procederá a decomisar todos los bienes y beneficios procedentes de actividades delictivas, así como los instrumentos utilizados o destinados a su utilización en la comisión de dichas actividades definidas en la presente Directiva sin condena penal firme, cuando el caso haya prescrito debido a la muerte del delincuente. 3. El presente artículo se aplicará con independencia de que el delito de blanqueo de dinero o el delito principal hayan sido cometidos por una persona física o por una persona jurídica.4. Los Estados miembros adoptarán las medidas necesarias para garantizar la cooperación en el embargo y el decomiso de bienes procedentes de los delitos contemplados en la presente Directiva, así como de los instrumentos utilizados o destinados a su utilización en la comisión o la contribución a la comisión de dichos delitos y, en caso necesario, podrán dirigirse a Eurojust y Europol para una cooperación rápida y eficaz, de conformidad con el artículo 10". I INFORME sobre la propuesta de Directiva del Parlamento Europeo y del Consejo sobre la lucha contra el blanqueo de capitales mediante el Derecho penal (COM (2016)0826 – C8-0534/2016 – 2016/0414(COD)), Comisión de Libertades Civiles, Justicia y Asuntos de Interior, Ponente: Ignazio Corrao, A8-0405/2018, 20.12.2017, p. 29.

[20] "Artículo 9 ter. Devolución de fondos y activos ilegales al país de origen, Los Estados miembros adoptarán todas las medidas necesarias para devolver los fondos y activos derivados u objeto de actividades ilegales al tercer país de origen. Dichos fondos y activos se devolverán a los países en desarrollo de origen a condición de que sirvan para: a) mejorar las condiciones de vida de la población de estos países, y en particular de los grupos de población más vulnerables de su territorio; a) reforzar el Estado de Derecho en estos países, con miras a contribuir a la lucha contra el blanqueo de capitales, la financiación del terrorismo y otros actos delictivos". I INFORME sobre la propuesta, cit., pp. 48 y 49.

(considerando 13 y art. 3.1 Directiva)[21], ésta no distingue, en consonancia con la definición amplia de "producto" prevista en el la Directiva 2014/42/UE, entre situaciones en las que los bienes han sido obtenidos directamente de una actividad delictiva y aquellas otras en los que se han obtenido de forma indirecta de ésta (considerando 13). Recordemos que uno de los mayores aciertos de la Directiva 2014/42/UE fue la aclaración del concepto de producto contemplada en el número 1 del artículo 2[22], con el objeto de incluir tanto el producto directo como el indirecto, entendiéndose por "producto": "toda ventaja económica derivada, directa o indirectamente, de infracciones penales; puede consistir en cualquier tipo de bien e incluye cualquier reinversión o transformación posterior del producto directo así como cualquier beneficio cuantificable"[23]. Esta definición de producto se ha adoptado también en el Reglamento sobre reconocimiento mutuo (art. 2.4 Reglamento).

En esta Directiva 2018/1673 se mejora la definición de "bienes" en relación con la contemplada en la Directiva 2014/42/UE, definición que fue objeto de crítica por nuestra parte por incluir el término a definir (bienes) en la propia definición ("cualquier tipo de bienes...")[24]. En la presente ocasión,

---

[21] No obstante, también contempla la posibilidad de que los Estados miembros prevean el castigo del blanqueo de capitales cometido temerariamente o por negligencia grave (considerando 13 y art. 3.2 Directiva).

[22] Esta definición de producto no solo es válida para las infracciones penales contempladas en la presente Directiva, sino que el concepto de "producto" debe interpretarse de manera similar en lo que se refiere a las infracciones penales no reguladas por la misma, tal como y se aclara en el Considerando 14 de la Directiva 2014/42/UE.

[23] El Parlamento Europeo había solicitado a la Comisión en su Resolución sobre la Delincuencia Organizada, de 25 de octubre de 2011, que "precise en sus propuestas legislativas que el concepto de producto del delito definido en la Convención de Palermo de las Naciones Unidas y recogido en la Decisión marco 2008/841/JAI es más amplio que el de beneficio; invita a los Estados miembros a incluir sin demora dicho concepto en sus ordenamientos jurídicos a fin de permitir que cualquier ingreso relacionado directa o indirectamente con la comisión de delitos en el ámbito de las organizaciones criminales pueda ser objeto de decomiso y confiscación" (DO C 131 de 8.05.2013, p. 71). Vid. AGUADO CORREA, "La Directiva 2014/42/UE sobre embargo y decomiso en la Unión Europea: una solución de compromiso a medio camino", *Revista General de Derecho Europeo* 35 (2015), pp. 11 y 12.

[24] En el Reglamento de reconocimiento mutuo se vuelve a caer en el error de incluir el término bienes en la definición. En concreto, en el art. 2. 3) se afirma que se aplicarán las definiciones siguientes: "... "bienes" cualquier tipo de bienes, ya sean materiales o inmateriales, muebles

la Directiva 2018/1673 utiliza el término "activos" para definir los bienes, tal y como se había procedido en la letra d) del art. 2 de las Convenciones de Naciones Unidas de Palermo y la Convención contra la Corrupción[25]. La nueva definición de "bienes" prevista en la Directiva relativa a la lucha contra el blanqueo de capitales mediante el derecho penal, difiere de éstas al incluir una aclaración sobre la forma de los documentos, y reza así "«Bienes»: activos de cualquier tipo, tanto materiales como inmateriales, muebles o inmuebles, tangibles o intangibles, así como los documentos o instrumentos jurídicos con independencia de su forma, incluidas la electrónica o la digital, que acrediten la propiedad de dichos activos o un derecho sobre los mismos".

III. RECONOCIMIENTO MUTUO DE LAS RESOLUCIONES DE EMBARGO Y DECOMISO

1. Introducción. Principio de reconocimiento mutuo como piedra angular

El principio de reconocimiento mutuo se configuró como piedra angular de la cooperación judicial, tanto en materia civil como penal en el seno de la Unión Europea, en el Consejo Europeo celebrado en Tampere los días 15 y 16 de 1999. Este principio actualmente se encuentra consagrado en el art. 82.1 TFUE en los siguientes términos: "La cooperación judicial en materia penal en la Unión se basará en el principio de reconocimiento mutuo de las sentencias y resoluciones judiciales e incluye la aproximación de las disposiciones legales y reglamentarias de los Estados miembros en los ámbitos mencionados en el apartado 2 y en el artículo 83".

Entre los años 2001 y 2006 se aprobaron cuatro instrumentos legislativos sobre embargo y decomiso, incluidos dos sobre el reconocimiento mutuo, instrumentos todos ellos que, al menos en parte, aún están en vigor. Siendo conscientes de que el principio de reconocimiento muto no sólo se debía aplicar a las sentencias, sino también a las resoluciones adoptadas en las fases

o inmuebles, así como los documentos o instrumentos jurídicos acreditativos de un título o derecho sobre esos bienes...".

[25] Art. 2. "d) Por "bienes" se entenderá los activos de cualquier tipo, corporales o incorporales, muebles o inmuebles, tangibles o intangibles, y los documentos o instrumentos legales que acrediten la propiedad u otros derechos sobre dichos activos".

previas a la sentencia y, en particular, a las que permitieran a las autoridades judiciales competentes actuar rápidamente para asegurar las pruebas y embargar los bienes que resultaran fácilmente transferibles, como primera prioridad del Programa de medidas destinado a la puesta en práctica del principio de reconocimiento mutuo en materia penal (Consejo Europeo, 30 de noviembre de 2000, medidas 6 y 7), se acordó la adopción de un instrumento que aplicase el principio de reconocimiento mutuo al embargo preventivo de bienes y al aseguramiento de pruebas. Este instrumento fue la Decisión marco 2003/577/JAI del Consejo, de 22 de julio de 2003, relativa a la ejecución en la Unión Europea de las resoluciones de embargo preventivo de bienes y de aseguramiento de pruebas. En ese programa también se señaló como objetivo, mejorar la ejecución de las resoluciones de decomiso dictadas en otro Estado miembro (Punto 3.3), de ahí que se adoptase la Decisión marco 2006/783/JAI del Consejo, de 6 de octubre de 2006, relativa a la aplicación del principio de reconocimiento mutuo de resoluciones de decomiso, ya que "La motivación principal de la delincuencia organizada es la obtención de beneficios económicos. Por consiguiente, todo intento de prevenir y combatir esta delincuencia debe centrarse, para ser eficaz, en el seguimiento, el embargo preventivo, la incautación y el decomiso de los productos del delito. No basta simplemente con garantizar el reconocimiento mutuo dentro de la Unión Europea de medidas legales temporales como el embargo preventivo y la incautación; el control efectivo de la delincuencia económica también exige el reconocimiento mutuo de las resoluciones de decomiso de los productos del delito".

Recientemente, el Tribunal de Justicia (Sala Primera), en Sentencia de 10 de enero de 2019[26], en un asunto relacionado con la interpretación del

[26] La petición de decisión prejudicial tiene por objeto la interpretación del artículo 12 de la Decisión Marco 2006/783/JAI del Consejo, de 6 de octubre de 2006, relativa a la aplicación del principio de reconocimiento mutuo de las resoluciones de decomiso (DO 2006, L 328, p. 59). Esta petición se presentó en el contexto de un procedimiento relativo a una solicitud de autorización de ejecución de arresto por impago presentada por el Openbaar Ministerie (Ministerio Fiscal, Países Bajos) destinada a garantizar el cumplimiento, en los Países Bajos, de una resolución de decomiso dictada contra ET en Bélgica, siendo dos las cuestiones prejudiciales: «1) ¿Puede interpretarse el artículo 12, apartado 1, de la Decisión Marco [2006/783] en el sentido de que, en la ejecución en los Países Bajos de una resolución de decomiso transmitida por un Estado de emisión, puede imponerse un arresto por impago en el sentido del artículo 577c del Código de Enjuiciamiento Criminal, habida cuenta de la

artículo 12 de la Decisión Marco 2006/783/JAI del Consejo, de 6 de octubre de 2006, relativa a la aplicación del principio de reconocimiento mutuo de las resoluciones de decomiso, ha recordado la importancia del principio de reconocimiento mutuo en los siguientes términos: "A este respecto, el Tribunal de Justicia ha reconocido que tanto el principio de confianza mutua entre los Estados miembros como el principio de reconocimiento mutuo, que se basa a su vez en la confianza recíproca entre aquellos, tienen una importancia fundamental en el Derecho de la Unión, dado que permiten la creación y el mantenimiento de un espacio sin fronteras interiores [sentencia de 25 de julio de 2018, Minister for Justice and Equality (Deficiencias del sistema judicial), C-216/18 PPU, EU:C:2018:586, apartado 36]".

No obstante, debe tenerse presente que estas Decisiones marco a las que acabamos de aludir no seguirán en vigor por mucho tiempo, ya que las disposiciones previstas en éstas serán sustituidas por el Reglamento (UE) 2018/1805, de 14 de noviembre de 2018, a partir del 19 de diciembre de 2020 (art. 39 Reglamento).

2. Reglamento (UE) 2018/1805 sobre reconocimiento mutuo de las resoluciones de embargo y decomiso

2.1. Antedecentes

La adopción de un nuevo instrumento jurídico se debe a que si bien es cierto que la Unión Europea cuenta con instrumentos jurídicos en los

sentencia del Hoge Raad [der Nederlanden (Tribunal Supremo de los Países Bajos)] de 20 de diciembre de 2011, en virtud de la cual el arresto por impago debe tener la consideración de "pena" en el sentido del artículo 7, apartado 1, del CEDH? 2) ¿Tiene alguna relevancia, a efectos de la posibilidad de imponer un arresto por impago, la circunstancia de que el Derecho del Estado de emisión también prevea la posibilidad de imponer dicho arresto por impago?" En relación con estas cuestiones prejudiciales el Tribunal de Justicia (Sala Primera) ha declarado: "El artículo 12, apartados 1 y 4, de la Decisión Marco 2006/783/JAI, del Consejo, de 6 de octubre de 2006, relativa a la aplicación del principio de reconocimiento mutuo de las resoluciones de decomiso, debe interpretarse en el sentido de que no se opone a la aplicación de una legislación de un Estado de ejecución, como la controvertida en el litigio principal, que, a efectos de la ejecución de una resolución de decomiso dictada en un Estado de emisión, permite recurrir, en su caso, a un arresto por impago. 2) El hecho de que la legislación del Estado de emisión permita también recurrir al arresto por impago no tiene ninguna relevancia para la aplicación de tal medida en el Estado de ejecución".

que se prevé el reconocimiento mutuo de resoluciones de decomiso y de embargo, éstos se han mostrado como insuficientes al no estar "a la altura de los cambios de la legislación nacional en algunos estados miembros y de la reciente legislación de la UE sobre normas mínimas comunes"[27]. Se debe, en parte, a que el uso de la normativa europea actualmente vigente sobre reconocimiento mutuo de resoluciones de embargo y decomiso, en particular las DDMM 2003 y 2006, no es plenamente eficaz puesto que no se han transpuesto y aplicado de manera uniforme en los Estados miembros. En los Informes de aplicación elaborados por la Comisión sobre los actos jurídicos vigentes en la UE, en particular sobre las DDMM 2003/577/JAI, 2005/212/JAI y 2006/783/JAI[28], se ponía de manifiesto que los Estados miembros habían aplicado de forma incompleta o incorrecta las mismas, por lo que los regímenes vigentes en relación con el decomiso ampliado y el reconocimiento mutuo de las resoluciones de embargo y decomiso no eran eficaces, resultando el decomiso obstaculizado como consecuencia de la disparidad de legislaciones. La Comisión tan sólo consideró moderadamente satisfactorio el grado de aplicación de la Decisión 2007/845/JAI del Consejo, de 6 de diciembre, sobre cooperación entre los organismos de recuperación de activos de los Estados Miembros en el ámbito del seguimiento y la identificación de productos del delito o de otros bienes relacionados con el delito.

Por otra parte, el fracaso del reconocimiento mutuo del embargo y del decomiso se puede atribuir al hecho de que estos instrumentos jurídicos (DDMM de 2003 y 2006) no cubren algunas resoluciones de embargo y decomiso que se pueden acordar a nivel nacional tras la aprobación de la Directiva 2014/42/UE, en particular, las referidas al conocido como "decomiso civil" o "decomiso sin condena", así como al decomiso ampliado y al decomiso de terceros. Pero los inconvenientes no acaban ahí, la complejidad de los procedimientos y formularios los convierten en ineficaces. Por último, los instrumentos europeos actualmente vigentes no contienen ninguna disposición sobre indemnización o restitución a las

---

[27] MAUGERI, A.M., "Prime osservazioni sulla nuova "proposta di regolamento del parlamento europeo e del consiglio realtivo al riconoscimento reciproco dei provvedimenti di congelamento e di confisca", Diritto Penale contemporaneo, Riv. Trim. 2/2017, pp. 231 y ss.

[28] No nos debemos extrañar ante esta situación, ya que España ha tardado casi 12 años en trasponer de forma completa la DM 2006/783/JAI del Consejo (vid. DF 4ª Ley 3/2018).

víctimas y ello a pesar de que en el punto 3.3. del Programa del Consejo de 30 de noviembre de 2000, el objetivo era mejorar el reconocimiento mutuo de las resoluciones de decomiso, a efectos, en particular, de la devolución a la víctima de una infracción penal, como se recoge en el considerando 4 de la DM 2006/783/JAI del Consejo.

Como se reconoce en la Evaluación de impacto de la propuesta de Reglamento sobre el reconocimiento mutuo de las resoluciones de embargo y decomiso, el actual marco jurídico para la recuperación de activos de origen delictivo en la UE no ha permitido recuperar de una manera eficaz los activos que los delincuentes ocultan en otros Estados miembros. Según los datos que se manejan, a nivel europeo el 98,9% de los beneficios de la delincuencia no son decomisados y siguen a disposición de los delincuentes[29].

En el proceso de evaluación de impacto se estudiaron cuatro opciones estratégicas: a) mantener el statu quo (opción 1); b) adopción de actos jurídicos no vinculantes (opción 2); c) opción legislativa mínima (opción 3); d) opción legislativa máxima (opción 4). Dentro de esta opción se contemplaron dos alternativas: opción 4.a), que implicaba abarcar todos los tipos de resoluciones de embargo y decomiso dictadas en el contexto de procedimientos penales, incluido el decomiso civil; por su parte, la opción 4.b) implicaría el reconocimiento de todas las resoluciones de decomiso incluidas las dictadas en los procedimientos civiles y administrativos cuando se demostrase que los bienes constituían el producto de actividades delictivas[30].

Las opciones preferidas por los Estados miembros estaban entre las que implicaban una nueva legislación (opciones 3 y 4), si bien no existía acuerdo sobre cuál de ellas. La opción 3, aun cuando era la menos problemática, era insuficiente para aquellos Estados miembros que disponen de formas de decomiso más amplias. La opción preferida por la Comisión era la opción 4a) – que fue por la que finalmente se optó como se deduce de lo dispuesto en el art. 1.4 Reglamento[31]-, permitía abordar la mayoría de los problemas que se habían detectado, además de ser jurídicamente correcta.

---

[29] Datos recogidos en la Propuesta de Reglamento, p. 2, extraídos del Documento de Europol "Recuperación de activos de origen delictivo en la UE. Estudio de la información estadística 2010-2014. Principales conclusiones", p. 4.

[30] Propuesta de Directiva, pp. 9 y 10.

[31] Art. 1.4 "El presente Reglamento no se aplicará a las resoluciones de embargo y a las resoluciones de decomiso dictadas en el marco de procedimientos en materia civil o administrativa".

La Comisión se decantó por un instrumento jurídico directamente aplicable en todos los Estados miembros, en particular un Reglamento, forma jurídica que ha resultado novedosa en el ámbito de la cooperación judicial penal ya que desde la entrada en vigor del Tratado de Lisboa se había recurrido a las Directivas, elección que ha generado cierta perplejidad[32]. La Comisión justificó su decisión alegando que aportaba claridad y evitaba los problemas de transposición en los ordenamientos nacionales que ya se habían detectado en relación con los instrumentos normativos anteriores, al ser de aplicación directa en los Estados miembros ex artículo 288 TFUE[33].

No obstante, y como el Consejo planteó reparos frente a la elección de este instrumento, se propuso la inclusión de un considerando en el que se advirtiese de que esta forma de legislar a través de Reglamentos no se podía generalizar[34]. Así, en el considerando 53 Reglamento se advierte que, "La forma jurídica del presente acto no debe constituir un precedente para futuros actos legales de la Unión en el ámbito del reconocimiento mutuo de las sentencias y resoluciones judiciales en materia penal. La elección de la forma jurídica de futuros actos legales de la Unión debe evaluarse detenidamente caso por caso teniendo en cuenta, entre otros factores, la eficacia del acto legal y los principios de proporcionalidad y subsidiariedad".

2.2. *Ámbito de aplicación*

Una de las cuestiones que deben ser destacadas es que las disposiciones contempladas en el Reglamento son aplicables a todas las resoluciones de embargo y de decomiso dictadas en el marco de un "procedimiento en

---

[32] Sobre las dudas que generó en la doctrina la elección de este instrumento jurídico vid. MAUGERI, A.M.,"Prime osservazioni sulla...", *Diritto penale contemporaneo, 2/2017-Rivista trimestrale 2/2017,* p. 239; la misma en "Il Regolametno (UE) 2018/1805 per el reciproco riconoscimento dei provvedimenti di congelamento e di confisca: una pietra angolare per la cooperazione e l'efficienza", *Diritto penale contemporáneo* 2019, pp. 4 y 5.

[33] Según se dispone en el artículo 288, "El reglamento tendrá un alcance general. Será obligatorio en todos sus elementos y directamente aplicable en cada Estado miembro", mientras que "La directiva obligará al Estado miembro destinatario en cuanto al resultado que deba conseguirse, dejando, sin embargo, a las autoridades nacionales la elección de la forma y de los medios".

[34] Propuesta de Reglamento, p. 6. El Consejo, documento de 15 de diciembre de 2017, aclaraba que la forma jurídica elegida no se puede generalizar (37 bis).

materia penal" (art. 1.1. Reglamento). El "procedimiento en materia penal", como se aclara en el considerando 13, es un concepto autónomo del Derecho de la Unión que comprende todos los tipos de resoluciones de embargo y de resoluciones de decomiso dictadas en el marco de un procedimiento relativo a una infracción penal, por consiguiente, abarca no sólo las contempladas en la Directiva 2014/42/UE, sino también otro tipo de resoluciones dictadas sin condena firme, aunque este tipo de resoluciones no exista en el ordenamiento jurídico de un Estado miembro (considerando 13). Por lo tanto, será de aplicación al decomiso no basado en condena o decomiso civil, siempre que se trate de resoluciones de esta modalidad de decomiso emitidas en el marco de un procedimiento penal, no limitándose a los casos de enfermedad y fuga (art. 4.2 Directiva 2014/42/UE), sino también a otros supuestos como en los casos de fallecimiento, inmunidad, prescripción, etc[35]. Los procedimientos en materia penal pueden también incluir investigaciones penales realizadas por la policía y por otras autoridades encargadas del cumplimiento de la ley (considerando 13).

El Reglamento será aplicable no sólo a las resoluciones de embargo y decomiso relativas a las infracciones contempladas en la Directiva 2014/42/ /UE, recordemos que son nueve de los diez eurodelitos previstos en el art. 83.1 TFUE, sino también a las resoluciones de embargo y decomiso dictadas en relación con otros delitos. Como se aclara en el considerando 14, en el artículo 82 TFUE no se exige que se trate de delitos especialmente graves con dimensión transfronteriza.

2.3. *Derecho de las víctimas a la indemnización y restitución*

Por último, nos referiremos a la protección del derecho de las víctimas a la indemnización y restitución, para que no se vea menoscabado en los casos transfronterizos previstos en el Reglamento. Las normas sobre la enajenación de los bienes embargados o decomisados deberán dar prioridad a la indemnización y restitución de los bienes a la víctima frente al interés de los Estados de ejecución y emisión, interpretándose el concepto de víctima de conformidad con el ordenamiento jurídico del Estado de emisión, que puede contemplar que una persona jurídica tenga la consideración

---

[35] Cabe destacar que en la Propuesta de Reglamento se hacía referencia a aquellos casos en los que el autor no puede ser identificado.

de víctima a los efectos del Reglamento. Ello se entenderá sin perjuicio de las normas relativas a la indemnización y restitución de los bienes a la víctima en los procesos nacionales (considerando 45). En el artículo 29 Reglamento se prevé la restitución de los bienes embargados a la víctima, quedando supeditada la obligación de restituir al cumplimiento de una serie de condiciones (vid. también considerando 46); dedicándose el art. 30 Reglamento al destino de los bienes decomisados o del dinero obtenido tras la venta de dichos bienes.

En el considerando 47 se afirma que los Estados miembros deben considerar la posibilidad de establecer "una oficina nacional centralizada responsable de la gestión de los bienes embargados con vistas a su posible decomiso posterior, así como de la gestión de los activos y bienes decomisados. Los bienes embargados y los bienes decomisados pueden destinarse, con carácter prioritario, a proyectos en materia de cumplimiento de la ley y de prevención de la delincuencia organizada, así como a otros proyectos de interés público y utilidad social".

En España esta oficina ya existe y se denomina Oficina de Gestión y Recuperación de Activos (ORGA). Su regulación está prevista en el RD 948/2015, de 23 de octubre, norma a través de la cual se incorporó al derecho español lo dispuesto en el art. 10 Directiva 2014/42/UE, con el fin de "optimizar la prevención y la lucha contra la delincuencia organizada transfronteriza, incluida la de carácter organizado, neutralizando el producto del delito, pues se entiende que la principal motivación de esta forma de delincuencia es la obtención de beneficios financieros"[36].

[36] Las funciones de esta Oficina están previstas en el art. 3 RD 948/2015, modificado por Real Decreto 93/2018, de 2 de marzo: "1. Son funciones de la Oficina de Recuperación y Gestión de Activos la localización y recuperación de efectos, bienes, instrumentos y ganancias procedentes de actividades delictivas, su conservación, administración y realización. No corresponderá a la Oficina, la localización o gestión de bienes cuyo único fin sea el pago de una pena de multa.
2. También corresponde a la Oficina de Recuperación y Gestión de Activos resolver, conforme a lo previsto legal y reglamentariamente, sobre la adjudicación del uso de los efectos embargados cautelarmente y sobre las medidas de conservación que deban ser adoptadas.
3. Constituye igualmente una función esencial de la Oficina de Recuperación y Gestión de Activos el asesoramiento técnico a los juzgados, tribunales y fiscalías, que lo soliciten en materia de ejecución de embargos y decomisos, a los efectos de evitar actuaciones antieconómicas y garantizar, dentro del respeto a la ley y con el cumplimiento de todas las garantías procesales, el máximo beneficio económico".

En el artículo 16 RD 948/2015 se regula quíenes pueden ser beneficiarios de los recursos de la ORGA dándose preferencia a la ORGA para su mantenimiento contemplándose también, en la línea prevista en el considerando 47 Reglamento (UE), que vayan destinados al desarrollo de los programas y acciones previstos en el citado RD, incluidas las Oficinas de Asistencia a las Víctimas[37].

La importancia que se le ha querido otorgar a la protección de los derechos de las víctimas en el Reglamento (UE) queda patente tras la lectura de lo dispuesto en el considerando 48: "Cada Estado miembro debe considerar la posibilidad de crear un fondo nacional para garantizar una indemnización adecuada a las víctimas de delitos, como las familias de los agentes de policía y los funcionarios públicos que hayan sido víctimas mortales o estén permanentemente incapacitados en el ejercicio de sus

[37] "1. Podrán ser beneficiarios de los recursos de la Oficina a los que se refiere este capítulo los organismos, instituciones, administraciones públicas y personas jurídicas siguientes: a) La Oficina de Recuperación y Gestión de Activos, que recibirá de manera prioritaria los recursos necesarios para su adecuado mantenimiento. b) Cualquier órgano, organismo o entidad pública dependiente de la Administración General del Estado, para el desarrollo de programas o acciones relacionados con los fines previstos en esta norma, incluidas las Oficinas de Asistencia a las Víctimas .c) Las Comunidades Autónomas y las Entidades Locales, en los siguientes supuestos:1.º Para el desarrollo y ejecución de los planes y programas de atención a las víctimas de delitos, incluido el impulso de las Oficinas de Asistencia a las Víctimas.2.º Para dotar de medios materiales a los Institutos de Medicina Legal y afrontar los gastos derivados de las pericias realizadas en dichos Institutos.3.º Para la dotación de medios a las respectivas policías con competencia en la prevención, investigación, persecución y represión de los delitos.4.º Para las organizaciones no gubernamentales o entidades privadas sin ánimo de lucro para el desarrollo de programas comprendidos en los fines previstos en esta norma, cuyo ámbito no supere el de la respectiva comunidad autónoma. d) Las organizaciones no gubernamentales o entidades privadas sin ánimo de lucro, de ámbito estatal o de dos o más comunidades autónomas, cuya labor se desarrolle total o parcialmente en materia de asistencia a víctimas del delito, de acuerdo con los programas de distribución y las subvenciones determinadas por la Oficina de Recuperación y Gestión de Activos. e) Las Fuerzas y Cuerpos de Seguridad del Estado. f) La Agencia Estatal de Administración Tributaria. g) La Fiscalía General del Estado. h) El Instituto Nacional de Toxicología y Ciencias Forenses y los Institutos de Medicina Legal y Ciencias Forenses. i) Los organismos internacionales, entidades supranacionales y Gobiernos de Estados extranjeros, para el desarrollo de programas destinados a satisfacer los fines previstos en esta norma, de acuerdo con los instrumentos internacionales suscritos por el Gobierno, y con el informe favorable del Ministerio de Asuntos Exteriores y de Cooperación".

funciones. Los Estados miembros pueden destinar a tal fin parte de los bienes decomisados".

IV. RETOS

La Directiva (UE) 2018/1673 relativa a la lucha contra el blanqueo de capitales mediante el Derecho penal, alude expresamente a los próximos retos en materia de decomiso. Estos retos no son nuevos y tienen que ver con la modalidad del decomiso más cuestionada: el decomiso sin condena. Que los retos tengan que ver con él, no nos puede extrañar si tenemos en cuenta que es la modalidad que mayores cambios sufrió durante la tramitación de la actual Directiva 2014/42/UE sobre el embargo y el decomiso de los instrumentos y del producto en la Unión Europea.

La previsión del decomiso sin condena en el marco jurídico europeo en la Directiva 2014/42/UE, constituyó una de las grandes novedades, por no decir la principal, de la Directiva. Era la modalidad de decomiso más solicitada y esperada aun cuando finalmente no se reguló en los términos y con la amplitud deseada por quienes pretendían erigirla, junto con el ya existente decomiso ampliado, en el principal mecanismo de lucha no solo contra la delincuencia grave[38]. Los cambios que se produjeron durante la tramitación de la Directiva 2014/42/UE, no fueron precisamente con el fin de reforzar esta modalidad sino todo lo contrario, al otorgar prioridad al respeto de las garantías y los derechos fundamentales frente a la eficacia, y optar por exigir que se hubiese iniciado un proceso penal *in personam*, no configurándola con una *actio in rem*. Pero lo cierto es que acabó siendo un decomiso no basado en condena "descafeinado", pues además de exigirse la existencia de un sospechoso o acusado –lo cual impide acordar el decomiso cuando el sospechoso no haya sido identificado-, también se requiere que se hayan incoado procedimientos penales -requisito que permite garantizar el derecho de defensa- en relación con una infracción que pueda dar lugar, directa o indirectamente a una ventaja económica (considerando 20), y que dichos procedimientos pudieran haber conducido a una resolución penal

[38] Sobre las peticiones del Parlamento Europeo, del GAFI y del Grupo Lyon-Roma del G8, vid. Aguado Correa, "Decomiso de los productos...", RECPC 15-05, p. 10 y ss.; la misma en "Comiso: crónica de...", *Indret* 1/2014, pp. 37 y ss.

condenatoria si el sospechoso o acusado hubiera podido comparecer en juicio, exigencia ésta que, como puso de manifiesto en su día la Agencia Europea de Derechos Fundamentales, significa que lo que justifica el decomiso no basado en condena es una "prognosis del tribunal"[39].

Por eso, ya en la declaración del Parlamento Europeo y del Consejo que acompañó a la citada Directiva 2014/42/UE, se solicitó a la Comisión que presentara un informe en el que se analizara "la viabibilidad y las posibles ventajas de introducir nuevas normas comunes sobre el decomiso de bienes provenientes de actividades de carácter delictivo, incluso en ausencia de condena de una o más personas concretas por tales actividades. Estos análisis tendrán en cuenta las diferencias entre las tradiciones jurídicas y los sistemas jurídicos de los Estados miembros". Recientemente, el Parlamento Europeo y el Consejo han aprovechado el considerando 16 Directiva (UE) 2018/1673 relativa a la lucha contra el blanqueo de capitales mediante el Derecho penal, para pedir a los Estados Miembros "plantearse seriamente permitir el decomiso en todos los casos en los que no se pueda incoar o concluir un proceso penal, incluso en los casos en los que el autor del delito ha fallecido"[40].

Uno de los cambios sufridos durante la tramitación de la Directiva 2014/42/UE afectó a los supuestos en los que cabe acordar el decomiso sin condena: se redujeron a dos (enfermedad y fuga) frente a los tres (fallecimiento, enfermedad crónica y fuga) que, por razones de proporcionalidad[41], se contemplaban en la Propuesta de Directiva[42].

---

[39] Vid. AGUADO CORREA, T. "La Directiva 2014/42/UE...", *RGDE* núm. 35, Enero (2015), pp. 15 y ss.

[40] En el artículo 8 bis apartado 2 del Proyecto de Resolución del Parlamento se proponía la previsión del decomiso en los casos de prescripción por fallecimiento en los siguientes términos: "Cada Estado miembro procederá a decomisar todos los bienes y beneficios procedentes de actividades delictivas, así como los instrumentos utilizados o destinados a su utilización en la comisión de dichas actividades definidas en la presente Directiva sin condena penal firme, cuando el caso haya prescrito debido a la muerte del delincuente".

[41] Sobre la regulación del decomiso sin condena en la PD, vid. AGUADO CORREA, "Comiso: crónica de...", *Indret* 1/2014, pp. 37 y ss. y BLANCO CORDERO, "El decomiso sin condena en la Unión Europea. Análisis de la propuesta de directiva sobre el embargo preventivo y el decomiso de los productos de la delincuencia", en *Crisis financiera y Derecho Penal Económico*, Edisofer, B de F, Madrid, 2014, pp. 149 y ss.

[42] Vid. AGUADO CORREA, T., "La Directiva 2014/42/UE sobre embargo y decomiso en la Unión Europea: una solución de compromiso a medio camino", *RGDE* núm. 35, Enero (2015), pp. 15 y ss.

En España, el decomiso en casos de fallecimiento una vez iniciado el procedimiento, se prevé en el artículo 127 ter CP junto a los casos de enfermedad crónica y rebeldía. Debemos llamar la atención sobre el hecho de que en este artículo 127 ter CP se exige la acreditación de una situación patrimonial ilícita en un proceso contradictorio y que, por lo que respecta al círculo de sujetos pasivos de esta modalidad de decomiso, el legislador penal español evita el uso de los términos "sospechoso o acusado" decantándose por los de "acusado e imputado"[43], restringiendo así el círculo de sujetos pasivos de esta modalidad de decomiso con el fin de respetar los derechos fundamentales de los sujetos así como el principio de proporcionalidad[44]. No basta con el desarrollo de diligencias policiales o judiciales contra el sujeto asegurándole, de esta forma, un importante elenco de derechos y garantías procesales[45]. El procedimiento para la imposición de este decomiso sin condena por fallecimiento se encuentra regulado en el art. 803 ter e) 2 b) LECr[46].

V. EPÍLOGO

El embargo y el decomiso, como hemos tenido ocasión de constatar en este trabajo, se han erigido en elementos claves en la lucha la lucha contra la delincuencia organizada, el blanqueo de capitales y la financiación del terrorismo. No obstante, aún queda mucho por hacer, sobre todo, por lo que respecta al decomiso sin condena. Y es que, como en su día advertimos,

---

[43] Debe tenerse presente que el término "imputado" ha sido sustituido en la Ley de Enjuiciamiento Criminal en virtud de la Ley 13/2015, de 5 de octubre, por "investigado o encausado" según la fase procesal, por lo que hay un desajuste terminológico. El término "investigado" sirve para identificar a la persona sometida a investigación por su relación con un delito; en tanto que con el término "encausado", se designa de manera general, a aquél a quien la autoridad judicial, una vez concluida la instrucción de la causa, imputa formalmente al haber participado en la comisión de un hecho delictivo concreto (vid. Preámbulo Ley 13/2015, apartado V).

[44] Aguado Correa, T. "Comentarios al artículo 127 ter CP", en Comentarios prácticos al Código Penal, Tomo I, Ed. Thomson Reuters-Aranzadi, Cizur Menor, 2015, pp. 1025 y ss.

[45] Rodríguez García, N. *El decomiso de activos ilícitos,* Ed. Thomson Reuters-Aranzadi,Cizur Menor, 2017, p. 199.

[46] Sobre la problemática que plantea en los casos de fallecimiento vid. Rodríguez García, *El decomiso de activos...*, cit., pp. 264 y ss.

la Directiva 2014/42/UE no era más que una “solución a medio camino”. La regulación del decomiso sin condena contemplada en el art. 4.2 de la Directiva fue una solución de compromiso que a nadie contentó y que sigue generando polémica.

DIREITO PENAL DO AMIGO: UMA ANÁLISE COMPORTAMENTAL DA CORRUPÇÃO SISTÊMICA[1]

CRIMINAL LAW OF THE FRIEND: A BEHAVIORAL ANALYSIS OF SYSTEMIC CORRUPTION

GUILHERME CUNHA WERNER[2]

SUMÁRIO: 1. Introdução, 2. A Teoria da Criminalidade Organizada aplicada ao estudo da Corrupção, 3. A corrupção como escolha racional, 4. Direito Penal do Amigo como caráter de incentivo (retroalimentação), 5. O desencadeamento racional persuasório e dissuasório da corrupção, 6. A corrupção como escolha racional: a influência do caráter extrínseco, 7. Resistência, retroalimentação e o Direito Penal do Amigo, 8. As componentes ambivalentes das medidas de combate à corrupção, Conclusão e Bibliografia.

Palavras-chave: Direito Penal do Amigo; Criminalidade Organizada; Corrupção; Corrupção Sistêmica; Escolha Racional.

SUMMARY: 1. Introduction, 2. The Organized Crime Theory applied to the study of Corruption, 3. Corruption as a Rational Choice, 4. Criminal Law of the Friend as

---

[1] **Como citar este artigo:**
Werner, Guilherme Cunha (2019). Direito Penal do Amigo: uma análise comportamental da Corrupção Sistêmica. In: Manuel Monteiro Guedes Valente (Coord.). *Criminalidade Organizada Transnacional – Corpus Delicti* I. Coimbra: Almedina, pp. 123-172.

O presente artigo contempla os questionamentos e reflexões advindas da palestra Teoria da Criminalidade Organizada Transnacional aplicada à repressão da corrupção, ministrada em 21 de Novembro de 2018 durante o Seminário Internacional *Corpus Delict* de Estudos de Criminalidade Organizada Transnacional na Universidade Autônoma de Lisboa UAL, em Portugal. https://autonoma.pt/seminario-internacional-corpus-delicti/, realizado ao abrigo do Projeto FCT – Fundação para a Ciência e a Tecnologia, I.P., no âmbito do projeto Refª UID/DIR/4441/2016.

[2] Pós-doutorado em Direito Penal e Criminologia pela Faculdade de Direito da Universidade de São Paulo FD/USP, Doutor e Mestre em Ciência Política FFLCH/USP, Economista e Jurista. Professor do curso de pós-graduação da Escola Superior de Polícia Academia Nacional de Polícia da Polícia Federal CESP/ANP/PF. Pesquisador do Núcleo de Pesquisa de Políticas Públicas da Universidade de São Paulo NUPPs/USP e Delegado de Polícia Federal aposentado. E-mail: gwerner@usp.br Homepage: http://nupps.usp.br/index.php/e-book/guilherme-cunha-werner2/274-guilherme-cunha-werner2.

an incentive character (feedback), 5. The persuasive and dissuasive rationalization of corruption, 6. Corruption as a rational choice: the influence of extrinsic character, 7. Resistance, feedback and the Criminal Law of the Friend, 8. The ambivalent components of anti-corruption measures, Conclusion and Bibliography.

Keywords: Criminal Law of the Friend; Organized crime; Corruption; Systemic Corruption; Rational Choice.

1. INTRODUÇÃO

O objetivo do presente artigo é desenvolver e apresentar um algoritmo de análise capaz de explicar os motivos determinantes que levam os agentes políticos[3] a se corromperem. O estudo toma por ponto de partida a análise das variáveis normativas de dissuasão e incentivo contidas nas políticas criminais de combate à corrupção.

O recorte metodológico proposto parte de dois eixos interpretativos: *(i)* o primeiro voltado à investigação, controle, prevenção e repressão da corrupção a partir da sua dimensão organizacional, com viés nitidamente normativo, fundado no estudo das organizações criminosas, identificando uma mudança de atuação da corrupção sindrômica (individual) até a sistêmica (*transinstitucional*); e *(ii)* o segundo focado no caráter ético/moral do indivíduo e sua opção pela prática da corrupção, a partir dos referenciais teóricos estabelecidos pelos estudos comportamentais da criminologia e da psicologia-social, servindo de instrumento de afeição do impacto normativo no processo de decisão, se dissuasório ou de incentivo, para a prática da corrupção.

Ao final, será possível, a partir do modelo analítico proposto, identificar e mensurar a efetividade das medidas legislativas dissuasórias em contraponto as medidas de incentivo ocultas; mas identificadas como Direito Penal do Amigo.

[3] A opção de análise recai sobre o agente político ocupante de cargo eletivo transitório, cujo mantado temporário pressupõe a disputa pelo voto popular e a observância as regras de elegibilidade e inelegibilidade. Trata-se portanto de espécie de funcionário público distinta do servidor público concursado ou nomeado.

2. A TEORIA DA CRIMINALIDADE ORGANIZADA APLICADA AO ESTUDO DA CORRUPÇÃO

O primeiro eixo interpretativo está lastreado no estudo da corrupção a partir da *Teoria das Organizações Criminosas,* o que possibilita identificar a corrupção sistêmica como uma organização criminosa, uma vez que: *o crime organizado é um fenômeno criminológico que se manifesta a partir das organizações criminosas*[4].

A teoria clássica estabelece um conceito de crime organizado fundado na utilização de um conjunto de componentes tipológicos estruturantes. Trata-se de uma proposta construída a partir do estudo das máfias[5], e de sua evolução. Nesse contexto, Howard Abadinsky[6] identificou e relacionou aquelas que seriam as características centrais do crime organizado, quais sejam: *(a)* não apresenta objetivos políticos; *(b)* organização hierarquizada; *(c)* a participação de seus membros é definida através das qualidades individuais específicas; *(d)* formam uma *subcultura,* ou seja, os participantes aceitam padrões e regras comportamentais; *(e)* perpetuação da organização criminosa com a agregação de novos membros; *(f)* uso da força e da corrupção visando à impunidade; *(g)* especialização e divisão das tarefas; *(h)* monopólio das atividades ilícitas, objetivando a hegemonia e *(i)* comando

---

[4] Para uma melhor compreensão do tema recomenda-se Teoria Interpretativa das Organizações Criminosas: Conceito e Tipologia. In: *Organizações Criminosas Teoria e Hermenêutica da Lei n.º 12.850/2013.* Porto Alegre: Nuria Fabris, 2015, pp. 08-12.

[5] As teorias a respeito da origem do termo máfia divergem. Uma delas estabelece que o adjetivo Siciliano *mafiusi,* possivelmente derivado da palavra árabe *mahyas,* cujo significado remete ao fanfarrão, vanglorioso ou agressivo, bem como da palavra árabe *marfud,* que significa rejeitado ou, em uma tradução livre, designaria fanfarronada, bravata, presunção ou insolência. Do mesmo modo, a referência ao *mafiusu* é ambígua na Sicília do século XIX, podendo tanto significar famoso e arrogante, como também um empreendedor destemido e orgulhoso. O etnógrafo Giuseppe Pitrè, por seu turno, aponta que a associação da palavra com as atividades criminosas foi feita inicialmente por Giuseppe Rizzotto e Gaetano Mosca, na clássica peça teatral *I mafiusi di la Vicária* (*A Bela Gente de Vicária*), ao retratar as gangues de criminosos de Palermo (Gambetta, 1993: 136 – 137; Gundle e Rinaldi 2007: 116-120); outras fontes indicam o levante dos camponeses Sicilianos contra a unificação forçada da Itália sob o reino da casa de Sabóia, em 1865; em documentos romanos originais, surge a expressão máfia para designar os camponeses revoltados (Ziegler, 2003: 56-57).

[6] Nesse sentido Abadinsky, Howard. (2000). Organized Crime. 6ª ed. Chicago: Wadsworth. Pag. 03-07.

através de normas e regras pré-estabelecidas. Essa concepção, como se infere, guarda um paralelo com os elementos constitutivos indicados por Donald R. Cressey[7] ao conceituar organização criminosa como sendo a *"organização voltada para a maximização dos lucros com a venda de bens e serviços ilícitos, utilizando a corrupção como meio para facilitar suas atividades ilícitas,"* o que serviu de base teórica a todos os estudos subsequentes.

Frank Hagan[8], em 1982, elaborou uma pesquisa voltada a estabelecer um índice de classificação da incidência dos elementos de composição adotados no conceito de crime organizado. Esse estudo foi revisado por Jay Albanese[9], ao propor um consenso conceitual fundado no levantamento da frequência com que determinadas características foram utilizadas pelos diversos autores, das mais variadas áreas do conhecimento, ao longo dos últimos 35 anos, indicando a hierarquia como a principal nota estruturante das organizações criminosas.

Entretanto foi no ano de 1991, a partir do fórum global das Nações Unidas que o combate à criminalidade organizada ganha proeminência com criação da Comissão de Prevenção ao Crime e Justiça Criminal (UM-CPCJC)[10], e

---

[7] Donald R. Cressey (1969), *Theft of the Nation: The Structure and Operations of Organized Crime in America*, New York: Harper p. 02-05.

[8] Frank E. Hagan "The Organized Crime Continuum: A Further Specification of a New Conceptual Model," Criminal Justice Review, (Spring, 1983), vol. 8, p. 52-57.

[9] Jay Albanese (2007) Organized Crime in our Times. 5ª ed. Lexis Nexis pág. 03-05 apresenta as seguintes características e respectivo índice de ocorrência: hierarquia organizada e permanente (10), lucro racional através do crime (13), uso da força ou ameaça (12) corrupção para manter a imunidade (11), demanda pública por serviços (7) monopólio sobre o mercado privado (06), associação restrita (04), não ideológico (04), especialização (03), código secreto (03), planejamento extenso (02) e ao final propor um conceito de Crime organizado é um empreendimento criminal contínuo que trabalha racionalmente para lucrar com atividades ilícitas que estão na demanda do grande público.

[10] A Organização das Nações Unidas se insere no combate à criminalidade organizada de forma definitiva com a criação da Comissão de Prevenção ao Crime e Justiça Criminal (Commission on Crime Prevention and Criminal Justice – CCPCJ) estabelecida na Resolução 1992/1 do Conselho Econômico e Social (ECOSOC) e atendendo ao previsto na Resolução 46/152 da Assembleia Geral (GA) com a criação de grupo intergovernamental de trabalho destinado a debater a temática em encontros sucessivos no ano de 1991 em Viena e Paris, criada por determinação do encontro interministerial em Versalhes 1991 Resoluções da Assembleia Geral das Nações Unidas, conforme consultado no sítio eletrônico:
https://www.unodc.org/documents/commissions/CCPCJ/GA_Resolution-46-152_E.pdf, Visitado em 20 de abril de 2018.

em 1994 a partir dos debates no Conselho Econômico e Social das Nações Unidas, foi estabelecida a agenda para a Conferência Mundial sobre Crime Transnacional Organizado, realizada em Nápoles em 1994[11] a qual deliberou pela primeira vez uma resolução contextualizando o crime organizado transnacional[12].

O crime organizado transnacional foi identificado como uma ameaça ao desenvolvimento mundial, um risco as liberdades fundamentais e aos direitos humanos, configurando-se em uma força desestabilizadora e corruptora das instituições sociais, econômicas e políticas, impondo a necessidade da cooperação internacional para o seu combate no plano global, e no plano interno com a adoção de políticas destinadas a adequação das legislações nacionais aos padrões internacionais propostos[13].

A influência dos debates levados a termo durante a Convenção Internacional em Varsóvia em 1996, é observável através da proposta do governo da Polônia, destinada a definir e conceituar o crime organizado transnacional como:

> *"atuação de um grupo de três ou mais pessoas, operando com vínculos de hierarquia, ou por meio de relacionamentos pessoais que permitam aos seus líderes o controle interno, bem como a percepção dos lucros das operações, bem como no controle dos territórios e mercados internos ou estrangeiros, mediante o uso da violência, intimidação e corrupção,*

---

[11] Relatório da Conferência – A/49/748 Disponível em: http://legal.un.org/avl/pdf/ha/unctoc/unctoc_ph_e.pdf Visitado em 11/12/2018.

[12] The World Ministerial Conference on Organized Transnational Crime (21 a 23 de November de 1994) *"was convened in accordance with Economic and Social Council Resolution 1993/29 of 27 July 1993, adopted on the recommendation of the Commission on Crime Prevention and Criminal Justice at its second session. In its Resolution 48/103 of 20 December 1993, the General Assembly, inter alia, expressed its support for the World Ministerial Conference and called upon Member States to be represented at the Conference at the highest possible level. It also requested the Secretary-General to submit the conclusions and recommendations of the World Ministerial Conference to the General Assembly at its forty-ninth session"*.

[13] Dentre os itens componentes da Resolução, constam explicitamente trechos que propugnam aos Estados Nacionais, medidas e meios com o objetivo aperfeiçoar e reforçar as legislações, medidas, instrumentos e instâncias de combate ao crime organizado transnacional, particularmente seu item B, intitulado ***"National legislation dealing with organized transnational crime and guidelines for legislative and other measures"*** **(United Nations Congress on The Prevention of Crime and The Treatment of Offenders A/CONF.169/16 Cairo 12 May 1995)**.

tudo em benefício da atividade ilícita, bem como se infiltrando na atividade lícita" (Nações Unidas, Assembleia Geral de 1º de Outubro de 1996 A/C 3/51/7 p.3).

Entretanto a Assembleia Geral das Nações Unidas, em 1998, ao deliberar o texto final da Convenção das Nações Unidas contra o Crime Organizado Transnacional[14], durante a Conferência de Assinatura para a Convenção, realizada em Palermo, Itália, entre 12 a 15 de maio de 2000, classificou a questão como uma ameaça à segurança global[15], e visando maior segurança jurídica buscou delimitar os contornos do crime organizado de forma mais ampla em seu artigo 2º, apresentando a seguinte terminologia:

> Grupo Criminoso Organizado – grupo estruturado de três ou mais pessoas, existente há algum tempo e atuando em conjunto e com o propósito de cometer uma ou mais infrações graves ou enunciadas na presente Convenção, com a intenção de obter, direta ou indiretamente, um benefício econômico ou outro benefício material;

[14] Trata-se de um ato normativo internacional que prevê as medidas especiais destinadas a investigar, prevenir e combater a criminalidade organizada transnacional, sendo composta pela Convenção das Nações Unidas contra o Crime Organizado Transnacional, Convenção de Palermo, promulgada pelo Decreto n.º 5.015 de 12 de março de 2004, aprovada pelo Decreto Legislativo n.º 231, de 29 de maio de 2003, adotada em Nova York, em 15 de novembro de 2000 entrou em vigor internacional, em 29 de setembro de 2003, e no Brasil entrou em vigor em 28 de fevereiro de 2004. Posteriormente os seus três protocolos: a.) Protocolo Adicional à Convenção das Nações Unidas contra o Crime Organizado Transnacional, Relativo ao Combate ao Tráfico de Migrantes por via Terrestre, Marítima e Aérea, promulgado pelo Decreto n.º 5.016 de 12 de março de 2004, aprovado pelo Decreto Legislativo n.º 231, de 29 de maio de 2003, adotado em Nova York em 15 de novembro de 2000, entrou em vigor internacional em 29 de setembro de 2003, e no Brasil em 28 de fevereiro de 2004; b.) Protocolo Adicional à Convenção das Nações Unidas contra o Crime Organizado Transnacional Relativo à Prevenção, Repressão e Punição do Tráfico de Pessoas, em Especial Mulheres e Crianças promulgado pelo Decreto n.º 5.017 de 12 de março de 2004, aprovada pelo Decreto Legislativo n.º 231, de 29 de maio de 2003, adotada em Nova York em 15 de novembro de 2000, entrou em vigor internacional em 29 de setembro de 2003, e no Brasil em 28 de fevereiro de 2004; c.) Protocolo Adicional à Convenção das Nações Unidas contra o Crime Organizado Transnacional, relativo à Fabricação e o Tráfico Ilícito de Armas de Fogo, suas Peças, Componentes e Munições, promulgado pelo Decreto n.º 5.941 de 26 de outubro de 2006, aprovado pelo Decreto Legislativo n.º 36, de 22 de fevereiro de 2006, entrou em vigor internacional em 3 de julho de 2005, e para o Brasil em 30 de abril de 2006.

[15] Nesse sentido é o estudo de David McClean *Transnational Organized Crime.* Ed. Oxford. Great Britain 2007: 38-41.

Infração Grave – ato que constitua infração punível com uma pena de privação de liberdade, cujo máximo não seja inferior a quatro anos ou com pena superior;

Grupo Estruturado – grupo formado de maneira não fortuita para a prática imediata de uma infração, ainda que os seus membros não tenham funções formalmente definidas, que não haja continuidade na sua composição e que não disponha de uma estrutura elaborada.

As controvérsias jurídicas decorrentes do uso de características estruturantes, adequadas para o fornecimento dos parâmetros investigativos das organizações criminosas, deram lugar a uma proposição jurídico-legal abrangente para tal fenômeno. Assim a Convenção de Palermo optou por estabelecer um conteúdo mínimo assim disposto: *(a)* o conceito de Grupo Estruturado diverso da Associação Criminosa (duas ou mais pessoas se unem de forma não permanente em alianças *ad hoc* – voláteis para a prática imediata de ilícito penal punível com uma pena inferior a quatro); *(b)* identificando o caráter transnacional se a infração for cometida: (i) em mais de um Estado, (ii) num só Estado, mas uma parte substancial da sua preparação, planeamento, direção e controle tenha lugar em outro Estado, (iii) num só Estado, mas envolva a participação de um grupo criminoso organizado que pratique atividades criminosas em mais de um Estado, ou (iv) num só Estado, mas produza efeitos substanciais em outro Estado (Art. 3 – Âmbito de Aplicação).

Assim a Teoria Interpretativa das Organizações Criminosas[16] se apresenta como importante ferramenta no estudo do *crime organizado* ao compreendê-lo como um fenômeno criminológico que se manifesta a partir das *organizações criminosas.*

A teoria possibilita também a seguinte sistematização das organizações criminosas: **(*1*)** *Estruturas Ordenadas*: considerando a atual preponderância das redes difusas e fluidas sobre a forma tradicional de estrutura hierarquizada; **(*2*)** *Caráter racional de exploração dos mercados ilícitos*: fundado no cálculo do ganho em relação ao risco da atividade; **(3)** *Vantagem ilícita*: de qualquer

[16] Para uma melhor compreensão do tema, recomenda-se o estudo desenvolvido no texto *Teoria Interpretativa das Organizações Criminosas:* Conceito e Tipologia. In: *Organizações Criminosas Teoria e Hermenêutica da Lei n.º 12.850/2013.* Porto Alegre: Nuria Fabris, 2015, pp. 08-12.

natureza economicamente auferível podendo ser um benefício ou privilégio; **(4)** *Capacidade de atuação supranacional de caráter transnacional*: desrespeito às fronteiras dos Estados[17].

É importante destacar que a corrupção deixa de ser uma das componentes do conceito do crime organizado e passa a ser considerada a própria essência da organização criminosa corrupta, cujos contornos ganham dimensões transnacionais.

A corrupção transnacional, vem sendo incorporada nos painéis de estudo da Organização para Cooperação e Desenvolvimento Econômico (OCDE) desde 1994, culminando em 1997 com a edição da Convenção de Combate da Corrupção de Funcionários Públicos Estrangeiros em Transações Internacionais[18]; bem como nos relatório anuais da Transparência Internacional, destacando o último de 2018, onde a corrupção transnacional é identificada em diversos países, e especificamente no Brasil, em relação à empreiteira Odebrecht (Case Study "B")[19].

Portanto a corrupção[20] é aqui considerada como a manifestação comportamental expressa a partir de duas premissas fundamentais: (*i*) atividade

---

[17] Teoria Interpretativa das Organizações Criminosas: Conceito e Tipologia. In: *Organizações Criminosas Teoria e Hermenêutica da Lei n.º 12.850/2013*. Porto Alegre: Nuria Fabris, 2015 pp. 08-12.

[18] A Convenção de Combate da Corrupção de Funcionários Públicos Estrangeiros em Transações Internacionais. Disponível em http://www.oecd.org/corruption/oecdantibriberyconvention.htm.

[19] DELL, Gillian e McDEVITT, Andrew. Exporting Corruption. Progress report 2018 assessing enforcement of the OCDE Anti-Bribery Convention. Transparency International 2018.

[20] A origem do termo corrupção encontra fundamento no pensamento aristotélico e na sua observação do mundo físico, especificamente no campo das reações como processos inexoráveis de existência e perceptível durante toda a vida, do nascimento a morte, sendo a ação motora da mudança do estado inicial da geração, até sua etapa final da morte, sendo a degeneração o estado anímico da corrupção, manifesto na decadência, perecimento, perceptível com a perda da saúde, juventude, vida e virtude como equilíbrio estético e harmônico das formas. A corrupção como decadência é demonstrada na transição de um estado de virtude (*Areté* forma grega do latim *virtu*) para o estado do vício (*kakós* forma grega do latim *adjectio*); onde as formas de governo classicamente consideradas no pensamento aristotélico que consideram em sua forma de constituição, o número de pessoas no exercício do poder, separando as formas legitimas sujeitas às forças da virtude, equilíbrio e harmonia das formas desviantes e corrompidas pelos vícios da tirania (Aristóteles 1984: 512-514 e 2009-2023).

ilícita desenvolvida por agentes políticos que, dotados de poder decisório sobre a alocação de verbas públicas, optam em atender aos interesses privados mediante uma contrapartida[21]; e *(ii)* sua penetração abrange as estruturas organizacionais de modo sistêmico com capacidade de influenciar na formação e condução das políticas públicas do País[22]. O desvirtuamento das políticas públicas, a partir das práticas do clientelismo, *patronagem*, particularismo e/ou assistencialismo, destinam-se à capturarem o Estado e a manutenção do poder, transformando a república em uma *cleptocracia*, conforme apontado em estudo anteriormente desenvolvido[23].

---

[21] O conceito foi apresentado por Petrus C. van Duyne (2001) "Caligula" Go Transparent? In: *Forum on Crime and Society* Volume 1Number 2 December 2001 United Nations Centre for Crime Prevention, pp. 73-75; Christopher Clapham (2004) *The Third World Politics*. Ed. Taylor & Francis e-Library, pp. 50-53; J. S. Nye (2007) Corruption and Political Development: A Coast-Benefit Analysis In: *Political Corruption Concepts & Contexts* 3º edição Ed. New Brunswick: Transaction Publishers: pp. 281-299; Simone Bohn (2007) Justifying corrupt exchanges: rational-choice Corruptors. In: *(Dys-) Functionalities of Corruption*. Comparative Perspective and Methodological Pluralism. Ed. Sringer, pp. 161 e John Gardiner (2007) Defining Corruption In: *Political Corruption Concepts & Contexts* 3º edição. Ed. New Brunswick: Transaction Publishers: pp. 25-28.

[22] Conceito de Políticas Públicas proposto por Maria Paula Dallari Bucci pode ser compreendido como sendo a materialização da *ação governamental visando a coordenar os meios à disposição do Estado e as atividades privadas, para a realização de objetivos socialmente relevantes e politicamente determinados*. Conforme consta na obra *Direito Administrativo e Políticas Públicas*. São Paulo: Saraiva, 2002: 241. No mesmo sentido as Políticas Públicas se encontram no *"campo do conhecimento que busca, ao mesmo tempo, "colocar o governo em ação" e/ou analisar essa ação (variável independente) e, quando necessário, propor mudanças no rumo ou curso dessas ações (variável dependente). A formulação de políticas públicas constitui-se no estágio em que os governos democráticos traduzem seus propósitos e plataformas eleitorais em programas e ações que produzirão resultados ou mudanças no mundo real"* (SOUZA, Celina (2006) *Estado da Arte da Pesquisa em Políticas Públicas*. Sociologias, Porto Alegre, Ano 8, n.º 16, julho/dezembro 2006, p. 26.

[23] A *cleptocracia* é um fenômeno da conjuntura sociocultural e político-econômica do Estado e se manifesta indistintamente em países, ricos ou pobres, subdesenvolvidos ou em desenvolvimento, onde corruptos e corruptores, por intermédio dos instrumentos do clientelismo, *patronagem*, particularismo e assistencialismo, assumem o poder e determinam a distribuição dos recursos públicos em favor de determinados grupos ou indivíduos que se obrigam a garantir e manutenção deste *status*, assim, o Estado é apoderado, a democracia é deturpada, corrompida e substituída pela *cleptocracia* conforme apontado em estudo anterior denominado *Cleptocracia*: Corrupção Sistêmica e Criminalidade Organizada Portugal: Almedina 2017.

3. A CORRUPÇÃO COMO ESCOLHA RACIONAL

O segundo eixo interpretativo é centrado no indivíduo e na sua opção pela prática da corrupção, tomando como ponto de partida os estudos comportamentais da ação e da escolha racionais, com o objetivo de identificar os motivos determinantes que levam o agente político a romper com o balizamento ético/moral e se corromper.

Assim o presente artigo se ocupará apenas da corrupção pública, ou seja, aquela praticada pelo agente político compreendido como sendo "*todo aquele que é detentor de cargo eletivo, eleito por mandatos transitórios, como os Chefes de Poder Executivo e membros do Poder Legislativo, além de cargos de Ministros de Estado e de Secretários nas Unidades da Federação, os quais não se sujeitam ao processo administrativo disciplinar*"[24][25] sendo espécie de funcionários públicos ao lado dos servidores públicos, conforme previsto na Convenção de Mérida[26].

---

[24] O conceito utilizado pela Controladoria Geral da União. Disponível em: http://www.cgu.gov.br/sobre/perguntas-frequentes/atividade-disciplinar/agentes-publicos-e-agentes-politicos#2, visitado em 21.12.2016.

[25] E importante destacar, ainda que de forma sumária, que o conceito utilizado é ligeiramente distinto do consagrado no Direito Administrativo Brasileiro como se observa em Hely Lopes Meireles: "*agentes políticos são os componentes do Governo nos seus primeiros escalões, investido em cargos, funções, mandatos ou comissões, por nomeação, eleição, designação ou delegação para o exercício de atribuições constitucionais*", *Direito Administrativo Brasileiro*. São Paulo: Malheiros 2003:75 e Maria Sylvia Zanella di Pietro: "*aqueles que exercem mandato, para o qual são eleitos, apenas os Chefes dos Poderes Executivos federal, estadual e municipal, os Ministros e Secretários de Estado além dos Senadores, Deputados e Vereadores. A forma de investidura é a eleição, salvo Ministros e Secretários, que são de livre escolha do Chefe do Executivo e providos em cargos públicos, mediante nomeação*", *Direito Administrativo*, São Paulo: Atlas (2007:477), destacando este último como fundamento do conceito da Controladoria Geral da União aqui apresentado e adotado.

[26] A Convenção das Nações Unidas Contra a Corrupção – Convenção de Mérida (Decreto 5.687/2006) em seu artigo 2º utiliza a expressão funcionário público como gênero que abrange: "i) toda pessoa que ocupe um cargo legislativo, executivo, administrativo ou judicial de um Estado Parte, já designado ou empossado, permanente ou temporário, remunerado ou honorário, seja qual for o tempo dessa pessoa no cargo; ii) toda pessoa que desempenhe uma função pública, inclusive em um organismo público ou numa empresa pública, ou que preste um serviço público, segundo definido na legislação interna do Estado Parte e se aplique na esfera pertinente do ordenamento jurídico desse Estado Parte; iii) toda pessoa definida como "funcionário público" na legislação interna de um Estado Parte. Não obstante, aos efeitos de algumas medidas específicas incluídas no Capítulo II da presente Convenção, poderá

O conceito de corrupção proposto possibilita identificar seus níveis de percepção no setor público, ao mensurar as relações estabelecidas entre atores sociais e os padrões comportamentais éticos e morais universalmente aceitos, em contraste com a efetiva reprovabilidade da norma legal dissuasória. Nesse particular merece destaque a classificação desenvolvido por Arnold J. Heirenheimer nas seguintes categorias: *(i) Preta*: quando a lei e os costumes coincidem; *(ii) Cinza*: quando os atores sociais avaliam determinado comportamento de forma variável conforme a sua necessidade e a *(iii) Branca*: quando a lei reprova, mas a maioria do corpo social se mostra tolerante ou não reconhece determinado comportamento como moralmente questionável[27].

O presente estudo, permitirá também, identificar que a eficiência de um sistema de combate à corrupção deve repousar sobre quatro vigas mestras fundamentais: a) mecanismos de prestação de contas; b) instrumentos de transparência pública; c) fortalecimento das instituições de controle do Sistema Nacional de Integridade[28]; e d) construção de um conjunto

---

entender-se por "funcionário público" toda pessoa que desempenhe uma função pública ou preste um serviço público segundo definido na legislação interna do Estado Parte e se aplique na esfera pertinente do ordenamento jurídico desse Estado Parte." A denominação que será utilizada no presente texto é restrita ao agente político. Destacando que o conceito da Convenção de Mérida é compatível com o Código Penal (Decreto-Lei n.º 2.848/1940) em sua definição legal de funcionário público: Art. 327 – *Considera-se funcionário público, para os efeitos penais, quem, embora transitoriamente ou sem remuneração, exerce cargo, emprego ou função pública. § 1º – Equipara-se a funcionário público quem exerce cargo, emprego ou função em entidade paraestatal, e quem trabalha para empresa prestadora de serviço contratada ou conveniada para a execução de atividade típica da Administração Pública.* (§1º incluído pela Lei n.º 9.983/2000)

[27] Neste aspecto, Bruno Wilhelm Speck faz uma análise das pesquisas e identifica a mudança no debate sobre a corrupção onde o universalismo embutido na rápida difusão de conceitos e instituições políticas ocidentais não estaria sendo acompanhado pelos valores e comportamentos sociais, sendo esta discrepância importante indicador para explicar por que e quando a corrupção ocorre. (Speck, Bruno W. Mensurando a corrupção: uma revisão de dados provenientes de pesquisas empíricas. In: *Os Custos da Corrupção*. Cadernos Adenauer 2000 n.º 10) (Heidenheimer, Arnold J. Perspectives in the perception of corruption. In: Heidenheimer, Arnold J. (ed) *Political corruption: readings in comparative analysis*. New York: Hold, Rinehart and Wilston, 1970: 18-28).

[28] O Sistema Nacional de Integridade é composto por instituições de Estado com o apoio da sociedade civil e formam uma estrutura organizada, complexa e multisetorial cujo objetivo é o de promover uma ação direta e indireta na prevenção e no combate à corrupção, a expressão foi cunhada pela Transparência Internacional e é referenciada no Plano de Ação

normativo de conteúdo abrangente, capaz de prever sanções efetivas, proporcionais e dissuasórias, e não normas meramente formais.

A análise da prática da corrupção, por parte do agente político, será aqui considerada como ato derivado da escolha racional, e, portanto dividido metodologicamente em duas perspectivas distintas: *(a) Intrínseca*: no plano íntimo das crenças e atitudes como precursoras da intenção, e assim, determinantes do comportamento, em contraponto aos desvios, conforme descrito nos estudos comportamentais, destacando Morris Fishbein e Icek Ajzen (2015), Paschal Sheeran e Sheina Orbell (2000) e Neil Garrett, Stephanie C. Lazzarro, Dan Ariely e Tali Sharot (2016) e; *(b) Extrínseca:* realizada a partir da exteriorização do comportamento, ocasião em que são consideradas as melhores oportunidades de ganho decorrente da atividade ilícita em contraponto aos riscos envolvidos e suas respectivas consequências, dimensionadas em: *(i) Incapacitante:* manifesta no tempo de prisão, onde não poderá mais delinquir, e de inelegibilidade, com o impedimento de concorrer a cargos eletivos ou de ser nomeado a cargos públicos, e *(ii) Dissuasória*: com o perdimento dos bens e pagamento de multas; ambos indicadores do efetivo custo do cometimento do crime para o criminoso, sendo nesta fase utilizada a *Teoria da Escolha Racional* (TER) de Gary Stanley Becker (1968), Isaac Ehrlich (1996) e Robert Klitgaard (1988), expandindo seu espectro de análise da criminalidade organizada para o estudo da corrupção.

A perspectiva intrínseca da corrupção dos agentes políticos é percebida nas decisões referentes à alocação dos recursos públicos (materiais ou imateriais) adstritas a sua esfera de deliberação, e observáveis em seu comportamento e atitude em face a duas variáveis interdependentes: *(i)* posição monopolista de controle de determinado recurso estabelecida segundo a quantidade de participantes do processo de decisão e o número de instâncias; e *(ii)* grau de discricionariedade possível para fundamentar a decisão, ou seja, as diversas possibilidades de escolhas dentre as possíveis

---

Anticorrupção do G-20 Avaliação Organização para a Cooperação e Desenvolvimento Econômico OCDE Sistema de Integridade da Administração Pública Federal Brasileira 2011 Recomendação 2: *Garantir maior capacidade para que as instituições públicas de fomento à integridade sejam capazes de assegurar que estas desempenhem suas funções de acordo com seus objetivos* Avaliação da OCDE Sobre o Sistema de Integridade da Administração Pública Federal Brasileira 2011. pp. 15

e a forma como a norma legal pode ser interpretada e aplicada; ambas as variáveis exercem grande impacto no nível de intervenção do Estado nos domínios econômico e social[29].

Por outro lado, as referidas variáveis são limitadas conforme o grau de transparência e controle da sociedade, sendo possível estabelecer uma correlação capaz de determinar o nível de corrupção de um dado país, conforme sistematizado por Robert Klitgaard,[30] e revisto por Donatella Della Porta e Alberto Vannucci.[31] Ressalvo que o trabalho desenvolvido por Constantin Stephan[32] inclui a moralidade como variável de controle, entretanto, para efeito do presente estudo, esta será considerada no âmbito da análise subjetiva de escolha íntima (intrínseca) como componente validadora da conduta, conforme adiante será demonstrado.

Assim, é possível fixar a correlação determinante do nível de corrupção a partir de dois pares de variáveis de atuação (M + D) subtraídas dos de controle (T + A), assim proposto:

---

[29] Rose Ackerman, ao estudar as variáveis de oportunidade e incentivo, também identificou a influência das mesmas no cálculo do indivíduo em participar da atividade ilícita, e sua relação com a regulamentação e o grau de intervenção do Estado nos domínios econômico e social, bem como o tamanho das rendas que podem ser estabelecidas e o grau de poder discricionário da autoridade pública (Acherman 1978: 08-10).

[30] **C = M + D – A** onde o grau de corrupção (C = Degree of Corruption) é proporcional ao número de posições da atividade de monopólio estatal desenvolvido tanto no sector público quanto no sector privado (M = Monopoly), somadas a discricionariedade do agente político de decidir como vão ser alocadas tais rendas (D = Discretion) e subtraída da prestação de contas (A = Accountability) manifesta na eficácia do Estado e da sociedade no monitoramento dos seus agentes públicos (Klitgaard 1988: 74-76).

[31] **C = M + D + H – A** onde o grau de corrupção (C = Degree of Corruption) associada à presença de posições monopolistas no controle da renda (M = Monopoly) e no exercício de poderes discricionários dos agentes públicos na escolha (D = Discretion), somado a capacidade de conhecer de informações privilegiadas e confidenciais que podem influir na alocação da renda (H = Hidden) diminuída da prestação de contas (A = Accountability) (Della Porta e Alberto Vannucci 2012: 13).

[32] **C = M + D – T – M** onde o grau de corrupção (C = Degree of Corruption) associada à presença de posições monopolistas no controle da renda (M = Monopoly) e no exercício de poderes discricionários dos agentes públicos na escolha (D = Discretion), subtraído do grau de transparência das instituições (T = Transparency) e subtraído da moralidade (M = Morality) (Stepan, 2012: 26-28).

$$C = (M + D) - (T + A)$$

Onde:

C – Nível de Corrupção;
M – Posições monopolistas do agente político como único formulador da decisão;
D – Poder discricionário do agente político na escolha das alocações dos recursos públicos;
T – Grau de transparência das instituições;
A – Capacidade de controle e responsabilização dos funcionários públicos (*accountability*).

O grau de monopólio (M) do agente político é mensurável na quantidade de pessoas envolvidas no processo de decisão e no poder de participar e interferir no mesmo, que somado a variável do poder discricionário (D) expresso na capacidade de escolha, distribuição e alocações dos recursos públicos estabelecem a frequência e duração das trocas realizadas entre corruptos (corruptor e corrompido), estando limitada pelo outro lado, ao grau de transparência das instituições públicas (T) somada à necessidade de prestação de contas (A) expressa na capacidade de impor controles e de responsabilizar seus integrantes, essas duas desenvolvidas pelo Sistema de Integridade[33].

Assim a prestação de contas surge como a verdadeira essência da política, encontra sua origem na capacidade de se lidar com o poder, e assim, evitar o seu abuso. Trata-se de um conjunto de processos e regras denominadas de *accountability*[34], que pressupõe a constante adoção de medidas de

---

[33] Organização para a Cooperação e Desenvolvimento Econômico OCDE Sistema de Integridade da Administração Pública Federal Brasileira 2011 – Recomendação 2: Garantir maior capacidade para que as instituições públicas de fomento à integridade sejam capazes de assegurar que estas desempenhem suas funções de acordo com seus objetivos. Avaliação da OCDE Sobre o Sistema de Integridade da Administração Pública Federal Brasileira 2011. pp. 15.

[34] *Accountability* é um conceito adotado pela Ciência Política que expressa a ideia de prestação de contas e de controle e contem a obrigação dos integrantes dos órgãos públicos e representantes políticos prestarem contas às instâncias controladoras bem como a população das suas atividades. A transparência impõe uma responsabilidade democrática de informar as decisões e ações, passadas e futuras, e consequente responsabilização por eventual desvio

controle e supervisão do poder a cargo do Sistema de Integridade, que desempenha o seu papel, através de órgãos específicos, de duas formas distintas: a) *answerability*: obrigações das autoridades públicas informarem sobre e explicarem o que estão fazendo, e assim justificar as suas ações; e b) *enforcement*: capacidade do agente fiscalizador de impor sanções aos detentores do poder que violem suas responsabilidades públicas[35].

A correlação estabelecida entre as duas perspectivas da *accountability* fornece os dados necessários para identificar os níveis de corrupção: ***(i)*** *Individual*: baseada na confiança individual e estabelecida para um fato especifico, v.g.: fiscal que pede uma propina para não autuar uma empresa, trata-se de ato praticado por servidor específico e individualmente identificável; ***(ii)*** *Pequena*: forte grau de confiança entre indivíduos que utilizam instrumentos de corretagem, v.g.: serviço de expedição de licença ou permissão, onde o funcionário solicita vantagem ilícita para expedir o documento, em geral com a participação de despachantes; ***(iii)*** *Estrutural ou Endêmica*: peculiar a um seguimento público com características próprias e regras de cooperação condicional, v.g.: corrupção praticada dentro de uma empresa pública sem atingir outras empresas; e ***(iv)*** *Sistêmica*: relativa ao sistema ou a sistemática, adotada pelas redes difusas e fluidas de atuação econômica ilícitas, com características organizacionais que se propagam aos diversos órgãos públicos de forma generalizada, v.g.: a corrupção praticada envolve vários órgãos do poder público e diversas empresas públicas e privadas[36].

---

de conduta, sendo uma resposta substantiva apresentada não apenas para os detentores do poder, mas também para todos os seus representantes. Atualmente o tema guarda conexão com o direito de acesso à informação, o que denota a inclusão da noção de que a comunicação entre o Estado e seus cidadãos deve ocorrer de forma clara e acessível, de modo a permitir que o cidadão possa conferir os dados e utilizá-los para análises e propostas de melhoramento do sistema, possibilitando assim a formação de um sistema constante de participação e retroalimentação (*input e output*). SCHENDLER, Andreas. Por um conceito de *Accountability*. In DIAMOND Larry – Para Entender a Democracia. Curitiba, PR: Atuação, 2017, pp. 362-385.

[35] SCHEDLER, Andreas Shedler ao discutir o conceito de (*Accountability*). In: Andreas Schedler, Larry Diamond, Marc F. Plattner. *The Self-Restraining State*: Power and Accountability in New Democracies. London: Lynne Rienner Publishers, 1999. pp. 13-28 p.

[36] O modelo baseia-se nos quatro graus de corrupção sistematizados por Donatella Della Porta e Alberto Vannucci, entretanto aqui tomo a liberdade de inverter os dois primeiros. Della Porta e Vannucci. *The Hidden Order of Corruption*: An institutional Approach. Inglaterra: Ashgate. 2012 pp.33.

É possível também agrupar as duas primeiras manifestações (individual e pequena) na classificação de *corrupção sindrômica*, ou seja, no conjunto de sinais e sintomas correlacionados entre si de determinada doença ou distúrbio que frequentemente podem estar latentes e vir a se desencadear se estiverem presentes os pressupostos necessários e fatores externos apropriados[37].

A *corrupção sistêmica* gravita ao redor do poder do agente político tanto no grau do seu monopólio (M), quanto na sua discricionariedade (D), de associar-se e assim estabelecer as contrapartidas necessárias para garantir a sua manutenção no poder, bem como, propiciar o fortalecimento dos seus pares e dos grupos de interesses nos mais variados domínios do poder público, em diversas instancias.

Nessa perspectiva, o voto popular ocupa uma nova dimensão, ao ser considerado como um recurso a ser conquistado em uma contexto onde a disputa é meramente mercadológica[38], razão pela qual a corrupção tem por objetivo o financiamento de campanhas, partidos e o enriquecimento dos políticos, traços característicos que permitem a análise à luz tanto das teorias da ação, quanto da escolha racional.

Em razão do caráter recíproco da corrupção, sua execução, pressupõe uma ação convergente entre corruptor e corrompido. Assim se estabelece um pacto destinado a disciplinar as trocas interpessoais a serem estabelecidas, onde cada um espera e deseja obter do outro determinado benefício ou vantagem. Aqui se observa a lógica do *quid pro quo*[39] com o

---

[37] A classificação em sistêmica, endêmica e sindrômica é apresentada por Luiz Hanns, em artigo *Qual das três corrupções decidiremos combater?* Caderno Economia do jornal O Estado de São Paulo, em 27 de Maio de 2017. Disponível em: https://economia.estadao.com.br/noticias/geral,qual-das-tres-corrupcoes-decidiremos-combater,70001816141 consultado em 12.10.2018.

[38] O acesso ao poder político, na visão de Joseph Schumpeter, é conquistado com o reconhecimento no sistema democrático por meio do voto, sendo esta a fonte legitimadora do exercício do poder; entretanto, o voto transmuta-se em um recurso de disputa a ser conquistado por quem deseje exercer o poder, tendo por consequência uma disputa meramente mercadológica com pouco espaço para a efetiva participação democrática destinada a atender uma vontade fundada no bem comum. Capitalismo, Socialismo e Democracia. New York: Routledge, 2003: 269-273.

[39] Expressão latina *quid pro quo* significa *"uma coisa por outra"* ou *"isso por aquilo"* é o eixo-vetor da corrupção e estabelece as regras de trocas entre o público e privado, bem como a reciprocidade entre corruptor e corrompido. Consiste no mecanismo de auto-regulamentação interpessoal fundada no retorno que cada um espera obter do outro na criação de um sistema

fornecimento de recursos públicos em troca do apoio político, *v.g.*: voto por financiamento de campanha, em conjunto ou separadamente com os benefícios economicamente auferíveis; e/ou parte dos valores das obras públicas ou dos financiamentos de bancos estatais. Trata-se de uma relação de amarras recíprocas favorecida pela própria legislação que incrimina da mesma forma corruptor e corrupto[40].

A pluralidade de agentes é o pressuposto necessário para o estabelecimento das relações entre o público e o privado, e sofre pouca resistência em relação ao fato de o agente político deter a supremacia e o controle discricionário dos recursos a serem distribuídos. Portanto, mesmo com a assimetria nas relações, é possível estabelecer uma rede associativa difusa e fluida para a prática da corrupção, na qual os compromissos são alicerçados em decisões coletivas que levam em conta diversos fatores, como os riscos das sanções penais, civis e administrativas, e sua correlação com os ganhos ilícitos esperados e a possibilidade de manutenção no poder.

Pode ocorrer uma inversão do mecanismo onde o setor privado ou um determinado grupo econômico ofereça apoio e patrocínio a quem se comprometa a representar seus interesses posteriormente quando eleito.

---

político supra ideológico, como historicamente observado na década de 1980 no Congresso Nacional durante a Assembleia Constituinte onde o Partido do Movimento Democrático Brasileiro (PMDB) criou o *Centrão*, grupo suprapartidário sem ideologia política especifica, que liderado pelo então Deputado Federal Roberto Cardoso Alves, fez uma reinterpretação da máxima de São Francisco de Assis: *"É dando que se recebe"*, para explicar o apoio de deputados ao governo José Sarney (85-90), em especial ao mandato de cinco anos. (Folha de São Paulo, Caderno Brasil – Segunda-Feira 29 de Janeiro de 1996).

[40] A legislação brasileira está muito distante de estabelecer mecanismos eficazes de controle da corrupção sistêmica. Por não existir uma definição legislativa ou conceito doutrinário, estamos ainda presos a padrões legislativos que estabelecem duas dimensões distintas e antagônicas do ato de corrupção, quais sejam: *(1)* corrupção ativa: oferecer ou prometer vantagem indevida a funcionário público, para determiná-lo a praticar, omitir ou retardar ato de ofício (art.333) e *(2)* a corrupção passiva: solicitar ou receber, para si ou para outrem, direta ou indiretamente, ainda que fora da função, ou antes, de assumi-la, mas em razão dela, vantagem indevida, ou aceitar promessa de tal vantagem (art. 317 Ambos do Código Penal Brasileiro – Decreto-Lei n.º 2.848/1940). Trata-se de dois tipos penais de características diametralmente opostas ao incriminar, ao mesmo tempo, corruptor e corrompido. Tal simultaneidade impõe aos investigados, muita das vezes, a necessidade de ser celebrada uma aliança para a impunidade. A Convenção das Nações Unidas Contra o Crime Organizado Transnacional – Convenção de Palermo, ratificada pelo Brasil por meio do Decreto n.º 5.015/2004, estabelece no art. 8º 1 "a" e "b" o mesmo dispositivo legal, sem resolver tal dicotomia.

Assim outra característica central nas organizações criminosas tradicionais perde sua importância, o modelo hierárquico se transmuta, em seu lugar surge um arranjo maleável baseado na mutua confiança e na interdependência recíproca, estabelecendo-se assim as redes difusas de atuação econômica[41].

Entretanto, é equivocado considerar a corrupção como uma regra implícita do jogo econômico ou uma forma variável das leis de mercado vinculada ao regime capitalista[42].

A corrupção deve ser identificada como um fenômeno complexo, latente (em seu caráter sindrômico) e universal, compreendida a partir das seguintes correlações: *(i)* inicialmente uma relação de interdependência pessoal e correlação de equilíbrio nas trocas efetuadas entre atores da esfera pública e privada; *(ii)* segue a lógica sociocultural de análise do elevado custo moral das práticas da corrupção imposta pela sociedade ao desviante; *(iii)* obedece a um conjunto de análises político-econômicas de correlação entre os incentivos econômicos e as oportunidades no desenvolvimento de atividades corruptas; *(iv)* ambienta-se onde as autoridades públicas são consideradas como atores de estímulo ou desestímulo em tais práticas; *(v)* funda-se nas ideias da lei da oferta e da demanda; desta forma as características individuais de análise tanto do corrupto, quanto do corruptor, indicam a necessidade de criar estruturas em redes difusas de atuação econômica transnacional, obedecendo a quatro características essenciais de ação: *(a)* pluralidade de atores; *(b)* reciprocidade; *(c)* interação de relações assimétricas de poder destinadas a objetivos comuns, *(d)* característica estruturante na formação das correlações interpessoais[43].

---

[41] A questão das redes difusas é discutida e aprofundada no texto Teoria Interpretativa das Organizações Criminosas: Conceito e Tipologia. In: *Organizações Criminosas Teoria e Hermenêutica da Lei n.º 12.850/2013.* Porto Alegre: Nuria Fabris, 2015, pp. 23-45.

[42] A visão equivocada de que a corrupção é uma componente necessária do capitalismo pode ser observada no pensamento de Samuel Hutington (1968) em *Political Order in Changing Societies. New Haven: Yale University Press,* bem como nos estudos de Nathaniel Leff (1964) em *Economic Development Through Bureaucratic Corruption. The American Behavioural Scientist,* p. 8-14.

[43] Os conceitos apresentados são desenvolvidos de forma detalhada no estudo: *As teorias comportamentais aplicadas ao estudo da corrupção no Brasil: o que leva o agente político a se corromper?* In: Revista Fórum de Ciências Criminais: RFCC, Belo Horizonte, v. 4, n. 8, p. 183-218, jul./dez. 2017.

4. DIREITO PENAL DO AMIGO COMO CARÁTER DE INCENTIVO (RETROALIMENTAÇÃO)

Os sistemas jurídico-normativos são fundamentais para coibir práticas criminosas e em especial a corrupção. Portanto, deveriam ter o condão de influir de forma eficaz nas crenças individuais e nos comportamentos coletivos. Entretanto dependendo da forma como o ordenamento jurídico, e em especial o direito penal, se comporta, ao invés de dissuadir práticas ilícitas o sistema acaba por funcionar como um verdadeiro instrumento de incentivo.

A política criminal aqui compreendida como o conjunto dos procedimentos pelos quais o corpo social organiza as respostas ao fenômeno criminal, aparecendo, portanto, como teoria e prática das diferentes formas do controle social, onde através da utilização de métodos repreensivos o Estado reage contra o crime, sendo utilizada como expressão sinônimo da teoria e da prática do sistema penal, atualmente encontra-se destacada do Direito Penal, da Criminologia e da Sociologia Criminal.

A partir dos estudos de Mireille Dlmas-Marti[44] e possível identificar e classificadas três vertentes criminológicas distintas: a) Movimento Lei e Ordem: onde o direito penal se apresenta como a solução ideal de todas as mazelas sociais, cuja expressão máxima é o Direito Penal do Inimigo; b) Abolicionismo Penal: afastando ao máximo o direito Penal como instrumento de resolução de conflitos na sociedade; e c) Direito Penal Mínimo, ou Direito Penal do Equilíbrio destinado a orientar o legislador penal para a tutela dos bens importantes e fundamentais para a vida em sociedade, onde o direito penal atua apenas quando se fizer necessário[45].

---

44 Nesse contexto comungamos do conceito de política criminal, cunhado pelo filosofo alemão Ludwig Andreas Von Feuerbach (1804-1872) e retomado por Mireille Delmas-Marty *(2004)* Os Grandes Sistemas de Política Criminal. *Ed. Manole* pp.3

45 Nesse sentido: FERRAJOLI, Luigi. Direito e Razão. Teoria do Garantismo Penal, São Paulo: Revista dos Tribunais, 2010; **GRECO,** Rogério. Direito Penal do Equilíbrio. Uma Visão Minimalista do Direito Penal, Niterói: Editora Impetus, 2009; e BARBOSA, Adriano Mendes. O Direito Penal do Amigo ou "amicismo" jurídico-penal. **Revista Jus Navigandi**, ISSN 1518-4862, Teresina, ano 15, n. 2596, 10 ago. 2010. Disponível em: <https://jus.com.br/artigos/17152>. Acesso em: 17 jan. 2019.

A teoria do Direito Penal do Inimigo desenvolvida por Günter Jakobs,[46] pode ser indicada como contraponto ao abolicionismo penal e ao direito penal mínimo ou do cidadão e teria como finalidade estabelecer regras excepcionais fundadas no estado de necessidade, retirando assim o seu pressuposto legal de validade. A doutrina ganha adeptos e aplicabilidade no combate de crimes contra a humanidade e especificamente no caso do terrorismo; sendo que o próprio autor estabelece uma crítica ao instituto por não ser uma mostra de força do Estado de liberdades, mas um sinal de que este não existe. Apesar de tal excepcionalidade, muitos pesquisadores entendem, de forma equivocada, que tais medidas possam ser aplicadas no caso de crimes transnacionais graves, o que não é adequado.

É importante considerar a possibilidade de existir um sistema legal que forneça apenas a sensação do efetivo império da lei, como se a norma fosse uma mera *folha de papel,*[47] desconectada da realidade sociocultural, que pode aceitar, em diferentes graus, a transigência de valores éticos, ou seja, cada sociedade poderá valorar se é possível e em que medida é aceitável a relativização da norma.

Na democracia o Primado do Direito (*Rule of Law*) estabelece que a lei deva ter eficácia, abrangência e aplicabilidade não apenas para as pessoas comuns, mas também, de forma indistinta sobre todos, inclusive sobre aqueles que detêm e aplicam o poder do Estado, sendo esta a viga mestra do Estado de Direito onde a regulamentação e a restrição do poder são feitas buscando seu correto exercício. A ordem normativa estatal deve ser organizada de tal modo a possibilitar que uma minoria transforme-se em maioria a qualquer momento, face ao relativismo político[48].

---

[46] Günther Jakobs, *Kriminalisierung im Vorfeld einer Rechtsgutverletzung*, ZStW 97 (1985), p. 83 e seguintes, apud Wolfgang Kaleck, *Sin llegar al fondo. La discusión sobre el derecho penal del enemigo*, Derecho penal del enemigo, el discurso penal de la exclusión?, p. 119 –120. In: *Derecho penal del enemigo* — El discurso penal de la exclusión. Buenos Aires e Montevideo: Editorial BdeF, 2006.

[47] Segundo Ferdinand Lassalle, ao descrever a constituição em seu contexto sociológico, o mesmo afirma que o dia em que a constituição escrita não corresponder a real, surgirá inevitavelmente um conflito, que não será possível evitar, e, mais dia ou menos dia, a constituição escrita, a folha de papel, sucumbirá forçosamente perante a constituição real, a das autenticas forças vitais do país. *O que é uma Constituição Política*. São Paulo: Global Editora, 1987: 56.

[48] Kelsen, Hans (1993) A Democracia. São Paulo: Martins Fontes pp.107.

As normas penais devem estar inseridas no ordenamento jurídico em dois planos distintos: a) *plano da imagem* (representação) encontram-se formalmente revestidas do caráter amplo geral e abstrato que as mesmas devem conter; e b) *plano da realidade* (apresentação) encontram-se direcionadas aos grupos de interesse completamente incompatível com as premissas do direito. E justamente no segundo plano que podemos identificar o Direito Penal do Amigo.

Um dos primeiros autores a tratar da questão foi Fernando Mantovani[49] ao conceitua o Direito Penal do Amigo, como o direito penal orientado a privilegiar determinadas classes, categorias de autores ou indivíduos específicos, em patente violação ao Princípio da Igualdade ou Isonomia.

Adriano Mendes Barbosa,[50] ao desenvolver artigo crítico à Súmula Vinculante n.º 11/2008 do Supremo Tribunal Federal STF,[51] editada em decorrência de operação policial, que teve por investigados, operadores do mercado financeiro acusados de desvio de verbas públicas e lavagem de dinheiro, identificou o Direito Penal do Amigo, na perspectiva do Direito Criminal, como aquele aplicado aos cidadãos que fazem parte dos extratos sociais mais abastados da sociedade, e que exercem ou influenciam o poder econômico e/ou político em que estão inseridos.

O estudo crítico aponta de forma categórica uma patente flexibilização da persecução criminal, a interpretação frouxa da legislação penal incriminadora, as gestões institucionais em benefício de investigados, indiciados e réus e o patrulhamento ideológico em detrimento das autoridades públicas que exercem o seus misteres fundado na lei e em detrimento dos interesses dos supostos amigos.

---

[49] MANTOVANI, Fernando. El Derecho penal del enemigo, el Derecho penal del amigo, el enemigo del Derecho penal y el amigo del Derecho penal. In Estudios penales em homenaje a Enrique Gimbernat. Vol. 1, 2008, ISBN 978-84-96261-50-1, págs. 423-448

[50] BARBOSA, Adriano Mendes. O Direito Penal do Amigo ou "amicismo" jurídico-penal. Revista Jus Navigandi, ISSN 1518-4862, Teresina, ano 15, n. 2596, 10 ago. 2010. Disponível em: <https://jus.com.br/artigos/17152>. Acesso em: 15 jan. 2019.

[51] Súmula Vinculante n.º 11 – Só é lícito o uso de algemas em casos de resistência e de fundado receio de fuga ou de perigo à integridade física própria ou alheia, por parte do preso ou de terceiros, justificada a excepcionalidade por escrito, sob pena de responsabilidade disciplinar, civil e penal do agente ou da autoridade e de nulidade da prisão ou do ato processual a que se refere, sem prejuízo da responsabilidade civil do Estado.

A partir do modelo proposto por Fernando Mantovani[52] é possível destacar três perspectivas de política criminal, onde é clara a cristalização da doutrina do Direito Penal do Amigo, assim identificado em diversos períodos e regimes políticos:

a) Monarquias Absolutista, totalitárias e ditatoriais onde o direito penal face ao seu caráter ambivalente encontra-se orientado a neutralizar os inimigos e agraciar os amigos do regime, trata-se de uma potestade do Estado direcionado a preservar os privilégios da nobreza em razão dos direitos fundados sobre o sangue e a tradição, garantindo assim mais liberdade e igualdade ente iguais do que entre desiguais que pertencem às classes classificadas como perigosas;
b) Estado moderno de direito, fundado em um sistema tradicional de privilégios "*de amigos*" diz respeito ao denominado "*crime do colarinho branco*", formado por ações realizadas no campo de atividades socialmente qualificadas, produções profissionais; por parte de pessoas socialmente respeitadas, pertencentes a altas classes socioeconômicas com fortes vínculos com o poder que se beneficiam de uma imunidade especial porque suas ações não são criminalizadas ou, quando o são, raramente tais pessoas são identificadas como criminosos perigosos ou violentos, criando uma distorção na percepção da corrupção e na qualidade da democracia; rompendo também com o princípio da igualdade dos direitos políticos, ou seja, a igualdade de acesso dos cidadãos aos benefícios derivados da ação do Estado porque a corrupção abre o acesso a pessoas ou grupos específicos, excluindo outros e gerando no cidadão a ideia de que *para ter acesso aos serviços é indispensável ter contatos*;
c) Modelos legislativos destinados a burlar o princípio da igualdade, ocultando em leis de caráter geral, abstrata e impessoal, as reais intenções do *ius singolare,* leis elaboradas para atender grupos de interesses, corporações e indivíduos *ad personam,* cuja elevada capacidade de influência política e social possibilitam influencias tanto na elaboração como na implementação das políticas públicas.

---

[52] MANTOVANI, Ferrando. El Derecho penal del enemigo, el Derecho penal del amigo, el enemigo del Derecho penal y el amigo del Derecho penal. In Estudios penales em homenaje a Enrique Gimbernat. Vol. 1, 2008, ISBN 978-84-96261-50-1, págs. 423-448

O Direito Penal do Amigo, apesar de pouco estudado, é um realidade bem comum, basta observar as normas de isenção e anistia fiscal para os crimes tributários. Trata-se de um problema global que afeta de forma direta as medidas de combate a corrupção ao valorar os interesses econômicos em detrimento dos sociais.

A análise crítica de Cartalina Vidales Rodríguez às modificações legislativas do regime de crimes contra a fazenda nacional (Tesouro Público) e Previdência Social ocorridas em 2012 na Espanha, são um exemplo de tal fenômeno, uma vez que se encontram centradas nas teorias criminológicas proposta por Edwin Sutherland, na identificação das caraterísticas dos criminosos de colarinho branco, reafirmadas nos estudos de Donald R. Cressey no denominado crime dos respeitáveis e na criminologia critica do crime dos poderosos de Frank Pearce.

A doutrina referendada aponta de forma clara e precisa o *supra-cidadão*, indivíduo cujo status socioeconômico elevado o coloca acima da lei, uma vez que as reformas penais, desse condão, tendem a enfatizar o tratamento absolutamente privilegiado que é dado àqueles que realizam certos eventos. A conclusão é que não parece inapropriado se referir, a esse direito penal privilegiado como manifestação do Direito Penal do Amigo, que da mesma forma que o Direito Penal do Inimigo, é uma exceção ao Direito Penal do Cidadão e, portanto, sujeito as mesmas críticas[53].

Importante observar que não é apenas no âmbito penal que o Direito do Amigo se manifesta, merecendo destaque, nesse particular, os estudos de Laura Zúñiga Rodrígues destinados a examinar a responsabilidade penal, administrativa e civil das pessoas jurídicas e os riscos da impunidade face as modificações legislativas que privilegiam as atividades econômicas em detrimento dos direitos fundamentais[54]. Assim a primazia do interesse

---

[53] Conforme Catalina Vidales Rodríguez, Derecho penal del amigo (Reflexiones críticas acerca de la reciente selección de los delitos contra la Hacienda Pública y la Seguridad Social) In. Revista de derecho y proceso penal, ISSN 1575-4022, Nº. 32, 2013, págs. 269-295. Segundo a doutrina de Sutherland, E., White Collar Criminality, in American Sociological Review. 1940, p. 1 a 12. Pearce, E Los crímenes de los poderosos: el marxismo, el delito y la deviación. Ed. Siglo XXI. México, 1980. Cressey, D., The respectable crime, in Short, J. E Law and Order; modem criminals. Chicago, 1970.

[54] Conforme Laura Zúñiga Rodrigues em Responsabilidad penal de las personas jurídicas y derechos humanos. Una valoración desde la reforma de 2015 de la legislación española. In Derecho Penal Económico y Derechos Humanos. Tirant Lo Blanch, Valencia 2018, pp. 87-110.

privado fundado no instância econômica tem o condão de afastar a supremacia do interesse público, e em última análise a persecução do bem comum.

No Brasil encontramos estudos na área do direito tributário, que identificam as tensões existentes entre as normas extintivas da punibilidade em crimes tributários e os interesses econômicos subjacentes, como uma verdadeira afronta ao contribuinte diligente que paga seus tributos em dia, como aponta os estudos de Rodrigo Luís Ziembowicz[55].

Entretanto, o exemplo mais gritante do Direito Penal do Amigo é a criação do *Regime Especial de Regularização Cambial e Tributária* (RERCT), o que permite a repatriação de recursos, bens ou direitos de origem lícita, não declarados ou declarados incorretamente e remetidos e/ou mantidos no exterior[56], bem como o Projeto de Lei n.º 1.210/2007, o qual anistia o caixa dois de campanha eleitoral. Estes são apenas alguns dos exemplos que serão a seguir analisados a do Direito Penal do Amigo como variável de incentivo e de retroalimentação para a corrupção.

5. O DESENCADEAMENTO RACIONAL PERSUASÓRIO E DISSUASÓRIO DA CORRUPÇÃO

O Direito Penal contemporâneo não tem apresentado uma resposta efetiva ao fenômeno da corrupção sistêmica. A *Teoria do Caminho do Crime* ou *iter crimines*, não da a atenção devida a cogitação, entretanto, trata-se de componente central para a compreensão dos motivos determinantes da conduta delitiva. A análise da atitude e intenção volitiva dos agentes públicos, em contraponto as variáveis de incentivo e/ou dissuasão presentes

---

[55] Rodrigo Luís Ziembowicz 2018 A extinção da punibilidade pelo pagamento nos crimes tributários à luz da análise econômica do direito: um estímulo à sonegação fiscal no Brasil. In: *Revista de Direito de Polícia Judiciária: RDPJ*, Brasília/DF – ANP ano 2, nº 4 pp. 193-230. Julho-Dezembro 2018.

[56] O Projeto de Lei n.º 2.960/2015 convertido na Lei n.º 13.254/2017 sofreu diversas tentativas de retirada do texto original do Art. 11. Os efeitos desta Lei não serão aplicados aos detentores de cargos, empregos e funções públicas de direção ou eletivas, nem ao respectivo cônjuge e aos parentes consanguíneos ou afins, até o segundo grau ou por adoção, na data de publicação desta Lei. Conforme se observa dos debates referentes aos substitutivos propostos <http://s.conjur.com.br/dl/emendas-senado-repatriacao.pdf>, visitado em 25.11.2016.

nas políticas criminais, são fundamentais na compreensão dos fatores desencadeantes e/ou inibidores da corrupção, como será demonstrado.

Assim se torna necessário buscar tal instrumental nos estudos comportamentais desenvolvidos, no início da década de 70, por Morris Fishbein e Icek Ajzen[57], os quais objetivavam desenvolver um arcabouço teórico que fosse capaz de explicar e predizer comportamentos voluntários pré-ordenados, excluindo do campo de análise os espontâneos, impulsivos e habituais, assim como as decisões ordenadas pelo inconsciente, sendo, portanto, aplicável à análise das escolhas íntimas e individuais (caráter intrínseco) e, especificamente, na opção pela corrupção.

A partir da *Teoria da Ação Racional* (TAR), os referidos autores foram capazes de identificar que a opção por determinados comportamentos consideram a avaliação racional das informações disponíveis e o papel das crenças como precursoras das atitudes e formadoras das intenções antecedentes aos comportamentos. Separando suas componentes, observamos que:

> *Crença:* aceitação da verdade, realidade ou validade de alguma coisa, particularmente na ausência de fundamentação, podendo manifestar-se como uma associação de característica ou atributo, geralmente de natureza validadora de um objeto e influenciando na atitude a ser adotada em relação a este[58];

---

[57] As pesquisas de Icek Ajzen (1971). *Attitudinal versus normative message*: An investigation of the differential effects of persuasive communications on behavior. Sociometry, 34, pp. 263 – 280. (1985). From intentions to actions: A theory of planned behavior. In J. Kuhl & J. Beckmann (Orgs.). *Action-Control*: from cognition to Behavior. Heidelberg: Springer. (1988). *Attitudes, personality and behaviour.* Chicago: Dorsey Press. Ajzen, I. (1991). *The theory of planned behavior.* Organizational Behavior and Human Decision Processes, 50, 179 – 211; (2002) Perceived behavioral control, self-efficacy, locus of control, and the theory of planned behavior, *Journal of Applied Social Psychology*, 32, 1- 20; (2005) Attitudes, personality, and behavior (2nd. Edition). Milton – Keynes, England: Open University Press/McGraw – Hill; (2011). *The theory of planned behaviour*: Reactions and reflections. Psychology and Health, 26 (9), 1113 – 1127; e em conjunto com Morris Fishbein (1970). The prediction of behavior from attitudinal and normative variables. *Journal of Experimental Psychology*, 6, 466 – 487; (1980). *Understanding attitudes and predicting social behavior.* Englewood Cliffs, New Jersey: Prentice – Hall e (2015). *Predicting and Changing Behavior*: The Reasoned Action Approach. New York: Psychology Press Taylor & Francis Group.

[58] A crença é a aceitação da veracidade da afirmação de determinada pessoa sobre algo, como por exemplo, na qualidade de um objeto, como pode ser percebido na afirmação

Atitude: avaliação relativamente duradoura e geral de um objeto, pessoa, grupo, questão ou conceito, em uma dimensão que varia do negativo para positivo, trata-se de um conjunto de avaliações sumárias de objetos determinados sendo frequentemente assumidas como derivadas de crenças específicas, emoções e/ou comportamentos passados associados a esses objetos[59];

Intenção: decisão consciente e prévia para a realização de um determinado comportamento, sendo frequentemente equiparada aos objetivos definidos pelas instruções para execução de uma determinada tarefa ou atividade, sendo qualquer orientação previamente estabelecida do pensamento independentemente da efetiva tomada de decisão[60];

Comportamento: é a exteriorização da intenção volitiva em resposta ao conjunto de avaliações previamente estabelecidas, é aqui considerada como uma atividade mental refletida e racional da livre escolha[61].

Dessa forma a da *Teoria da Ação Racional* (TAR) identificou que os comportamentos são desenvolvidos segundo o seguinte diagrama[62]:

---

categórica: *Este carro é confiável.* A ausência de fundamentação necessita da associação de alguma característica ou atributo à afirmação objetivando sua validação. Verbete *belief* do American Psychological Association Dictionary of Psychology APA, 2015: 119.

[59] A atitude é a avaliação duradoura de uma afirmação em uma dimensão que varia de negativo para positivo. Trata-se de um conjunto de avaliações sumárias de objetos determinados derivadas de crenças específicas. No exemplo anterior, a intenção de acreditar se funda em outras afirmações prestadas pela pessoa sobre o veículo que determinam tal caráter. Verbete *attitude* do American Psychological Association Dictionary of Psychology APA, 2015: 88.

[60] A intenção como decisão prévia é comparada às instruções para a realização de uma tarefa ou atividade como orientação geral para o comportamento. No exemplo anterior, é a forma como vai realizar a compra do veículo e a eventual necessidade de seguro, ou de sua transferência. Verbete *intention* do American Psychological Association Dictionary of Psychology APA, 2015: 549.

[61] O comportamento no presente estudo segue uma abordagem mais abrangente que a proposta no Behaviorismo Clássico dos estudos de Ivan P. Pavlov da reação psicológica (Estimulo-Resposta) como nas ações por reflexo para uma abordagem racional de caráter subjetivo. No exemplo seria a compra do veículo. Verbete *behavior* do American Psychological Association Dictionary of Psychology APA, 2015: 112.

[62] Adaptado e traduzido das pesquisas comportamentais de Icek Ajzen e Morris Fishbein (1970) The prediction of behavior from attitudinal and normative variables. *Journal of Experimental Psychology*, 6, pp. 466 – 487; (1980). *Understanding attitudes and predicting social behavior.* Englewood Cliffs, New Jersey: Prentice – Hall.

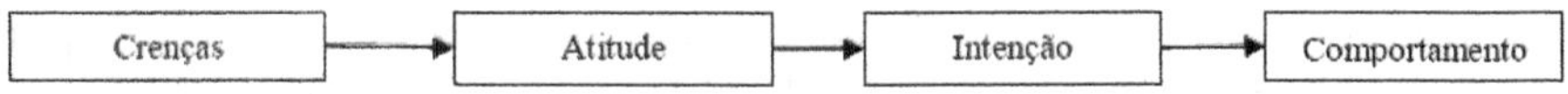

Fig. 01 – Diagrama Básico da Teoria da Ação Racional (TAR) – Sequenciado

Neste contexto, é possível identificar o eixo motriz onde a intenção em realizar um determinado comportamento é resultante direta da avaliação positiva individual (de caráter pessoal intrínseco) das possíveis consequências desse comportamento e da percepção de que ele será socialmente aprovado ou não.

Assim, a intenção pressupõe uma ação comportamental, que está sob a influência de duas determinantes de caráter: *(i) pessoal*: relacionada à atitude em relação ao comportamento e *(ii) social*: voltada a percepção das pressões sofridas na realização ou não de um determinado comportamento, sendo esse fator denominado de norma subjetiva. A atitude comportamental depende das crenças comportamentais, da avaliação das consequências e da atitude normativa influenciada pelas crenças normativas ponderadas pela motivação em anuir e assim concordar com a norma, conforme o Diagrama Básico da *Teoria da Ação Controlada* (TAC)[63] [64]:

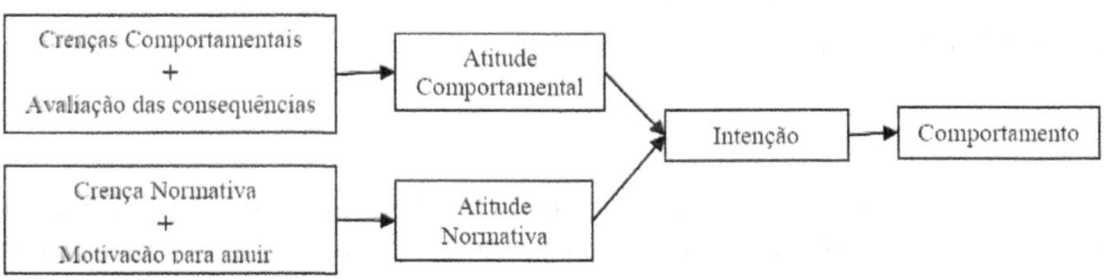

Fig. 02 – Diagrama Básico da *Teoria da Ação Controlada* (TAC) – modificado

[63] Adaptado e traduzido das pesquisas comportamentais de Icek Ajzen e Morris Fishbein (1970) The prediction of behavior from attitudinal and normative variables. *Journal of Experimental Psychology*, 6, 466-487; (1980). *Understanding attitudes and predicting social behavior*. Englewood Cliffs, New Jersey: Prentice – Hall.

[64] Ajzen, I e Fishbeinn, M (1980) *Understanding, attitudes and predicting social behavior.* Englewood Cliffs, New Jersey: Patrice-Hall pp. 107-110.

Entretanto, a teoria proposta não considerava inicialmente: (*i*) comportamentos passados, experiências e hábitos reiterados; e nem tampouco (*ii*) vícios habituais incorporados e socialmente aceitos[65].

Assim, foi necessária, a revisão dos postulados teóricos com a formulação da *Teoria da Ação Planejada* (TAP) e a introdução de uma nova variável de percepção do controle sobre o comportamento expresso na crença em relação ao grau de facilidade/dificuldade para a realização do comportamento segundo o controle comportamental percebido, podendo inclusive contrariar as crenças referentes aos valores socioculturais internalizados e sua componente normativa identificada nos padrões éticos, culturais e morais formadores da tradição cívica, mesmo que em certos casos, a não adesão imponha ao desviante um elevado custo moral e social[66].

A revisão teórica aqui proposta[67], amplia o espectro de análise, podendo inclusive incluir comportamentos cuja ação volitiva requeira habilidades especiais, recursos, ou escolhas entre oportunidades distintas, bem como, da cooperação de outros agentes para a sua realização, podendo inclusive, não ser desempenhados por deficiência de habilidade especifica, falta de oportunidade, ou ausência de indivíduos que queiram cooperar, e não pela inexistência da intenção voluntaria, sendo portando possível sua aplicação no estudo da corrupção.

---

[65] O hábito de fumar, mesmo sabendo que é uma prática prejudicial à saúde, é adotado por diversas pessoas e influenciam outras, como ocorria na década de 70 com a propaganda incentivando tal prática. Neste sentido é a pesquisa de Antonio Roazzi, Nemésio Dario Almeida, Alexandro Medeiros do Nascimento, Bruno Campello de Souza, Monica Gomes Teixeira Campello e Maira Monteiro Roazzi (Da Teoria da Ação Racional à Teoria da Ação Planejada: Modelo para explicar e predizer o comportamento. *Revista Amazônia*, Ano 7. Vol XIII, número 1, 2014: 175-208) destinada a comprovar como as teorias comportamentais contribuem parta o trabalho de profissionais que lidam com políticas públicas de prevenção a saúde.

[66] Della Porta, Donatella e Vannucci, Alberto. *The Hidden Order of Corruption*: An institutional Approach. Inglaterra: Ashgate. 2012: 12-13.

[67] A teoria a ser revisitada foi desenvolvida durante Pós-Doutorado em Direito Penal realizado na Faculdade de Direito da Universidade de São Paulo, sob orientação da Prof. Dra. Janaina da Conceição Paschoal e pode ser consultado na publicação: *As teorias comportamentais aplicadas ao estudo da corrupção no Brasil: o que leva o agente político a se corromper?* In: *Revista Fórum de Ciências Criminais: RFCC*, Belo Horizonte, v. 4, n. 8, p. 183-218, jul./dez. 2017.

A componente normativa, nessa perspectiva, apresenta um caráter genérico e referencial ao englobar as crenças do indivíduo sobre qual o seu papel socialmente esperado a ser desempenhado, bem como nas motivações para a adoção de um comportamento compatível e coerente com tais expectativas sociais.

Assim a adoção de qualquer comportamento pressupõe a avaliação das consequências esperadas, e muitas das vezes tendem a sofrer influência de uma análise equivocada, como as que ocorrem nas decisões sobre atitudes de risco, onde apesar de convencido pela motivação para concordar em não praticar o desvio, a decisão adotada é diversa em razão de uma crença equivocada de sobrevalorizar o risco envolvido na avaliação das consequências.

Trata-se de fator comportamental perceptível na escolha que envolve atividades de risco tais como fumar ou pular de paraquedas, onde apesar de se ter a plena consciência dos riscos de tal prática como prejudicial à saúde ou perigosa, se opta em faze-la por se acreditar que a probabilidade da ocorrência do risco seja relativamente baixa. Sua convicção é influenciada por tal crença, e assim, a exteriorização do comportamento é incoerente com o esperado, mesmo estando presente todos os motivos para a anuência pela norma proibitiva.

A crença pressupõe um estado anímico individual relativo à percepção do sujeito a respeito de si mesmo e do seu papel em relação ao meio que o cerca, bem como ao estabelecer as atitudes comportamentais frente aos vários objetos do conhecimento, sendo, portanto, diverso do fazer-crer de natureza persuasiva[68], e do crer de caráter religioso manifesto na fé em toda a sua dimensão dogmática.

A avaliação das consequências e a motivação para concordar estabelecem a intenção comportamental, de modo que o ato de vontade em desempenhar determinado comportamento pressupõe: (*i*) atitude de adesão a uma noção regra ou enunciado; (*ii*) que tal adesão seja justificada na validade objetiva dada a norma, regra ou enunciado; (*iii*) a adesão transforma a percepção em regra de comportamento; e (*iv*) o comportamento é fortalecido por sua reiteração, estabelecendo-se um hábito (positivo – fazer esportes

[68] A ideologia neste aspecto é a organização das crenças determinantes de atitudes de forma institucionalizada e compartilhadas pelos outros e derivam de uma autoridade externa. Aqui encontramos a expressão do fazer-crer dotado do caráter impositivo e não volitivo.

ou se alimentar bem) ou um vício (negativo – se corromper ou roubar); (*v*) quanto ao vício, se esse transcende as barreiras do ponderável, passa a ser considerado como aviltante, o que limita a sua possibilidade de adesão e sinaliza um alto risco na conduta.[69]

Assim, a partir dos estudos da *Teoria da Ação Controlada* (TAC) e da *Teoria da Ação Planejada* (TAP), evoluiu-se para a concepção da *Abordagem da Ação Racional* (*Reasoned-Action Approach – RAA*), de 2015, na qual Morris Fishbein e Icek Ajzen observaram que: *(A)* as crenças sofrem influência de fatores externos: (*i*) individuais: personalidade, estado anímico, valores, estereótipos, atitudes gerais, risco percebido, comportamentos passados e personalidade; (*ii*) sociais: educação, idade, sexo, renda, classe, religião raça, etnia e cultura; e (*iii*) de informação: conhecimento e acesso aos meios de comunicação; e os *(B)* os comportamentos são realizados segundo esses três indicadores de intenção que podem assumir diferentes pesos na anuência em executar determinado comportamento.

Fixados os parâmetros teóricos comportamentais é possível estabelecer através de seus postulados os motivos que levam alguém a se corromper, conforme se observa no seguinte diagrama da aplicação da Abordagem da Ação Racional ao comportamento do corrupto[70]:

[69] Para desenvolvimento do presente encadeamento comportamental é adotada a teoria de Charles S. Peirce na noção de hábito comportamental e da adesão aos comportamentos para *performatização* dos atos, adesão em face à corrupção. (Vide: Charles S. Peirce Chance, *Love and Logic*: Philosophical Essays. Nova York: George Braziller, 1956)

[70] Adaptação da teoria da corrupção desenvolvida ao modelo comportamental da *Abordagem da Ação Racional* (AAR) desenvolvidos por Icek Ajzen e Morris Fishbein. *Predicting and Changing Behavior*: The Reasoned Action Approach. New York: Psychology Press Taylor & Francis Group, 2015 pp. 21-22. Della Porta, Donatella e Vannucci, Alberto. *The Hidden Order of Corruption*: An institutional Approach. Inglaterra: Ashgate. 2012: 12-13.

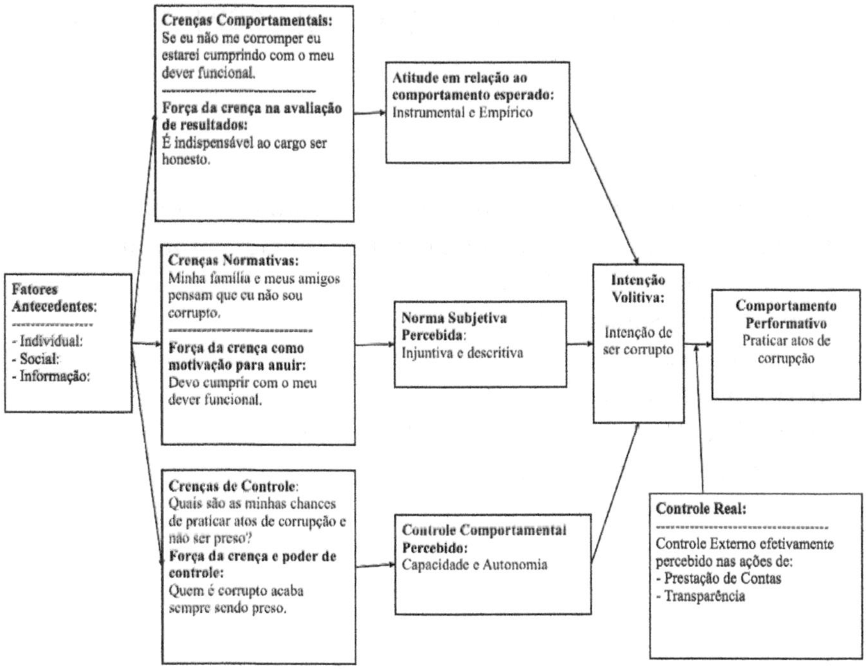

O diagrama elaborado expõe todo o mecanismo de análise comportamental do corrupto, em seu aspecto individual (intrínseco), sendo capaz, portanto, de explicitar: (a) o raciocínio de fundamentação da intenção volitiva externada no comportamento performativo; (b) a preocupação com as variáveis de controle real desenvolvido por órgãos de fiscalização e controle pertencentes ao Sistema de Integridade, e sua eficiência.

Trata-se de um comportamento extremamente reflexivo e premeditado, sem considerar neste momento a necessidade do convencimento do outro, uma vez que antes de externar qualquer comportamento, o indivíduo deve convencer a si mesmo, e anuir com a intenção comportamental em se corromper.

A corrupção externada pressupõe, portanto, uma intenção comportamental fundada em uma profunda análise racional de diversas variáveis que objetivam a satisfação de um interesse de autossuficiência e podem ser representados a partir do diagrama sintetizado na seguinte expressão[71]:

[71] A formulação apresentada é uma modificação a teoria desenvolvida por Icek Ajzen e Martin Fishbein no artigo The Prediction of Behavior from Attitudinal and Normative Variables. *Journal of Experimental Social Psychology*, 6, 466-487 (1970).

$$IC = ARC\ [= \Sigma(b)\ (e)] + NSP\ [= \Sigma\ (n)\ (m)] + CCP\ [= \Sigma\ (c)\ (p)]$$

Onde:

IC – Intenção Comportamental
ARC – Atitude em Relação ao Comportamento Esperado
b – força de cada crença em relação a um resultado ou atributo;
e – avaliação do resultado ou atributo;
NSP – Norma Subjetiva Percebida;
n – força de cada crença normativa;
m – motivação para anuir;
CCP – Controle Comportamental Percebido;
c – força de cada crença de controle e
p – o poder percebido do fator de controle.

Assim é possível estabelecer que:

$$IC = IC - CR$$

Onde:

C – Comportamento corrupto desempenhado (volitivo);
IC – Intenção Comportamental;
CR – Controle Real.

Como demonstrado, os fatores antecedentes modelam a forma de resistência a comportamentos inapropriados, entretanto, se houver falha ou fraqueza nos mecanismos de controle comportamental, haverá um aumento na tendência à prática de atos de corrupção uma vez que: *(i)* existe uma componente biológica da desonestidade centrada na capacidade do cérebro em se adaptar à corrupção, assim em não havendo os freios sociais, existe uma maior possibilidade de ativação de tal mecanismo; *(ii)* ocorre uma diminuição no grau de inquietação e desconforto causados por tais desvios em razão do aumento da frequência de exposição a tais comportamentos; *(iii)* ganha proeminência a prevalência da preocupação pelo próprio interesse e bem-estar sobre o altruísmo e o interesse coletivo e *(iv)* o conforto e conformação produzido pelo fato de quanto mais pessoas participarem do desvio, menor será a carga da reprovação social sentia pelo desviante[72].

Agregado a tais fatores de adesão pela conduta, identificam-se na sociedade brasileira outras duas modalidades: *(i)* o humor, chalaça[73] ou zombaria como forma de se referir a fatos graves que são ridicularizados pela sátira inadequada cuja consequência é de reduzir sua gravidade de modo a criar uma sensação de apatia social e, assim, promover a anestesia ético-moral; e *(ii)* o uso do diminutivo informal na construção do discurso buscando uma indevida proximidade gerando a promiscuidade fundada na capacidade de minimizar atitudes e comportamentos inadequados com o uso de expressões corriqueiras como *é só um minutinho*, ou *é só um pouquinho,* de inocência aparente, mas que entretanto culminando no *jeitinho brasileiro*.

Assim o jeitinho brasileiro pode ser identificado em cinco graduações distintas: *(i)* o recebimento de vantagens por parte do servidor para não cumprir o seu dever legal; *(ii)* o particular que utiliza de subterfúgios para fugir da lei; *(iii)* o servidor que só cumpre o dever com presteza mediante vantagem indevida; *(iv)* o particular que burla uma lei por considerá-la irreal, injusta ou economicamente ineficiente; e *(v)* o servidor que não aplica a lei por considerá-la irreal, injusta ou economicamente ineficiente[74].

6. A CORRUPÇÃO COMO ESCOLHA RACIONAL: A INFLUÊNCIA DO CARÁTER EXTRÍNSECO

A última fase da análise racional é desenvolvida com base nas amarras recíprocas de confiança estabelecida entre corruptores e corruptos. Em tal processo, o agente político, a partir de preceitos lógicos e racionais de escolha

[72] Neste sentido destaco as pesquisas de Neil Garrett, Stephanie Lazzaro, Dan Ariely e Tali Sharot publicado na revista *Nature Neuroscience* 19, pp. 1727-1732 (2016).

[73] A chalaça, aqui no sentido de zombaria e escárnio, faz referência ao personagem Francisco Gomes da Silva confidente do Imperador D. Pedro I cuja participação nos bastidores da vida política brasileiro fornece importante quadro da corrupção no Brasil Império e foi retratada no livro: *Galantes memórias e admiráveis aventuras do virtuoso conselheiro Gomes, O Chalaça* de autoria de José Roberto Torero. Rio de Janeiro: Objetiva, 2001.

[74] Conforme Keith Rosenn, *O Jeito na Cultura Brasileira*. São Paulo: Renovar 1998: 13 e 14.

em contraponto a um certo grau de ponderação entre as oportunidades ou possibilidades disponíveis e os ganhos decorrente da atividade ilícita pondera o seu êxito em contrapartida as possíveis consequências: (*i*) *Incapacitantes*: tempo de prisão, onde em tese não poderá delinquir, ou de inelegibilidade, onde o agente político perde a capacidade para ocupar cargos públicos; e (*ii*) *Dissuasórias*: consistindo no perdimento dos proventos auferidos; ambos indicadores do custo para o cometimento do ilícito.

Os estudos de Gary Stanley Becker (1968), Isaac Ehrlich (1996) e Robert Klitgaard (1988) lançaram os fundamentos da *Teoria da Escolha Racional* (TER) como ferramenta de análise da criminalidade organizada. Entretanto, é possível, sob o ponto de vista metodológico aqui desenvolvido, aumentar sua perspectiva de abrangência para abarcar a corrupção, e assim estabelecer a correlação entre os incentivos e desincentivos para sua prática, em um ambiente onde as próprias autoridades públicas sejam consideradas como atores de estímulo ou desestímulo, onde o legislador desenvolve importante papel no fomento de políticas criminais impessoais que afastem a incidência do Direito Penal do Amigo.

A escolha racional do agente político tem por base a possibilidade do ganho ilícito manifesto na vantagem de qualquer espécie, desde que de caráter ilícito (incentivos), em contraponto a manutenção dos proventos percebidos no cargo, sua condição socioeconômica e a possibilidade da perda de tal cargo (desincentivos).

O modelo, aqui proposto, identifica inicialmente o comportamento do *Agente Político* (Ap) considerando que o mesmo dispõe de alternativas distintas de ação em relação a corrupção que variam de "0" a "1", sendo "0" a opção por não se corromper e "1" a opção em se corromper completamente, desviando todo o montante do *Recurso Público* (Rp) disponível dentro de sua esfera de deliberação.

É importante destacar que a escolha pela opção 1 é pouco representativa, uma vez que existe um custo mínimo de implementação de qualquer ação ou política pública, motivo pelo qual a corrupção se apresenta como um comportamento decorrente de uma intenção de vontade previamente idealizada e anteriormente ponderada. Assim, a opção pelo desvio de qualquer quantia do *Recurso Público* (Rp), ou seja, valor maior que zero é determinante comportamental do *Agente Político Corrupto* (APc), variando apenas em seu grau, conforme expresso em:

$$\mathbf{APc = \{0 < Rp \leq 1\}}$$

Para tanto, a conduta do Agente Político Corrupto (APc) consiste em avaliar as políticas públicas possíveis, dentro de sua esfera de atribuição, representadas pelas alternativas (x), (y) ou (z), excludentes entre si, e optar entre uma delas uma vez que detém o poder discricionário de eleger a melhor alternativa de escolha. Há casos nos quais a própria montagem e formulação da agenda da política pública é previamente gerida pelo grupo criminoso visando um maior ganho ilícito independentemente da necessidade da mesma. Tal possibilidade é identificada na somatória dos valores de *Custo da Política Pública* (C), assim:

$$\mathbf{C = \sum (x \neq y \neq z)}$$

Entretanto, toda a política pública, ao ser implementada, encontra uma contrapartida auferível no *Benefício da Política Pública* (B), também representadas por (x), (y) ou (z), excludentes entre si, e mensuráveis a partir dos montantes de pagamentos realizados pelos beneficiários da própria política e mensuráveis na forma de impostos, taxas, contribuições, e participações dentre outras, e assim representado:

$$\mathbf{B = \sum (x \neq y \neq z)}$$

A somatória dos custos (C), subtraídos os benefícios (B) estabelece o *Custo da Política Pública* (CPp), na expressão:

$$\mathbf{CPp = C - B}$$

O *Ganho Ilícito Esperado* (Ge) é determinado a partir da definição da porcentagem do valor corresponde a *Ação Corrupta Total* (ACt), aqui compreendida soma dos proventos ilícitos a serem repartidos entre todos os participantes, partidos políticos, grupos coligados, bem como aos mediadores, multiplicado pelo índice percentual do *Custo da Política Pública* (CPp), anteriormente definido e também multiplicado pelo índice percentual do *Montante Individual de Corrupção* (MIc) correspondente a parte ideal de cada agente político corrupto, assim identificado:

$$Ge = (CPp^* ACt)^* MIc\%$$

Fixadas tais premissas é possível afirmar que a escolha racional do *Agente Político Corrupto* (APc) considera:

1.ª As medidas legais dissuasórias decorrentes da condenação no âmbito penal, administrativo e civil, efetivadas a partir do bloqueio de bens e imposição de multas, e definidas na variável *Montante Recuperado* (Mr) que atua subtraindo os valores desviados expressos pelo *Ganho Ilícito Esperado* (Ge), estabelecendo assim o valor do *Ganho Ilícito Auferido* (Ga):

$$Ga = (Ge - Mr)$$

2ª As medidas legais incapacitantes auferidas por intermédio da variável *Tempo de Incapacitação* (Ti) resultante de penas restritivas da liberdade, impostas com a condenação, descontado o *Tempo de Abatido* (Ta) apurado em eventual medida judicial de diminuição da pena em concreto a ser aplicada, como nos acordos de colaboração premiada, sem considerar as manobras prescritivas destinadas a impunidade, somados ao *Tempo de Inelegibilidade* (Te), considerada como a inabilitação para o exercício de qualquer cargo, emprego ou função pública, a ser aplicado após o cumprimento da pena imposta[75], sendo possível estabelecer assim o *Tempo Total de Afastamento* (TTf) com a seguinte proposição:

$$TTf = (Ti - Ta) + Te$$

Portanto, o *Montante Final percebido pelo Agente Político Corrupto* ($M_{(APc)}$) é a diferença entre o *Ganho Ilícito Auferido* (Ga) dividido pelo *Tempo Total de Afastamento* (TTf), devendo, ao menos hipoteticamente, ser um valor maior que o *Ganho Lícito* (Gl) decorrente dos proventos e garantias legais do cargo ocupado pelo agente político, assim chega-se ao seguinte enunciado:

[75] Conforme previsto no art. 1º "e" da Lei Complementar n.º 64/1990 com redação dada pela Lei Complementar n.º 135/2010 sendo inelegível aquele que for condenado, em decisão transitada em julgado ou proferida por órgão judicial colegiado, desde a condenação até o transcurso do prazo de 8 (oito) anos após o cumprimento da pena, por determinados crimes previstos e contrários a administração pública em geral.

$$Gl < M(APc) = \frac{Ga}{TTf}$$

O modelo apresentado estabelece de forma abrangente os fatores determinantes, no plano comportamental da opção por se corromper por parte do agente político, ressalvando, entretanto que tal raciocínio poderia ser desenvolvido para qualquer outra espécie de funcionário público ou agente privado. Para tanto, bastaria efetuar os devidos ajustes dos parâmetros descritos, especificamente no tempo de incapacitação pela inelegibilidade.

7. RESISTÊNCIA, RETROALIMENTAÇÃO E O DIREITO PENAL DO AMIGO

Os postulados comportamentais do agente político estabelecidos a partir da *Abordagem da Ação Racional* (AAR) e da *Teoria da Ação Racional* (TAR) permitiram identificar as variáveis de incentivo e desincentivo que determinam o comportamento corrupto, e a forma como estas se articulam, conforme o teorema anteriormente proposto.

Assim as *medidas de resistência*, consideradas como decorrentes do Direito Penal do Amigo, são identificadas no conjunto de manobras destinadas a diminuição do impacto das variáveis dissuasórias e incapacitantes, materializadas por meio da criação e/ou modificação legislativa, bem como na forma como a legislação é aplicada pelo judiciário, retroalimentando negativamente o sistema. Portanto, tais manobras, acabam por enfraquecer a percepção da corrupção e seu grau de reprovação social, e podem ser identificadas nas variáveis do modelo analítico proposto, assim:

1. A variável *Tempo de Inelegibilidade* (Te) é considerada como a incapacitação para o exercício de qualquer cargo, emprego ou função pública, contada da decisão transitada em julgado ou proferida por órgão judicial colegiado, por um período de oito anos, conforme estabelecido pela Lei da Ficha Limpa[76];

[76] A pena de inelegibilidade prevista na Lei Complementar n.º 64/1990 somente foi alterada pela Lei Complementar n.º 135/2010 por ser esta originária do Projeto de Lei Popular n.º 518/2009 denominado Lei da Ficha Limpa que contou com aproximadamente 1,3 milhões de assinaturas, o que na época correspondia a mais de 1% do leitorado nacional,

1.1. *Resistência:* por atuar sobre a capacidade de concorrer para cargos eletivos e/ou ocupar os comissionados, ambos dotando seus ocupantes da prerrogativa do foro privilegiado, mostra-se como a variável mais importante a ser considerada, conforme se observa na decisão do processo de *impeachment* da Presidente Dilma Rousseff, que apesar de condenada à pena de perda de cargo, teve a manutenção dos seus direitos políticos por decisão do órgão colegiado do Senado Federal de forma contrária ao texto constitucional[77];

1.2. *Retroalimentação:* medidas destinadas a minimizar os efeitos incapacitantes, tendem a influenciar na percepção da força e eficácia dos poderes de controle (plano intrínseco) e no aumento da percepção de impunidade (plano extrínseco) resultando no acréscimo do valor de valência da variável Tempo de Afastamento (Ta) e medidas legais que ampliam benefícios ou modificam os regimes de cumprimento das penas impostas, como o regime domiciliar, ou a imposição do uso de tornozeleira eletrônica.

2. A variável dissuasória de caráter patrimonial compreendida nas medidas sancionadoras de bloqueio de bens e repatriação de ativos,

---

conforme: <http://www.camara.gov.br/proposicoesWeb/fichadetramitacao?idProposicao=452953>, visitado em 20.02.2017.

[77] Neste sentido foi à posição do então Presidente do Supremo Tribunal Federal, Ministro Ricardo Lewandowski, ao presidir a sessão de impeachment da Dilma Vana Rousseff perante o Senado Federal, firmando entendimento no sentido de não estar na função de juiz constitucional, ao afirmar: *Não me cabe interpretar o art. 52, parágrafo único, da Constituição Federal, que é atribuição exclusiva dos integrantes deste egrégio Plenário, em primeiro lugar. Este Presidente, neste caso, ao presidir o processo de impeachment, tem as suas atribuições limitadas exclusivamente à solução de questões procedimentais e regimentais. Em nenhum momento poderá ele usurpar as competências constitucionalmente definidas do Supremo Tribunal, de um lado, e, de outro lado, do Plenário deste egrégio Senado, que é absolutamente soberano para decidir sobre o mérito do feito ou a extensão da interpretação de quaisquer dispositivos constitucionais aplicáveis ao caso.* Permitindo uma interpretação diversa da literal do dispositivo constitucional, permitindo mesmo com a perda do cargo e manutenção dos direitos políticos do condenado em processo de impeachment. Conforme consta do Diário do Senado Federal n.º 141 de Quinta-feira 1º de Setembro de 2016 pág. 12-13, disponível em:<http://legis.senado.gov.br/diarios/BuscaPaginasDiario?codDiario=20578&seqPaginaInicial=1&seqPaginaFinal=178,>visitado em 25 de Novembro de 2016.

componentes do *Montante Recuperado* (Mr), que se reflete diretamente no *Ganho Ilícito Auferido* (Ga), exercendo efeito sobre a variável *Ganho Ilícito Esperado* (Ge) como fator de desestímulo para os atos de corrupção;

2.1. Resistência: de caráter protetivo dos bens ilícitos no exterior, como observado na tentativa de inclusão de parentes de detentores de cargos públicos e pessoas politicamente expostas no *Regime Especial de Regularização Cambial e Tributária* (RERCT), verdadeiro marco teórico do Direito Penal do Amigo, que permite a repatriação de recursos, *bens ou direitos de origem lícita, não declarados ou declarados incorretamente e remetidos ou mantidos no exterior*[78];

2.2. Retroalimentação: sinaliza com tais medidas que o Estado participa dos rendimentos auferíveis na variável do *Ganho Ilícito Esperado* (Ge), uma vez que recebe porcentagem do valor da *Ação Corrupta Total* (ACt), e influencia também o percentual do Montante *Individual de Corrupção* (MIc). Assim, se o corrupto pagar os impostos e multas pode ficar com o restante do dinheiro, e em última análise tais medidas igualam o Estado ao corrupto.

3. A variável dissuasória de caráter patrimonial compreendida nos montantes estabelecidos na variável *Ganho Ilícito Auferido* (Ga), em especial na possibilidade de serem efetuados repasses na forma doações e financiamentos de campanhas e partidos políticos;

3.1. Resistência: na criação de mecanismos efetivos de controle e limitação do financiamento de campanhas e partidos políticos, onde se observa uma tendência de que mesmo as doações legais homologadas pela Justiça Eleitoral possam ser motivadas

[78] O Projeto de Lei n.º 2.960/2015 convertido na Lei n.º 13.254/2017 sofreu diversas tentativas de retirada do texto original do Art. 11. Os efeitos desta Lei não serão aplicados aos detentores de cargos, empregos e funções públicas de direção ou eletivas, nem ao respectivo cônjuge e aos parentes consanguíneos ou afins, até o segundo grau ou por adoção, na data de publicação desta Lei. Conforme se observa dos debates referentes aos substitutivos propostos http://s.conjur.com.br/dl/emendas-senado-repatriacao.pdf, visitado em 25.11.2016.

concernentes a doações irregulares de campanha[79], na limitação da criação de partidos[80] e fidelidade partidária[81];

3.2. *Retroalimentação:* sinaliza no plano intrínseco que o sistema político é fundado no compadrio e é motivado na satisfação do bem individual em detrimento do bem comum, agindo diretamente nas atitudes em relação às crenças comportamentais, normativas e de controle.

4. A variável *Tempo de Incapacitação* (Ti) resultante da pena de prisão prevista em abstrato para os crimes de corrupção e demais condutas correlatas a serem aplicadas, descontado o *Tempo de Abatido* (Ta), a ser apurado em eventual medida judicial como acordo de colaboração premiada[82];

---

[79] Na noite de segunda-feira dia 19 de setembro de 2016, o Primeiro-Secretário da Câmara, incluiu na pauta de votação, Projeto de Lei n.º 1.210/2007, o qual anistia o caixa dois de campanha eleitoral. O referido projeto estava sem tramitação desde 2 de abril de 2008, e o pedido causou grande celeuma entre os parlamentares, conforme se observa das notas taquigráficas: http://www.camara.leg.br/internet/sitaqweb/TextoHTML.asp?etapa=3&nuSessao=230.2.55.O&nuQuarto=52&nuOrador=1&nuInsercao=0&dtHorarioQuarto=22:20&sgFaseSessao=OD%20%20%20%20%20%20%20%20&Data=19/09/2016-&txApelido=PRESIDENTE&txEtapa=Com%20reda%C3%A7%C3%A3o%20final, e tramitação legislativa: http://www.camara.gov.br/proposcoesWeb/fichadetramitacao?idProposicao=353741, visitado em 25.11.2016.

[80] Atualmente, o número de partidos políticos registrados no Tribunal Superior Eleitoral (TSE) é de 35 (trinta e cinco) conforme http://www.tse.jus.br/partidos/fidelidade-partidaria, visitado em 25.11.2016, destacando que o Supremo Tribunal Federal declarou por unanimidade a inconstitucionalidade de dispositivos da Lei 9.096/95 (Lei dos Partidos Políticos) que instituíam a chamada *cláusula de barreira* no julgamento conjunto de duas ações diretas de inconstitucionalidade (ADIs 1351 e 1354), ajuizadas, respectivamente, pelo Partido Comunista do Brasil (PCdoB) e pelo Partido Socialista Cristão (PSC) conforme: http://www.stf.jus.br/portal/cms/verNoticiaDetalhe.asp?idConteudo=68591, visitado em 25.11.2016.

[81] A fidelidade partidária é um ponto que atualmente é suscitado pelo partido político perante a Justiça Eleitoral, para a decretação da perda de cargo eletivo em decorrência de desfiliação partidária sem justa causa, conforme previsto no art. 1º § 1º da Resolução-TSE nº 22.610/2007, que considera justa causa a incorporação ou fusão do partido, a criação de novo partido, a mudança substancial ou o desvio reiterado do programa partidário e a grave discriminação pessoal; conforme se observa: http://www.tse.jus.br/partidos/partidos-politicos/registrados-no-tse, visitados em 25.11.2016.

[82] A colaboração premiada, instituída no Brasil inicialmente pela internalização das Convenções de Palermo (art. 36) e Mérida (art. 37), ambas das Nações Unidas, através dos Decretos n.º 5.015/2004 e 5.687/2006, respectivamente, até a entrada em vigor da Lei n.º

4.1. *Resistência:* mesmo que não seja aplicado em seu grau máximo com o perdão judicial, tende a diminuir a pena significativamente em razão dos agentes políticos serem primários e de bons antecedentes;

4.2. *Retroalimentação:* sinaliza que as penas aplicadas são baixas e que sempre é possível fazer uma nova delação e se beneficiar de um cumprimento de pena em regime domiciliar, influindo nas crenças comportamentais normativas e de controle, bem como na variável de tempo de incapacitação.

8. AS COMPONENTES AMBIVALENTES DAS MEDIDAS DE COMBATE À CORRUPÇÃO

A colaboração premiada pode ser apontada como uma variável de caráter ambivalente inserida no contexto das medidas de combate à corrupção. Para tanto, basta observar as controvérsias geradas na investigação da JBS[83] uma vez que, a um só tempo pode ser considerada: *(i)* variável de dissuasão, decorrente do receio do corrupto vir a ser delatado por seu cúmplice, mediador, ou qualquer outro participante do esquema; e *(ii)* variável de estímulo: *(a)* com a aplicação de penas próximas ou até menores que as normalmente impostas aos crimes de menor potencial ofensivo, isso, sem considerar a possibilidade do delator ser agraciado com o perdão judicial[84];

12.850/2013. Estabelece em seu art. 4º *O juiz poderá, a requerimento das partes, conceder o perdão judicial, reduzir em até 2/3 (dois terços) a pena privativa de liberdade ou substituí-la por restritiva de direitos daquele que tenha colaborado efetiva e voluntariamente com a investigação e com o processo criminal.*

[83] A delação premiada promovida pelo Ministério Público Federal com os irmãos Joesley e Wesley Batista, donos do grupo empresarial J&F pertencente ao Frigorífico JBS foi a mais polemica da Operação Lava Jato https://epoca.globo.com/politica/noticia/2017/06/delacao-premiada-da-jbs-foi-muito-generosa.html. Visitado em 10.12.2018.

[84] É importante observar que penas aplicadas em concreto para os colaboradores estão sendo reduzidas a muito além dos 2/3, sobre o argumento de que se é possível conceder perdão judicial e extinguir a pena, o juiz poderá também diminuir a pena para um patamar menor que o fixado em lei. Entretanto tal fato provoca distorções como o ex-presidente da Petrobras Pedro Barusco com pena de 47 anos, 7 meses e 10 dias, que após a delação caiu para 2 anos em regime aberto, do ex-diretor internacional da Petrobras Nestor Cervero, com pena e 17 anos, 3 meses e 10 dias, e após a delação passou a ser de 4 anos e 11 meses, em regime fechado

(b) ao serem estabelecidas cláusulas de performasse que possibilitem, ao corrupto, permanecer como parte do montante ilícito, ou até de auferir eventual ganho sobre os valores recuperados em razão de sua delação.

Aqui se faz necessário estabelecer uma análise do *caráter moral* da colaboração premiada, do ponto de vista do colaborador, e inicialmente identificado como: *(i)* uma forma de arrependimento onde se busque a redenção[85]; *(ii)* uma importante ferramenta de investigação para a descoberta de fatos que se não fossem delatados seriam de difícil elucidação[86]. Entretanto, não é assim que o instituto vem sendo percebido, face ao seu impacto na mensuração das variáveis dissuasórias, uma vez que, apesar da corrupção se

---

domiciliar e do ex-diretor de abastecimento da Petrobras, Paulo Roberto Costa que de 78 anos, 11 meses e 10 dias, após a delação será condenado até 3 anos em regime domiciliar e semiaberto com tornozeleira, todos em seus imóveis de luxo que conseguiram manter graças aos acordos firmados, conforme vem sendo noticiado com veemência pela imprensa: http://politica.estadao.com.br/noticias/geral,delacao-na-lava-jato-ja-reduz-penas-em-326-anos,10000063321, visitado em 03.03.2017.

[85] A colaboração premiada, apesar de ser uma importante ferramenta no combate à corrupção, pode permitir que um mediador, que prescinda do cargo político, seja várias vezes beneficiado, como se observa no fato de Alberto Youssef haver efetuado acordo de delação premiada em 2004, durante a investigação do Caso Banestado no Paraná, e, posteriormente, novo acordo de colaboração premiada na Operação Lava Jato, destacando que o corrupto que faz acordo de colaboração premiada age com estrita coerência com suas crenças e valores em razão do seu caráter individualista centrado em si mesmo.

[86] Neste sentido é a doutrina de fundamento das sentenças proferidas na Operação Lava Jato. Assim: "A respeito de todas as críticas contra o instituto da colaboração premiada, toma se a liberdade de transcrever os seguintes comentários do Juiz da Corte Federal de Apelações do Nono Circuito dos Estados Unidos, Stephen S. Trott: "Apesar disso e a despeito de todos os problemas que acompanham a utilização de criminosos como testemunhas, o fato que importa é que policiais e promotores não podem agir sem eles, periodicamente. Usualmente, eles dizem a pura verdade e ocasionalmente eles devem ser usados na Corte. Se fosse adotada uma política de nunca lidar com criminosos como testemunhas de acusação, muitos processos importantes especialmente na área de crime organizado ou de conspiração nunca poderiam ser levados às Cortes. Nas palavras do Juiz Learned Hand em United States v. Dennis, 183 F.2d 201 (2d Cir. 1950), 341 U.S. 494 (1951): 'As Cortes têm apoiado o uso de informantes desde tempos imemoriais' em casos de conspiração ou em casos nos quais o crime consiste em preparar para outro crime, é usualmente necessário confiar neles ou em cúmplices porque os criminosos irão quase certamente agir às escondidas.' Como estabelecido pela Suprema Corte: 'A sociedade não pode dar-se ao luxo de jogar fora a prova produzida pelos decaídos, ciumentos e dissidentes daqueles que vivem da violação da lei' (On Lee v. United States, 343 U.S. 747, 756 1952)".

desenvolver com base nas amarras recíprocas da confiança, no decorrer do processo, sofre forte influência do viés nitidamente individualista, fundado no interesse próprio da autopreservação. Tal variável está presente em todos os momentos e nas sucessivas análises e escolhas realizadas, sendo permitida, em qualquer fase, a mentira, incluindo a delação de seus cúmplices, pois tais comportamentos são coerentes com sua atitude em relação às suas crenças[87].

Assim, a colaboração premiada pode ser considerada como importante variável de cálculo, aqui reforçada em seu caráter ambivalente de estímulo, ao interferir *(i)* no cálculo do lucro esperado, podendo diminuir as perdas com a manutenção dos valores desviados, incidindo sobre a variável *Montante Recuperado* (Mr), diminuindo o seu impacto, sendo assim percebido em instrumentos como a *cláusula de performance*[88], onde o colaborador recebe um percentual sobre todo o montante recuperado como uma bonificação, ou *(ii)* na variável *Ganho Ilícito Auferido* (Ga) ao estabelecer a perda de parcela dos valores ilícitos obtidos com os atos de corrupção; nos dois casos sob o ponto de vista da ética, e especificamente da ética pública, o Estado acaba por igualar-se ao corrupto. Ao fazê-lo, retroalimenta o sistema fortalecendo as crenças de ser a corrupção parte do jogo, praticada até mesmo pelo próprio Estado, que participa do processo de lavagem do dinheiro ilícito da corrupção com as cláusulas de performance.

---

[87] É importante destacar que a corrupção é vista como uma conduta muito mais grave que o pecado, conforme assevera o então Cardeal Jorge Mário Bergoglio e atual Papa Francisco em discurso na Assembleia Arquidiocesana de Buenos Aires em 2005, onde nos adverte do erro de se confundir pecado com corrupção. "O pecado, especialmente quando é reiterativo, conduz a corrupção, mas não quantitativamente (tantos pecados provocam um corrupto), e sim qualitativamente, por criação de hábitos que vão deteriorando e limitando a capacidade de amar". Assim, o pecador se arrepende e pede perdão, o corrupto não se arrepende, pois *está tão escudado na satisfação de sua autossuficiência, que não permite nenhum questionamento.* Neste sentido é o pensamento de Santidade o Papa Francisco (Jorge Mário Bergoglio *Corrupção e Pecado. Algumas Reflexões a Respeito da Corrupção.* São Paulo. Ed. Ave-Maria 2015: 9 e 17).

[88] A *cláusula de performance* é uma inovação criada pelos advogados de defesa e o Ministério Público no Termo de Colaboração Premiada firmada por Alberto Youssef com o Ministério Público Federal e incidente sobre os bem ilícitos apreendidos, e previsto na Cláusula 7ª § 4ª "c" *do valor do bem será reduzido 1/50 (um cinquenta avos)*, o que corresponde a 2%, *do valor consolidado de todos os bens e valores ilícitos recuperados, no Brasil ou no exterior.* Conforme divulgado pela imprensa e disponível: http://politica.estadao.com.br/blogs/fausto-macedo/wp-content/uploads/sites/41/2015/01/acordodela%C3%A7%C3%A3oyoussef.pdf, visitado em 07.03.2017.

É importante frisar que a colaboração premiada, em razão de sua ambivalência, deve ser utilizada com parcimônia e prudência. Assim, não é admissível aceitar colaborações que: *(i)* se fundamente em outra já produzida e apenas reafirme seu conteúdo, ou limite-se a apresentar informações repetidas; *(ii)* colaborações sucessivas, onde o mesmo colaborador informa pouco a pouco o que sabe, complementando quando conveniente; *(iii)* colaboração de figuras centrais que indicariam apenas subordinados do sistema de corrupção; *(iv)* colaboração feita posteriormente a apreensão de provas documentais, limitando-se as mesmas; *(v)* colaborações recíprocas entre investigados, onde cada um diz o que já se sabe sobre o outro[89].

Tais constatações são determinantes para se evitar a criação de um sistema jurisprudencial e doutrinário com viés nitidamente fundado no Direito Penal do Amigo de forma totalmente anacrônica, a ponto de apresentar distorções como as de uma pessoa que comete furto tenha a mesma pena, ou até uma pena menor, que a de um corrupto que desvia milhões dos cofres públicos, em razão de haver firmado termo de colaboração premiada, e por consequência retroalimente os mecanismos e fortaleça a espiral da corrupção, de forma a tornar impossível sua reversão[90].

---

[89] Aqui é possível identificar uma situação onde a aplicação da *Teoria dos Jogos* se mostra falha, se considerarmos o *Dilema do Prisioneiro*, na formulação original de Merril Flood e Melvin Dresher (1950) onde dois suspeitos A e B são presos acusados de cometer determinado crime, e em razão da ausência de provas os investigadores separam os prisioneiros e oferecem a eles a mesma possibilidade de acordo: (i) se um deles confessar e testemunhar contra o outro e este outro permanecer em silêncio, quem confessou se livra solto e o outro é condenado a 10 anos de prisão; (ii) se ambos ficarem em silêncio, a condenação pelo conjunto probatório será de 6 meses para cada um; entretanto, (iii) se ambos traírem o coautor cada um será condenado a 5 anos de prisão; considerando que: (a) cada investigado faz sua decisão sem saber a decisão adotada pelo outro; (b) não é possível prever a decisão do outro; em tal contexto, segundo Douglas Hofstadter a matriz comportamental seria definida assim: D > C > P > I, onde D = delatar, C é a recompensa pela cooperação mútua, P é o castigo pela mutua delação e I é a pena de quem se mantém calado e o outro coopera, chamado pelo autor de ingênuo, representado em número pela fórmula 0 > –0,5 > –5 > –10. No caso da colaboração premiada, a variável da escolha do outro pouco importa, tornando-se um incentivo ao delator, uma vez que mesmo que o delatado venha a delatar, pouco vai influir no acordo de delação celebrado. (HOFSTADTER, Douglas, The *Prisoner's Dilemma, Computer Tournaments and the Evolution of Cooperation Scientific American*, 1983, 258, 5, pp.)

[90] A imprensa tem noticiado de forma reiterada tais comparações como a notícia da Folha de São Paulo de 9 de março de 2017 no caderno *Poder* com o título Delator da Odebrecht e manicure que roubou (na verdade furtou) fralda têm penas semelhantes. Disponível em:

O desvio dos indivíduos não está relacionado apenas com à análise econômica da escolha racional, justificada nas relações de custo-benefício estabelecida, mas também nas normas sociais implícitas determinantes da fibra moral da sociedade que influenciam na ação dos outros. Assim, em ambientes onde as pessoas tendem a ser mais desonestas, a corrupção apresenta uma característica contaminante, e sua reversão dependerá da capacidade dos indivíduos de disseminarem normas e valores éticos. Portanto, a corrupção pode não ser uma prática obrigatória, entretanto acaba por contaminar toda a sociedade, uma vez que apresenta um caráter endêmico,[91] que para se tornar sistêmica, não precisa de muito.

CONCLUSÃO

É possível, com base no modelo analítico proposto, estabelecer os fatores determinantes que levam o agente político a se corromper. A ferramenta apresentada permite identificar o *ciclo vicioso* de retroalimentação e enfraquecimento dos mecanismos de controle comportamental e o papel do Direito Penal do Amigo como reforço e incentivo ao desvio. No limite o que se observa é um conjunto de variável que contribuem para uma sensação na diminuição da reprovação social da corrupção, fomentando a construção de um ambiente legislativo e jurisprudencial propício à relativização dos valores éticos e morais, afastamento dos princípios cívicos do bem comum e a reiteração das práticas desviantes.

A quebra desse *ciclo vicioso* somente será possível com a adoção de medidas: *(i)* na relação entre os poderes da República, buscando o equilíbrio inicial almejado pela Constituição, dilacerado pelas regras do processo

http://www1.folha.uol.com.br/poder/2017/02/1862406-delator-da-odebrecht-e-manicure-que-furtou-fralda-tem-penas-semelhantes.shtml. Visitado em 09.03.2017.

[91] Os estudos da psicologia comportamental propostos por Francesca Gino, Shahar Ayal Dan Ariely estabeleceram o caráter contaminante da corrupção e como indivíduos influenciam outros indivíduos, em um maior grau se pertencentes ao mesmo grupo e em um menor grau se pertencer a outros grupos. Assim, comportamentos desonestos atribuídos a pessoas não pertencem a determinado grupo tendem a diminuir o grau de corrupção dentro do grupo, e no caso contrário a aumentar tal índice, conforme descrito: *Contagious and Differentiation in Unethical Behaviour: The Effect of One Bad Apple on the Barrel*, Psychological Science, 2009 20: 393 pp. 393-398.

eleitoral, regime dos partidos políticos, utilização indevida de cargos em comissão, e medidas legislativas baseadas no casuísmo do Direito Penal do Amigo; *(ii)* revisão dos processos de decisão evitando a formação de posições monopolistas de controle por parte dos agentes políticos e da formação de carteis visando praticar fraude nos processos licitatórios e de decisão por parte dos agentes privados; *(iii)* dar efetividade às regras de competências entre os entes federados, de modo a evitar repasses orçamentários com pouca transparência; *(iv)* delimitação de ações estatais, em especial, no âmbito dos direitos fundamentais sociais, para evitar o assistencialismo eleitoral; *(v)* aprimoramento das medidas de controle real exercido por órgãos destinados à prestação de contas, efetiva transparência e divulgação de atos de corrupção e subsequente punição e inelegibilidade, devolução dos valores obtidos de forma ilegal, todos, expedientes obrigatórios de *accountability*; *(vi)* efetivo fortalecimento das instituições que atuam na persecução criminal, incluindo aqui a autonomia das Polícias Judiciárias e dos órgãos de controle pertencentes ao Sistema de Integridade; *(vii)* educação para a cidadania de modo que as pessoas compreendam o conjunto de direitos e deveres e seu efetivo papel para o fortalecimento da democracia; e principalmente; *(viii)* os instrumentos de combate a corrupção devem ser utilizados com muita cautela e parcimônia, senão, há o risco de se converterem em instrumentos de incentivo a tais práticas, retroalimentando o sistema, face ao forte caráter ambivalente.

O modelo analítico, aqui proposto em forma de teorema, tem por objetivo, servir de ferramenta para mensurar os reais efeitos das medidas de políticas criminais e decisões judiciais destinadas ao combate da corrupção, bem como, de identificar as propostas legislativas e interpretações legais *ad personam* próprias do Direito Penal do Amigo.

O cenário atual é propício a presente análise uma vez que em um passado próximo o sistema político da Itália conseguiu aniquilar a Operação Mãos Limpas com medidas legislativas iniciadas entre 1993/94, nesse particular se destacam o Decreto Biondi que estabelecia regime domiciliar para a prisão preventiva decretada por corrupção, e a Lei Tremonti que previa atenuantes fiscais nos crimes de corrupção.

Nada impede que tais medidas possam vir a serem repetidas no Brasil, existem indicativos para tanto, como a decisão do STF (RE 1.055.941/SP), que suspende todas as investigações em que houve compartilhamento de dados com o Conselho de Controle de Atividades Financeiras (COAF), ou como na proposição do Projeto de Lei PL n.º 4.372/2016 que proíbe a delação premiada de réu preso, verdadeiros incentivos a corrupção.

BIBLIOGRAFIA

ABADINSKY, Howard. (2000). Organized Crime. 6ª ed. Chicago: Wadsworth. Pag. 03-07.

ALBANESE, Jay (2007) Organized Crime in our Times. 5ª ed. Lexis Nexis

AJZEN, Icek. *Attitudinal versus normative message: An investigation of the diferential effects of persuasive communications on behavior. Sociometry*, 1971, 34 pp. 263-280.

___. *From intentions to actions: A theory of planned behavior.* In KUHL, Julius BECKMANN, Jürgen (Orgs.). *Action-Control: from cognition to Behavior.* Heidelberg: Springer, 1985, pp. 11-35.

___. *Attitudes, personality and behavior.* Chicago: Dorsey Press, 1988.

___. The theory of planned behavior. *Organizational Behavior and Human Decision Processes*, 50, 1991, pp. 179-211.

___. Perceived behavioral control, self-efficacy, locus of control, and the theory of planned behavior, *Journal of Applied Social Psychology*, 32, 2002, pp. 1- 20.

___. *Attitudes, personality, and behavior.* Milton – Keynes, England: Open University Press/McGraw – Hill, 2005.

___. *The theory of planned behavior: Reactions and reflections. Psychology and Health*, 26 (9), 2011, pp. 1113-1127.

AJZEN, Icek. and FISHBEIN, Morris. The prediction of behavior from attitudinal and normative variables. *Journal of Experimental Psychology*, 6, 1970, pp. 466-487.

___. *Understanding attitudes and predicting social behavior.* Englewood Cliffs, New Jersey: Prentice – Hall, 1980.

___. *Predicting and Changing Behavior: The Reasoned Action Approach.* New York: Psychology Press Taylor & Francis Group, 2015.

ARISTOTLE. *The Complete Works of Aristotle.* Ed. Princeton University Press: Oxford, 1984.

BARBOSA, Adriano Mendes. O Direito Penal do Amigo ou "amicismo" jurídico-penal. Revista Jus Navigandi, ISSN 1518-4862, Teresina, ano 15, n. 2596, 10 ago. 2010. Disponível em: <https://jus.com.br/artigos/17152>. Acesso em: 17 jan. 2019

BECKER, Gary. Crime and Punishment: an economic approach. *Journal of Political Economy*, 76, 1968, pp. 169-217.

BOHN, Simone. Justifying corrupt exchanges: rational-choice Corruptors. In: *(Dys-) Functionalities of Corruption*. Comparative Perspective and Methodological Pluralism. Ed. Sringer, 2007.

CLAPHAM, Christopher. *The Third World Politics*. Ed. Taylor & Francis e-Library, 2004.

CRESSEY, Donald R. (1969), *Theft of the Nation: The Structure and Operations of Organized Crime in America*, New York: Harper.

DELL, Gillian e MCDEVITT, Andrew. Exporting Corruption. Progress report 2018 assessing enforcement of the OCDE Anti-Bribery Convention. Transparency International 2018.

DELLA PORTA, Donatella e VANNUCCI, Alberto. *The Hidden Order of Corruption: An institutional Approach*. Inglaterra: Ashgate. 2012

DELMAS-MARTY, Mireille (2004) *Os Grandes Sistemas de Política Criminal*. Ed. Manole pp. 3.

DUYNE, Petrus C. Van. "Caligula" Go transparent? In: *Forum on Crime and Society*, vol. 1, n. 2, December 2001. United Nations Centre for Crime Prevention, 2001, pp.73-98.

EHRLICH, I. Crime, Punishment and the Market of Offenses. *Journal of Economic Perspective*, vol. 10, 1996, pp. 43-67.

FERRAJOLI, Luigi. (2009) Direito e Razão. Teoria do Garantismo Penal, São Paulo: Revista dos Tribunais, 2010; GRECO, Rogério. Direito Penal do Equilíbrio. Uma Visão Minimalista do Direito Penal, Niterói: Editora Impetus.

GAMBETTA, Diego. (1993). *The Sicilian Mafia: the busines of private protection*. Harvard: Harvard University Press.

GARDINER, John. Defining Corruption. *In: Political Corruption Concepts & Contexts*. HEIDENHEIMER, Arnold J. e JOHMSTTO, Michael (org.). 3º ed. Ed. New Brunswick: Transaction Publishers, 2007, pp. 25-40.

GARRETT, Neil, LAZZARRO, Stephanie C., ARIELY, Dan. e SHAROT, Tali. The brain adapts do dishonesty. *Nature Neuroscience*, 19, 2016, pp. 1727-1732.

HALE, Jerold, HOUSEHOLDER, Brian J. E GREENE, Kathryn L. The Theory of Reasoned Action. In: *The Persuasion Handbook*: Developments in Theory and Practice. London: Sage Publications, 2002, pp. 258-275.

HAGAN, Frank E. "The Organized Crime Continuum: A Further Specification of a New Conceptual Model," Criminal Justice Review, (Spring, 1983), vol. 8, p. 52-57

HEIDENHEIMER, Arnold J. Perspectives in the perception of corruption. In: HEIDENHEIMER, Arnold J. (ed). *Political corruption*: readings in comparative analysis. New York: Hold, Rinehart and Wilston, 1970, p. 18-28.

HICKEN, Allen. *Clientelism. Annual Review of Political Science*. nº 14 (1), 2011, pp. 289-310.

HOPKIN, Jonathan. Conceptualizing Political Clientelism: Political exchange and Democratic Theory. Paper prepared for APSA annual meeting, Philadelphia, 31 August 3 September 2006. Panel 46-18. '*Concept Analysis*: Unpacking Clientelism, Governance and Neoliberalism. Reino Unido: London School of Economics and Political Science, pp. 2-5.

HUTINGTON, Samuel (1968) *Political Order in Changing Societies. New Haven: Yale University Press.*

KELSEN, Hans (1993) A Democracia. São Paulo: Martins Fontes.

KLITGAARD, R. *Controlling Corruption.* University of California Press, 1988.

LEFF, Nathaniel (1964) *Economic Development Through Bureaucratic Corruption. The American Behavioural Scientist,* p. 8-14.

MANTOVANI, Ferrando. El Derecho penal del enemigo, el Derecho penal del amigo, el enemigo del Derecho penal y el amigo del Derecho penal. In Estudios penales em homenaje a Enrique Gim,bernat. Vol. 1, 2008, ISBN 978-84-96261-50-1, págs. 423-448.

MCCLEAN, David (2007) *Transnational Organized Crime.* Ed. Oxford. Great Britain 2007: 38-41.

NYE, J. P. (2007) Corruption and Political Development: A Coast-Benefit Analysis In: *Political Corruption Concepts & Contexts* 3º ed. HEIDENHEIMER Arnold J. e JOHMSTTO Michael (organizadores) Ed. New Brunswick: Transaction Publishers: pp. 281-299.

PEIRCE, Charles S. *Love and Logic: Philosophical Essays.* Nova York: George Braziller, 1956.

ROSE-ACKERMAN, Susan. The Political Economy of Corruption. In: *Corruption and The Global Economy.* ELLIOTT, Kimberliy Ann (organizador) Ed. Institute of International Economics: 1997, pp. 31-60.

RODRÍGUEZ, Catalina Vidales (2013) Derecho penal del amigo (Reflexiones críticas acerca de la reciente selección de los delitos contra la Hacienda Pública y la Seguridad Social) In. Revista de derecho y proceso penal, ISSN 1575-4022, Nº. 32, 2013, págs. 269-295.

RODRIGUES, Laura Zúñiga. Responsabilidad penal de las personas jurídicas y derechos humanos. Una valoración desde la reforma de 2015 de la legislación española. In Derecho Penal Económico y Derechos Humanos. Tirant Lo Blanch, Valencia 2018, pp. 87-110.

ROSENN, Keith. *O Jeito na Cultura Brasileira.* São Paulo: Renovar 1998.

ROTHESTEIN, Bo e VARRAICH, Aysha. *Corruption and the Opposite to Corruption. A map of conceptual landscape.* Suécia: Quality of Government Institute, Universidade de Gothemburgo, 2014, pp. 39-47.

SCHUMPETER, Joseph A. *Capitalismo, Socialismo e Democracia.* New York: Routledge, 2003.

SHEERAN, Paschal e ORBELL, Sheina. Self-schemas and the theory of planned behavior. In: *European Journal of Social Psychology*. vol. :30 iss:4, 2000, pp. 533--550.

SPECK, Bruno W. Mensurando a corrupção: uma revisão de dados provenientes de pesquisas empíricas. In: *Os Custos da Corrupção*. Cadernos Adenauer, n.º 10, 2000, disponível http://www.desviometro.com.br/config/files/Os%20Custos%20da%20Corrupcao.pdf.

STEPHAN, Constantin (2012) Industrial Health, Safety and Environmental Management. MV Wissenschaft, Muenster, 3º edition, pp. 26-28

WERNER, Guilherme Cunha. Cleptocracia: Corrupção Sistêmica e Criminalidade Organizada. *Criminalidade Organizada: Investigação, Direito e Ciência*. Portugal: Almedina, 2017, pp. 06 – 45.

___. Teoria Interpretativa das Organizações Criminosas: Conceito e Tipologia. In: *Organizações Criminosas Teoria e Hermenêutica da Lei n.º 12.850/2013*. Porto Alegre: Nuria Fabris, 2015, pp. 08-12.

___. As teorias comportamentais aplicadas ao estudo da corrupção no Brasil: o que leva o agente político a se corromper? In: *Revista Fórum de Ciências Criminais: RFCC*, Belo Horizonte, v. 4, n. 8, p. 183-218, jul./dez. 2017.

ZIEMBOWICZ, Rodrigo Luís (2018) A extinção da punibilidade pelo pagamento nos crimes tributários à luz da análise econômica do direito: um estímulo à sonegação fiscal no Brasil. In: *Revista de Direito de Polícia Judiciária: RDPJ*, Brasília/DF – ANP ano 2, nº 4 pp. 193-230. Julho-Dezembro 2018. https://periodicos.pf.gov.br/index.php/RDPJ/article/view/581

ZIEGLER, Jean. (2003). *Os senhores do crime*. Rio de Janeiro: Record.

VISÃO CRIMINOLÓGICA DA TERMINOLOGIA ASSOCIADA AO TRÁFICO DE PESSOAS E AO AUXÍLIO À IMIGRAÇÃO ILEGAL PROMOVIDOS PELAS ORGANIZAÇÕES CRIMINOSAS[1]

CRIMINOLOGICAL VIEW OF HUMAN TRAFFICKING AND SMUGGLING OF MIGRANTS TERMINOLOGY PROMOTED BY CRIMINAL ORGANIZATIONS

MARIA JOÃO GUIA
maria.joao.guia@ij.uc.pt
Investigadora do *Ratio Legis*

SUMÁRIO: I. Introdução. II. O crime organizado e o tráfico de pessoas na nova era tecnológica. III. Os enviesamentos das escolhas terminológicas: "Smuggling" vs. "Trafficking". IV. As fronteiras entre as duas realidades criminais: onde começa e acaba cada uma. V. Conclusões. VI. Referências Bibliográficas

Palavras-chave: Tráfico de pessoas; Auxílio à imigração ilegal; Contrabando de migrantes; Organizações Criminosas; Terminologia.

SUMMARY: Introduction; II. The organized crime and human trafficking in the new technological age; III. The biases of the terminological choices: "Smuggling" vs. Trafficking"; IV The borders between the two criminal realities: where does each one start and finish; V. Conclusions. VI. References.

Keywords: Human Trafficking; Aiding and abetting illegal immigration; Smuggling of migrants; Criminal Organizations; Terminology.

[1] **Como citar este artigo:**
Guia, Maria João (2019). Visão Criminológica da terminologia associada ao tráfico de pessoas e ao auxílio à imigração ilegal promovidos pelas organizações criminosas. In: Manuel Monteiro Guedes Valente (Coord.). *Criminalidade Organizada Transnacional – Corpus Delicti* I. Coimbra: Almedina, pp. 173-187.

I. INTRODUÇÃO

Os estudos sobre o crime desde há largas décadas que preocupam a academia. Não é linear, nem muito menos consensual ou simples, apresentar um conceito de ciência criminológica, ainda que possa afirmar-se que a criminologia visa o estudo do crime, associado ao ser humano, ao seu comportamento face ao crime, como vítima ou agressor, as suas motivações e as suas intersecções com aspetos sociais, políticos, físicos e jurídicos (Salo de Carvalho, 2009: 295). Numa multifacetada análise holística do facto criminoso, a confluência disciplinar permite uma abrangência que apenas é decorrente do diálogo das diversas ciências do saber, onde a criminologia emerge como um pináculo da convergência analítica. Num plano menos abstrato e mais operacional, não é possível, porém, a desvinculação da constatação de que a criminalização ou despenalização de determinado comportamento enquanto crime não é mais do que o reflexo de uma escolha política, localizada em certo espaço geográfico, num contexto e momento sociopolítico e histórico específicos em que a soberania das nações demarca as diferenças e as escolhas relativamente a outras. Mas quando o fenómeno criminal é transversal a determinados espaços geográficos ou quando este abrange e se estende a áreas específicas em que as soberanias são partilhadas ou que atravessam lugares de gestão partilhada, como ocorre com o espaço Schengen, as questões relativas ao crime multiplicam-se. Este é o caso em que opera o crime organizado e as suas multifacetadas concretizações, entre as quais o tráfico de pessoas[2]. E dado que o tráfico de pessoas, enquanto parte do crime organizado, se materializa em ações nacionais e frequentemente transnacionais com níveis de abrangência e extensão alargados, urge uma análise mais detalhada em determinados elementos do crime, numa perspetiva criminológica, sobretudo no que respeita às reflexões acerca da organização das medidas e estruturas decisórias nacionais, europeias e internacionais na prevenção, combate e repressão a este fenómeno hediondo que tem vindo a tornar-se mais visível nos últimos anos. Por sua vez, o pânico gerado pela criminalidade organizada, bem como a globalização das ameaças, impulsionaram o poder político a proceder a alterações jurídicas a nível nacional e internacional, aliando nesta luta, o trabalho e atenção

[2] A alínea *m*) do artigo 1.º do Código de Processo Penal Português classifica esta prática como criminalidade altamente organizada.

das Organizações Não Governamentais (ONG's) e da sociedade civil como forma mais completa de fazer face a um problema que ameaça a sociedade, a sua estrutura financeira e os direitos humanos, sobretudo das vítimas.. Naturalmente que o tráfico de pessoas não ocorrerá unicamente por mão de grupos criminosos organizados[3]: na verdade não foram encontradas menções relativas a aumentos de casos reportados em Portugal por mão de organizações criminosas, mas foi possível verificar o aumento de "agentes//suspeitos (pessoas singulares) de (n=) 21 em 2011 para (n=) 30 em 2017[4]" em que os agentes do crime são famílias ou indivíduos sem ligação direta ao crime organizado que se aproveitam casualmente de alguém em vulnerabilidade.

Não podemos, no entanto, esquecer de que a repressão ao crime organizado se revela um desafio global, que exige respostas refletidas e acuradas, na procura de mais e melhores soluções, visto que, segundo Ghafoori (2017) e Kerr (2016) a prevalência da atividade do crime organizado coloca os cidadãos em risco mais elevado de virem a ser traficados.

Irei, neste breve artigo, primeiro debruçar-me sobre o crime organizado e o tráfico de pessoas, passando por especificidades do crime, sua distinção relativamente ao contrabando de migrantes, usando o exemplo de um dos documentos mais relevantes sobre o tema, chegando à reflexão sobre escolhas terminológicas e consequências das mesmas. Depois, debruçar-me-ei brevemente sobre as fronteiras entre cada realidade criminal, dissertando sobre os perigos da falta de rigor terminológico, apresentando algumas conclusões finais.

II. O CRIME ORGANIZADO E O TRÁFICO DE PESSOAS NA NOVA ERA TECNOLÓGICA

O Tráfico de Pessoas é, segundo relatórios da ONU (2017), a forma de crime internacional com o crescimento mais rápido e um dos maiores

[3] "Embora o tráfico de pessoas seja frequentemente associado ao crime organizado e, em alguns casos, facilitado por sofisticadas organizações criminosas, em muitos outros ele é impulsionado por redes isoladas, famílias ou indivíduos que operam de forma independente." Excerto da tradução de Trafficking in Persons Report 2018, USA consultado aos 10/02/2019 em *https://www.state.gov/documents/organization/285923.pdf.*

[4] Informação colhida em OTSH, Tráfico de Seres Humanos, Relatório de 2017: 28, consultado aos 10/02/2019 em *https://www.otsh.mai.gov.pt/wp-content/uploads/REC-OTSH_Relatorio_Anual_TSH_2017_2018.pdf.*

geradores de receitas com origem criminosa do mundo. É dos fenómenos criminais atuais mais graves e relevantes, competindo com o tráfico de estupefacientes e de armas, com a vantagem de ser mais difícil obter provas materiais, pela impossibilidade de se "apreender" o objeto do crime e consequentemente a prova estar assente maioritariamente em prova testemunhal, vulnerabilizando duplamente as suas vítimas que ficam mais expostas a potenciais retaliações dos agentes criminosos. O relatório do Escritório das Nações Unidas sobre Drogas e Crime (UNODC) de 2016, relatou a existência de mais de 500 diferentes fluxos de tráfico de pessoas entre 2012 e 2014 (UNODC, 2016: 1), estimando-se que os lucros criminosos desta prática ascendessem aos 31.6 mil milhões de dólares norte-americanos anualmente (Belser, 2005). O valor calculado por Belser (maioritariamente oriundo da exploração sexual) é mencionado no relatório da Organização Internacional do Trabalho (OIT) como o cálculo dos lucros criminosos em 2011, tendo sido recalculado para 2018 em cinco vezes mais, ascendendo os lucros da exploração das vítimas a 150 mil milhões de dólares norte americanos, se forem englobadas as diversas formas de exploração (OIT, 2014: 13). É, por isso, facilmente perceptível, que as novas formas de exploração de vítimas usadas pelos agentes do crime têm permitido aumentar os lucros criminosos. Não só as novas formas, mas também e sobretudo as novas ligações entre diferentes tipos de crime, sobretudo do crime organizado, juntamente com uma abrangência mais ampla da sua atuação, permitem a difusão destas práticas criminosas.

As palavras proferidas por Fedotov no 15º aniversário de Convenção de Palermo revelaram a preocupação relativamente aos fenómenos associados ao crime organizado, elencando novas conexões com outras formas de crime, com ligação ao tráfico de pessoas, "confrontada diariamente pelo cibercrime e pela exploração e abuso sexual de crianças; o uso de criptomoedas para lavar os procedimentos criminais; e o tráfico de armas de fogo ilícitas fornecendo armas mortíferas aos terroristas. O crime marítimo e os crimes contra a vida selvagem estão a roubar os meios de subsistência e a colocar em risco os recursos naturais." Militello já havia relembrado a perigosidade do crime organizado para o Estado e sociedade que, entre outras coisas, pode estar associada a fenómenos de financiamento do terrorismo, tráfico de armas e de estupefacientes (2017: 89), ou mesmo a esquemas de branqueamento de capitais, crimes ambientais, contrabando de produtos falsificados, cibercrime, entre outros. Na verdade, a globalização da utilização da internet, de novas tecnologias de informação e de ações usadas online fizeram emergir novas formas de atuação das redes criminosas, favorecendo desde o aumento da exploração e/ou pornografia infantil online, ao próprio esquematizar de ataques criminosos complexos ao setor público ou privado (como a invasão de dados confidenciais ou roubo de identidade), onde a exploração de vítimas e a disseminação do terror podem estar aliados ao serviço das redes criminosas transnacionais organizadas. Possivelmente a utilização de tecnologia mais avançada, como a inteligência artificial poderá vir a desenvolver-se como uma arma de prevenção e repressão a estes grupos criminosos. Mas o mesmo poderá acontecer para aperfeiçoar os esquemas criminosos, se estas formas caírem nas mãos do mundo criminoso. De qualquer forma, estão a ser dados passos no sentido de serem aproveitadas as tecnologias disponíveis atualmente para se encetar uma luta neste setor, o que se materializa na plataforma "Tecnologia Contra o Tráfico[5]" que congrega organizações da sociedade civil e empresas de tecnologia (BT, Microsoft e Nokia) que uniram esforços[6], na sequência da participação num evento chamado "O papel da tecnologia digital no combate à Servidão Moderna[7]" que decorreu em Junho 2017 e onde foi debatida a possibilidade de união de esforços[8] na implementação de tecnologias e soluções inovadoras no combate a este fenómeno criminoso.

Percebe-se, pois, a importância da compreensão de um fenómeno uniformemente estabelecido como crime que permita a atuação sobre agentes que usem de formas menos comuns de exploração. Porém, o simples facto de serem transpostas recomendações europeias[9] que procuram uniformizar

---

[5] Traduzido do inglês original "Tech Against Trafficking".

[6] "In 2018, Tech Against Trafficking will focus on mapping and analyzing the landscape of existing tech-focused initiatives to tackle modern slavery. The key findings will be shared publicly by the end of the year and will help the group develop a three-year strategy". Informação colhida aos 10/02/2019 em *https://globalinitiative.net/tech_ht/*.

[7] Tradução do inglês original "The Role of Digital Technology in Tackling Modern Slavery".

[8] "The RESPECT Initiative, which is composed of Babson College's Initiative on Human Trafficking and Modern Slavery, Global Initiative Against Transnational Organized Crime, and the International Organization for Migration, has been appointed as the research lead of Tech Against Trafficking". Informação colhida aos 10/02/2019 em *https://globalinitiative.net/tech_ht/*.

[9] Refiro-me à transposição da Diretiva Europeia 2011/36/UE do Parlamento Europeu e do Conselho, de 05 de Abril de 2011, em que a foram introduzidas novas formas de exploração

procedimentos nos diferentes Estados-membros da UE não significa que as práticas adotadas em cada Estado-membro[10] sejam as mesmas nas diferentes atuações da justiça das diversas soberanias (Van der Leun, 2017: 30). A consequente emergência da necessidade de criação de um estatuto uniforme para a vítima de crime[11], ainda que de todos os crimes, não deixa de favorecer uma maior atenção que tem vindo a ser dada às vítimas de tráfico de pessoas. Em Portugal, por exemplo[12], foi inserida uma uma série de novos direitos que permite aos agentes estatais facultar um apoio mais efetivo às vítimas de crimes. Não só na generalidade, mas também na especificidade, os diferentes Estados-membros foram adotando resoluções nacionais na forma de prevenir e combater o tráfico de pessoas. Em Portugal vigora atualmente e até 2021, o IV Plano Nacional contra o Tráfico de Pessoas[13].

---

de tráfico de pessoas, para além daquelas que vigoravam até então que previam apenas a exploração sexual, a exploração do trabalho, extração de órgãos, por exemplo.

[10] Em Portugal, as novas formas de exploração de tráfico de pessoas constam na publicação da lei nº 60/2013, de 23 de Agosto, tendo sido introduzidas alterações e aperfeiçoamento no artº 160º do Código Penal ("Artigo 160.º do Código Penal Português – *Tráfico de pessoas -1 – Quem oferecer, entregar, recrutar, aliciar, aceitar, transportar, alojar ou acolher pessoa para fins de exploração, incluindo a exploração sexual, a exploração do trabalho, a mendicidade, a escravidão, a extração de órgãos ou a exploração de outras atividades criminosas: a) Por meio de violência, rapto ou ameaça grave; b) Através de ardil ou manobra fraudulenta; c) Com abuso de autoridade resultante de uma relação de dependência hierárquica, económica, de trabalho ou familiar; d) Aproveitando-se de incapacidade psíquica ou de situação de especial vulnerabilidade da vítima; ou e) Mediante a obtenção do consentimento da pessoa que tem o controlo sobre a vítima é punido com pena de prisão de três a dez anos"*).

[11] Refiro-me à publicação e transposição da Diretiva Europeia 2012/29/EU do Parlamento Europeu e do Conselho, de 25 de outubro de 2012, com a publicação, em Portugal, da Lei nº 130/2015, de 4 de Setembro que criou o conceito de vítima no ordenamento jurídico português (Esta diretiva estabelece normas relativas aos direitos, ao apoio e à proteção das vítimas da criminalidade e substitui a Decisão-Quadro 2001/220/JAI do Conselho, de 15 de março de 2001).

[12] Através da introdução do artigo 67ºA no Código de Processo Penal, remetendo-se para as novas previsões sobre a vítima de crimes nos 29 artigos da mencionada lei, onde constam apoios mais específicos às vítimas de crime, entre os quais naturalmente também às vítimas de tráfico de pessoas (Vítima, segundo o artº67-Aº do Código de processo Penal Português, al. a) sub.*"i) A pessoa singular que sofreu um dano, nomeadamente um atentado à sua integridade física ou psíquica, um dano emocional ou moral, ou um dano patrimonial, diretamente causado por ação ou omissão no âmbito da prática de um crime; ii) Os familiares de uma pessoa cuja morte tenha sido diretamente causada por um crime e que tenham sofrido um dano em consequência dessa morte"*).

[13] Aprovado no Conselho de Ministros, a 8 de março de 2018 – o IV Plano de Ação para a Prevenção e o Combate ao Tráfico de Seres Humanos 2018-2021 (IV PAPCTSH 2018-2021).

Em legislação extravagante, já vigoram, entre nós, previsões avulsas relativamente aos direitos das vítimas de tráfico de pessoas, entre as quais a concessão de autorização de residência a vítimas oriundas de países terceiros que aceitem colaborar no desmantelamento da rede criminosa (ao abrigo do artº 109º nº 1) da Lei 23/2007, de 04 de julho, na sua atual redação), ou mesmo no caso de a vítima não desejar participar ativamente, segundo o especificado na Lei 368/2007, de 5 de Novembro (GUIA, 2017).

III. OS ENVIESAMENTOS DAS ESCOLHAS TERMINOLÓGICAS: "SMUGGLING VS. TRAFFICKING"

Quinze anos depois da entrada em vigor da Convenção das Nações Unidas contra a Criminalidade Organizada Transnacional[14], mais conhecida como Convenção de Palermo, o diretor executivo do escritório das Nações Unidas sobre Drogas e Crime (UNODC), Yury Fedotov, revelou-se preocupado com a necessidade nas diferenças de atuação, ao nível da prevenção e repressão do crime organizado, apelando a um esforço comum internacional na harmonização de medidas encetadas:

> "Disparidades nas capacidades e coordenação permitem que as redes transnacionais de criminalidade organizada se evadam à justiça. Precisamos de evitar lacunas e de ultrapassar vulnerabilidades, entre países e regiões, bem como on-line, se quisermos enfrentar efetivamente esses desafios"[15].

[14] Concluída em Nova Iorque aos 15/11/2000, vigente na ordem internacional desde 29/09/2003 e assinada por Portugal aos 12/12/2000 (vigente em Portugal desde 09/06/2004). Texto em português *http://gddc.ministeriopublico.pt/sites/default/files/documentos/instrumentos/convencao_nu_criminalidade_organizada_transnacional.pdf.*

[15] Excerto do discurso de Yury Fedotov, proferido aos 15/10/2018, em Viena, na nona sessão da Conferência das Partes da Convenção das Nações Unidas contra o Crime Organizado Transnacional. Tradução livre da autora do original em inglês: "Disparities in capacities and coordination enable transnational organized crime networks to evade justice. We need to close gaps and address vulnerabilities, between countries and regions as well as online, if we are to effectively address these challenges" informação colhida aos 09/02/2019 em *http://www.unodc.org/unodc/en/frontpage/2018/October/unodc-executive-director-calls-for-renewed-action-against-organized-crime--human-trafficking-and-illicit-firearms-through-palermo-convention.html.*

Apesar de esta convenção ter sido ratificada por 189 Estados, são ainda identificadas muitas lacunas, nomeadamente ao nível da sua implementação prática, com dificuldades verificadas nas áreas da cooperação internacional, sobretudo com a emergência de novos fenómenos criminais ou de formas de atuação das redes criminosas transnacionais, menos conhecidas.

Em Portugal, este diploma foi publicado na Resolução da Assembleia da República nº 32/2004[16], ratificada pelo Decreto do Presidente da República nº 19/2004, de 02/04[17], tendo sido indicada a Procuradoria-Geral da República a autoridade central[18]. Destaque-se que, para além do protocolo principal, foram igualmente aprovados para ratificação pela mesma Resolução da Assembleia da República o Protocolo Adicional Relativo à Prevenção, à Repressão e à Punição do Tráfico de Pessoas, em especial de Mulheres e Crianças[19] e o Protocolo Adicional contra o Tráfico Ilícito de Migrantes por Via Terrestre, Marítima e Aérea[20], ambos de 15/11/2000, ficando para aprovação posterior (através da Resolução da Assembleia da República n.º 104/2011, DR I, n.º 88, de 06/05/2011) o Protocolo Adicional contra o Fabrico e o Tráfico Ilício de Armas de Fogo, das suas partes, Componentes e Munições[21], de 31/05/2001. Conforme já mencionado anteriormente, é o poder político que decide que crimes priorizar ou não relativamente a determinados comportamentos, tendo o crime de tráfico de pessoas sido considerado um dos crimes de investigação prioritária, veja-se a Lei n.º 96/2017, de 23 de Agosto – Lei de política criminal para o biénio de 2017-2019, que define os objetivos, prioridades e orientações de política criminal em que o crime aqui em apreço figura na alínea *g*) do nº 2[22] (Crimes

---

[16] Publicada no Diário da República I-A, n.º 79, de 02/04/2004.

[17] Tendo sido tornado público o depósito do instrumento de ratificação da Convenção, a partir do Aviso nº 121/2004, de 17/06/2004.

[18] Para efeitos do disposto no nº 13 do artigo 18º do mencionado Protocolo.

[19] Informação colhida aos 09/02/2019 em: *http://gddc.ministeriopublico.pt/sites/default/files/documentos/instrumentos/protocolo_adicional_conv_nu_trafico_mulheres_criancas.pdf.*

[20] Informação colhida aos 09/02/2019 em: *http://gddc.ministeriopublico.pt/sites/default/files/documentos/instrumentos/protocolo_adicional_cov_nu_trafico_ilicito_migrantes_via_terrestre_maritima_aerea.pdf.*

[21] Informação colhida aos 09/02/2019 em: *https://dre.pt/application/dir/pdf1sdip/2011/05/08800/0257402583.pdf.*

[22] "g) Os crimes de tráfico de pessoas, para efeitos de exploração sexual, laboral ou de tráfico de órgãos".

de prevenção prioritária) bem como alínea d) do nº 3 como "Crimes de investigação prioritária".

Tomei este protocolo por ser aquele que mais releva no que respeita a Criminalidade Organizada Transnacional, tema desta breve reflexão. Ao mesmo tempo, tomei o protocolo adicional intitulado em português "Tráfico ilícito de migrantes" para questionar o termo "tráfico" usado para traduzir o termo inglês "Smuggling[23]". Esta escolha levou-me a questionar a terminologia escolhida numa perspetiva criminológica. Na minha opinião, a escolha de traduzir "smuggling" por "tráfico" tem vindo a contribuir para um adensar da dificuldade em discernir ambas práticas criminosas, que têm balizas jurídicas bem definidas e que não devem ser objeto de sobreposição. Naturalmente, as redes criminosas organizadas que se dedicam a traficar pessoas podem conseguir retirar mais lucros de traficar pessoas de um país para outro, pela facilidade de coagir as vítimas ao silêncio, pela impossibilidade de as mesmas conseguirem comunicar numa língua diferente, por retirá-las do seu meio familiar, social e cultural para outro que pode ser completamente diferente. Ou até pela imposição de dúvidas acerca da seriedade e transparências das instâncias formais de controlo e dos seus agentes do país para onde foram levadas e onde estão a ser exploradas ou até pela dificuldade que as mesmas possam sentir em poder solicitar auxílio, por desconhecimento das autoridades a quem possam recorrer e por tantos outros motivos que poderiam ser aqui elencados. De qualquer maneira, o tráfico de pessoas pode ocorrer dentro das fronteiras de um mesmo país, não se exigindo, por isso, a transposição de qualquer fronteira para que o crime ocorra. O termo "smuglling of migrants", traduzido por "tráfico ilícito de migrantes" não deveria implicar a existência dos pressupostos do crime de tráfico de pessoas. Com a expressão "tráfico *ilícito* de migrantes" não se quis, por isso, remeter para o crime de tráfico de pessoas, ou não se pretendia elencar os parâmetros e bens jurídicos tutelados pelo crime de tráfico de pessoas, na exploração de uma vítima "migrante". Unicamente se procurou um termo em português que pudesse ilustrar a realidade a que se sujeitam os migrantes quando enveredam por

[23] Informação colhida aos 09/02/2019 em: *https://www.unodc.org/documents/middleeastandnorthafrica/organised-crime/UNITED_NATIONS_CONVENTION_AGAINST_TRANSNATIONAL_ORGANIZED_CRIME_AND_THE_PROTOCOLS_THERETO.pdf.*

esquemas criminosos associados às redes de auxílio à imigração ilegal. Não esqueçamos que o crime de auxílio à imigração ilegal não é um crime de investigação prioritária elencado na Lei nº 96/2017, de 23 de Agosto, contrariamente ao crime de tráfico de pessoas. São duas realidades distintas, com bens jurídicos diferentes e não devem ser confundidos. No entanto, e conforme mencionado no preâmbulo do protocolo adicional contra o tráfico ilícito de migrantes, tem vindo a tornar-se uma preocupação crescente a exploração de migrantes por parte das redes criminosas organizadas o que, por si só, não implica que o ato criminoso integre os parâmetros do crime de tráfico de pessoas[24]. O termo escolhido "tráfico" para a tradução de "smuggling", por isso, não terá sido o mais feliz, precisamente por poder induzir em erro o leitor menos atento ou avisado, no que respeita à potencial identificação do crime de tráfico de pessoas, quando o mesmo é distinto do de auxílio à imigração ilegal, realidade que é tratada neste protocolo adicional.

Esta distinção não parece clara, uma vez que a escolha do termo "tráfico" no título do protocolo para traduzir "smuggling" é indutora de confusão. E tanto assim é distinto que tal dúvida seria facilmente esclarecida numa leitura atenta do artigo nº 2º do referido protocolo, quando se apresenta como objeto do texto do protocolo o objetivo de "prevenir e combater a introdução clandestina de migrantes, bem como promover a cooperação entre os Estados Partes com esse fim", sem que nunca e em qualquer outra altura seja feita menção ou remissão para o crime de tráfico de pessoas. Apenas foi deixado o termo "tráfico" no título do protocolo. Mas tal escolha suscita dúvidas aos leitores com formação jurídica menos profunda, àqueles cujo olhar se centra unicamente na ótica da criminologia e a dúvida pode contribuir para uma menor clareza científica que deve distinguir um crime de outro.

Daí que seja necessário conhecer bem os pressupostos de cada realidade criminal – e posto que o protocolo adicional foi publicado juntamente com o protocolo principal, tal implica que, em termos políticos, as redes

---

[24] "Preocupados com o aumento significativo das atividades dos grupos criminosos organizados relacionadas com a introdução clandestina de migrantes e outras atividades criminosas conexas, enunciadas no presente Protocolo, que causam grandes prejuízos aos Estados afetados", excerto do preâmbulo do Protocolo Adicional contra o Tráfico Ilícito de Migrantes por Via Terrestre.

criminosas que se dedicam a introduzir clandestinamente migrantes por via ilegal se encontram, de alguma forma, incluídas no *modus operandi* de criminalidade organizada.

IV. AS FRONTEIRAS DAS DUAS REALIDADES CRIMINAIS: ONDE COMEÇA E ACABA CADA UMA

Assim, em muito breves termos e segundo o Protocolo de Palermo, o crime de tráfico de pessoas exige a coexistência de três elementos[25]: ação/conduta (agenciar, aliciar, recrutar, transportar, transferir, comprar, alojar ou acolher pessoa), meios[26] (grave ameaça, violência, coação, fraude ou abuso) e fins (tem sempre que haver um qualquer tipo de exploração da vítima – sexual, laboral ou outra qualquer forma de exploração incluível na forma aberta do nº 1º do artº 160º do Código Penal: "*exploração de outras atividades criminosas*). Para além destas particularidades legais, não é possível identificar um perfil único para vítimas ou agressores de tráfico de pessoas, destacando-se que nem todas as pessoas exploradas são, por esse facto, vítimas de tráfico de pessoas (a não ser que ação/conduta e meios tenha conduzido a essa forma de exploração). Contrariamente, mesmo que a vítima dê o seu consentimento na exploração, o ilícito subsiste, desde que o crime integre os seus elementos obrigatórios, conforme já referido, bem como desde que se verifiquem os meios usados para obter esse consentimento (sendo, no caso de crianças, irrelevante os meios de obtenção de consentimento[27]).

O relatório das Nações Unidas publicado em 2018[28], aponta 7 fatores chave distintivos do crime de auxílio à imigração ilegal (o correspondente ao "smuggling"): geográfico, os fins, o consentimento, a exploração, os lucros, a lesão infligida e os agressores, sendo que, nesta segunda ação criminosa é obrigatória a transposição de uma fronteira. A finalidade do auxílio à imigração ilegal não é a exploração. O consentimento e a exploração não

[25] Vide UNODC, 2018 a): vii para mais informações.

[26] No caso das crianças vítimas de tráfico de pessoas, não se exige a existência de meios, pressupondo-se, por si só, a existência de um abuso (UNODC, 2018 a): vii).

[27] UNODC, 2018 a): viii para mais informações.

[28] UNODC, 2018 a): ix.

são elementos deste crime, mas sim a obtenção de lucro. O lesado por este crime é o Estado (não sendo lesado o bem jurídico "liberdade pessoal", que resulta no facto de o crime de tráfico de pessoas constar no título do Código Penal "dos crimes contra as pessoas"). Os agressores, no crime de auxílio à imigração ilegal, apesar de poderem ser membros de grupos criminosos organizados ou agentes individuais, só são assim considerados quando a sua ação se pauta para obtenção de lucro ou benefício (na maioria dos casos). Avellino (2011: 48) aponta, de qualquer maneira, elementos comuns sobre os mecanismos de recrutamento e transporte tanto do tráfico de pessoas quanto do contrabando de imigrantes, concluindo que ambos os fenómenos são "duas instâncias distintas e de grave ataque aos direitos e liberdades fundamentais das vítimas".

Tendo em conta os dados publicados pelo Escritório das Nações Unidas sobre Drogas e Crime (UNODC, 2016: 9), 42% dos casos detetados de tráfico de pessoas são internos, mas os diferentes movimentos transfronteiriços, como as migrações e (comumente) os movimentos de pessoas que constituem crime (enquadráveis no tráfico de pessoas ou no auxílio à imigração ilegal, consoante os seus elementos) "são semelhantes para alguns países de destino em diferentes partes do mundo". Portanto, pode ser interessante explorar o crime organizado transnacional que envolve tráfico de pessoas e auxílio à imigração ilegal, bem como os movimentos forçados de pessoas. No entanto, há que manter rigor terminológico e conceptual e repensar a forma como se procede à escolha dos termos, pois tal implica uma responsabilidade acrescida e a necessidade de aprofundamento das questões.

V. CONCLUSÕES

A Organização das Nações Unidas "Transformando o nosso mundo: Agenda 2030 para o Desenvolvimento Sustentável" (2015) especifica como objetivos, em vários pontos do relatório, a erradicação do tráfico de pessoas e do trabalho forçado das nossas sociedades. Neste âmbito, a meta 5 (ponto 5.2) menciona a necessidade de erradicar formas de exploração sexual de mulheres e crianças. O objetivo 8 (ponto 8.7) refere-se à necessidade de tomar medidas para erradicar o trabalho forçado, a escravidão moderna e o tráfico de seres humanos. O ponto 16 (ponto 16.2) reforça a necessidade de proteger as crianças do tráfico de pessoas.

Os cálculos globais sobre a escravidão moderna (onde o tráfico de seres humanos pode ser incluído) não são conhecidos, mas aponta-se, uma estimativa de 45,8 milhões de pessoas como vítimas da escravidão moderna, em 2016, sendo a taxa mais alta de escravidão moderna na África, com 7,6 vítimas por cada 1.000 pessoas (OIT, 2017).

Em jeito de resumo, é necessário reter que

1) o tráfico de pessoas constitui um problema grave e uma prioridade para prevenir e reprimir na UE;
2) A exploração sexual ainda é a que mais vítimas de exploração aponta;
3) O tráfico de seres humanos é um crime que muda rapidamente, com novas formas constantes de exploração, rotas e coerção sobre as suas vítimas, tendo emergido também novas formas de o combater – legislação mais aperfeiçoada, novas tecnologias ao serviço da sua prevenção e repressão, envolvendo empresas privadas, o Estado e a sociedade civil;
4) sendo crimes totalmente distintos, tráfico de pessoas e auxílio à imigração ilegal tocam-se, partilham rotas, e podem ter outros pontos em comum, embora devam manter a sua distinção bem clara;
5) Os Estados têm demonstrado clara vontade de aperfeiçoar medidas de combate ao crime organizado, no qual se insere o tráfico de pessoas, mas há ainda um longo percurso a fazer que só em crescente conjunção de esforços poderá ter resultados positivos.
6) O papel da ciência e do ensino superior é fundamental para a adequada prevenção e repressão ao tráfico de pessoas, sendo necessário que os conhecimentos sejam veiculados e refletidos por todos, mas também pelos agentes do sistema de segurança pública e justiça, bem como da sociedade civil, para serem adotadas melhores práticas.

VI. REFERÊNCIAS BIBLIOGRÁFICAS

AVELLINO, R., 'Trafficking in persons: contemporary threat to human dignitgy', Elsa Malta Law Review, ed. I, 2011, pp. 65, http://www.elsa.org.mt/wp-content/uploads/2015/02/5.-Essay-Roberta-Avellino.pdf, (accessed 30 April 2019).

Belser P., 'Forced Labor and Human Trafficking: Estimating the Profits', Working Paper number 42, International Labour Office, Geneva, 2005, https://digitalcommons.ilr.cornell.edu/cgi/viewcontent.cgi?article=1016&context=forcedlabor.

Carvalho, S. (2009). Criminologia cultural, complexidade e as fronteiras de pesquisa nas Ciências Criminais. Bechara, Ana Elisa [coord.]. Revista Brasileira de Ciências Criminais. Ano 17, n. 81, 2009. Instituto Brasileiro de Ciências Criminais. Editora Revista dos Tribunais, 2009.

Ghafoori, B. (2017). Mental Health Services For Individuals Who Have Experienced Sex Trafficking. Pp. 60 a 69. A. Miranda Rodrigues; M. J. Guia, [Eds.] 'Livro de Atas. Conferência Internacional 18 de Outubro – Dia Europeu Contra o Tráfico de Seres Humanos'. Instituto Jurídico da Faculdade de Direito da Universidade de Coimbra, 2017.

Guia, M. J. (2017) Imigração e Tráfico de Pessoas; 7 Ligações Perigosas. In Valente, Maria Isabel e Guia, Maria João [Coord.] (2017) Revista Debater a Europa, nº 17, Jul-Dez. União Europeia e o Combater ao Tráfico de Seres Humanos. Imprensa da Universidade de Coimbra N.17jul/set2017 – Semestral ISSN 1647-6336 Disponível em: http://www.europe-direct-aveiro.aeva.eu/debatereuropa/ https://doi.org/10.14195/1647-6336_17_1.

ILO, Profits and Poverty: The Economics of Forced Labour, 2014, Geneva, https://www.ilo.org/global/publications/ilo-bookstore/order-online/books/WCMS_243391/lang-en/index.htm, (accessed 10 May 2019)

Kerr, P. (2016). *Treating trauma in the context of human trafficking: Intersections of psychological, social, and cultural factors*. In International perspectives on traumatic stress: theory, access, and mental health services. B. Ghafoori, Y.Caspi, S. Smith (Eds), (pages). New York: Nova Press.

Militello, V., 2017. La Tratta Di Esseri Umani *La Politica Criminale Multilivello E La Problematica Distinzione Con Il Traffico Di Migranti.* A. Miranda Rodrigues; M. J. Guia, [Eds.] 'Livro de Atas. Conferência Internacional 18 de Outubro – Dia Europeu Contra o Tráfico de Seres Humanos'. Instituto Jurídico da Faculdade de Direito da Universidade de Coimbra, 2017.

OTSH, Tráfico de Seres Humanos, Relatório de 2017, https://www.otsh.mai.gov.pt/wp-content/uploads/REC-OTSH_Relatorio_Anual_TSH_2017_2018.pdf

Tryfon, K., Predictions on combating international organized crime and more specifically on corruption in the UN Convention Against Transnational Organized Crime and in the hellenic legal order: evaluative approach, in International Journal of Asian Social Science, 2013, 3(5) p.1128-1151

UN General Assembly, Transforming our world: the 2030 Agenda for Sustainable Development, A/RES/70/1, Seventieth Session, 2015, http://www.refworld.org/docid/57b6e3e44.html, (accessed 10 May 2019)

UNITED NATIONS OFFICE ON DRUGS AND CRIME, Global Report on Trafficking in Persons 2018 (United Nations publication, Sales No. E.19.IV.2), page 10, accessed the 3d February 2019 at: https://reliefweb.int/sites/reliefweb.int/files/resources/GLOTiP_2018_BOOK_web_small%20%281%29.pdf

UNODC, 2018 a). "Countering Trafficking in Persons in Conflict Situations". Thematic paper. Vienna

UNODC, 2018 b) "Global Report on Trafficking in Persons 2018" (United Nations publication, Sales Nº E.19.IV.2).

UNODC, Global Report on Trafficking in Persons 2016, page 6, United Nations publication, Sales No. E.16.IV.6.

VAN DER LEUN, J. (2018). Criminal Policy, Migration Policy and Trafficking in Human Beings – addressing the dark figure. In Miranda Rodrigues, Anabela; Guia, Maria João [Eds.] (no prelo). Livro de Atas. Conferência Internacional 18 De Outubro – Dia Europeu Contra o Tráfico de Seres Humanos. Instituto Jurídico da Faculdade de Direito da Universidade de Coimbra.

THE FEDERAL POLICE AND THE INVESTIGATION OF ORGANIZED CRIME[1]

A POLÍCIA FEDERAL E A INVESTIGAÇÃO DO CRIME ORGANIZADO

ANTHONY W. PEREIRA[2]
Brazil Institute
King's College London

ABSTRACT: The Brazilian state in the 21st century appears to be a curious combination of high and low capacity. For example, it collects roughly 35 percent of GDP in tax revenue and coordinates the commanding heights of the economy in the service of domestic industry and export promotion. But it appears to be a low capacity state when it comes to the provision of order throughout the territory. The Brazilian state co-exists with non-state armed actors in poor neighborhoods, remote regions, and prisons, and rates of violence are high. This paper does not propose a comprehensive explanation of this dichotomy. Instead it looks at patterns in Brazilian state-building and points out that construction of a national police force has come relatively late and in a fairly modest form in Brazil compared to the state-building efforts made in other countries in the region. It then asks whether the Brazilian Federal Police could serve as an instrument by which the central state improves the provision of public security in the years to come.

Keywords: Police; crime; investigation; security; armed actors.

RESUMO: O Brasil no século XXI é uma curiosa combinação de alta e baixa capacidade. Por exemplo, coleta cerca de 35% do PIB em receita tributária e coordena os altos níveis da economia ao serviço da indústria nacional e da promoção das exportações. Mas parece ser uma Federação de baixa capacidade quando se trata de garantir a ordem pública e a

[1] **Como citar este artigo:**
PEREIRA, ANTHONY W. (2019). The Federal Police and the Investigation of Organised Crime. In: Manuel Monteiro Guedes Valente (Coord.). *Criminalidade Organizada Transnacional – Corpus Delicti* I. Coimbra: Almedina, pp. 189-206.
Draft manuscript prepared after research conducted with FAPESP grant 2016/50428-5 – "Tropical Leviathan: The Rise and Transformation of the Brazilian State", Presented at the international seminar Corpus Delicti: Studies in Transnational Organised Crime Autonomous University of Lisbon 21 November 2018.

[2] Acknowledgements: The author would like to thank fellow participants in the international seminar Corpus Delicti: Studies in Transnational Organised Crime at the Autonomous University of Lisbon for comments on an earlier draft of this paper.

segurança em todo o território. A Federação brasileira coexiste com atores armados não estatais em bairros pobres, regiões remotas e prisões, e os índices de violência são altos. Este artigo não propõe uma explicação abrangente dessa dicotomia. Analisa, antes, os padrões na construção da Federação e defende que a construção de uma força policial nacional chegou relativamente tarde e de uma forma bastante modesta no Brasil em comparação com os esforços de construção da Federação face ao seus estados e regiões. E interroga-se se a Polícia Federal brasileira poderia servir como um instrumento através da qual a Federação melhorasse a garantia da segurança pública nos próximos anos.

Palavras-Chave: Polícia; crime; investigação; segurança; atores armados.

INTRODUCTION

It is often assumed that Latin America lacks effective states. This assumption can be seen in the book by the political scientist Francis Fukuyama, Political Order and Political Decay (2014). In the book, Fukuyama argues that all states start out as what Max Weber called patrimonial, staffed by the friends and family members of the ruler and/or the dominant elites. Then gradually they become professionalized (although they can slip back towards patrimonialism, as the Trump White House reminds us).

"What is interesting about Latin America" writes Fukuyama "is the dogs that didn't bark" (Fukuyama 2014: 260). "With the partial exceptions of Chile and Uruguay" (Fukuyama 2014: 266), he writes, "states never achieved the capacity to dominate and mobilize their populations"; ..."the state was centralized and autocratic but relatively weak in capacity and unable to dominate its own elites" (Fukuyama 2014: 260). Instead of replicating the kind of state-building that occurred, for example, in Western Europe and parts of Asia, "countries in Latin America followed the paths of Greece and southern Italy and transformed nineteenth-century patronage politics into full-blown twentieth-century clientelism" (Fukuyama 2014: 266).

However, other scholars such as Laurence Whitehead insist that the bureaucratic capacity of many Latin American states has increased markedly since 1930 (Whitehead 2008: 12). That seems to be the case for Brazil. The Brazilian state now collects roughly 35 percent of the gross domestic product in tax revenue. It is in the top ten globally for its revenue, raking in US$ 619 billion in 2017[3]. Specialized, technically capable economic agencies such as the Central Bank, the Treasury, and the Commerce and Industry Ministry manage the commanding heights of the economy with considerable sophistication, facilitating the accumulation of about $380 billion in foreign reserves.

But it is not just in economic management that the Brazilian state seems to have considerable capacity. The Brazilian state has evolved constitutionally, with the development of a variety of robust accountability institutions, including an autonomous and capable judiciary, prosecutorial service, and auditing agencies.

The conditional cash transfer programme Bolsa Família or Family Allowance, Brazil's best-known social policy, is also a demonstration of the state capacity. The Cadastro Unico is a data base housed in the Ministry of Social Development that now holds information on about 27 million low income families. The Cadastro Unico is used for 20 different social programmes. 13.9 million of the families in the data base, or almost 50 million people, receive monthly transfers from the Caixa Economica Federal, a state bank, in the Bolsa Familia (Pereira 2015: 1682).

In many ways, then, the Brazilian state is not a "dog that didn't bark". Brazil's developmental, accountability, and social democratic state capacities have all advanced considerably since 1930, with increases in the latter two areas especially significant after democratization – the end of the military regime of 1964 to 1985 – and the promulgation of the 1988 Constitution[4]. It is a "tropical Leviathan", the largest state in Latin America, and both its size and its capacity have enabled it to have a global influence in some areas, such as public health, UN peacekeeping, climate change, and international trade.

---

[3] From List of countries by government budget, accessed at https://en.wikipedia.org/wiki/List_of_countries_by_government_budget on 26 December 2018. The source of the data is the CIA World Factbook for 2017. Brazil ranks ninth in the world for the size of its government budget, behind the USA, China, Japan, Germany, France, the UK, Italy, and Canada and ahead of India, Spain, Australia, South Korea, the Netherlands, and Saudi Arabia.

[4] Fukuyama acknowledges that Brazil's state capacity is mixed, noting its "excellent ministries and agencies coexisting with highly corrupt and underperforming ones" (Fukuyama 2014: 267). Nevertheless, his dominant perspective on Latin American state building is that of "dogs that didn't bark", emphasizing the weakness of these states in comparison to those of Western Europe, East Asia, and the United States.

This tropical Leviathan has also made a difference to the lives of its citizens. Due in part to state policies, over the last thirty years infant mortality has dropped, life expectancy has increased, nutrition levels have improved, access to education and training has expanded, and household incomes have risen. Poverty has decreased markedly, and there has even been some modest reduction in income inequality. Despite the severe recession of 2015 and 2016, there are many more Brazilians today enjoying a decent standard of living than there were in 1988.

However, the Brazilian state is still a low capacity state in some areas. Perhaps the most important area in which it is weak is the maintenance of order throughout the territory. This involves concentrating a preponderance of coercive power (what Weber called the monopolization of legitimate violence) and enforcing a rule of law based, at least in principle, on the idea of equality of citizenship.

What sort of evidence do we have for this assertion? The homicide rate is one important indicator. It has almost tripled since 1980 and topped 30 per 100,000 in 2017. The good news heralded by Steven Pinker that globally we live in an unprecedented era of low rates of violence is little consolation to Brazilians (Pinker 2011). There were 63,880 victims of violent intentional killings in Brazil in 2017, almost twice the estimated number of people killed in Syria in the same year (Forum Brasileiro de Segurança Pública 2018). Many of the victims were under 18, and the majority were poor, non-white young men.

Brazil's homicide rate is almost thirty times that of the UK, but it is also five times as high as the average in Argentina, Chile, and Uruguay, countries that, like Brazil, are middle-income countries in terms of GDP per capita[5] and which are in the same region. The rise in the homicide rate has been accompanied by a rise in other types of violent crime. (For example, 60,018 rapes were reported in Brazil in 2017; see Forum Brasileiro de Segurança Pública 2018).

The provision of order involves the ability of the state to enforce its rules throughout the territory. However, agents of the Brazilian state co-exist

[5] These countries are all middle-income countries with per capita GDPs in 2017 ranging from $16,246 (Uruguay), to $15,346 (Chile), to $14,402 (Argentina), and $9,821 (Brazil). Source: GDP Per Capita (current US$), published by The World Bank and found at https://data.worldbank.org/indicator/NY.GDP.PCAP.CD on 2 November 2018.

– and sometimes collude with – a large number of non-state armed actors (such as militias, landlords' gunmen, drug traffickers, and other organized criminal groups) in – for example – poor urban neighborhoods, prisons, and remote regions. This situation led the political scientist Guillermo O'Donnell to write about what he called "brown areas" that are both functional and territorial and in which the state's presence is either minimal or non-existent (O'Donnell 1993). Desmond Arias countered that in favelas there often is a police presence, but it is perverse, allied to one or another criminal gang (Arias 2006). The political scientist Graham Denyer Willis, for his part, writes of a situation of "dual sovereignty" between the state and organized criminal groups such as the PCC, the Primeiro Comando do Capital or the First Command of the Capital (Willis 2015).

The police are in the front line of this problem of violence. In 2017, according to the Brazilian Forum for Public Security, 367 police officers were killed, most of them while they were off duty. That averages to one civil or military police officer killed every day in Brazil. For their part the police killed 5,144 people in the line of duty, or an average of 14 people per day. This means that almost 9 percent of the victims of violent intentional deaths in 2017 were the police or people caught up in police actions (Forum Brasileiro de Segurança Pública 2018).

How can we explain this striking dichotomy between the simultaneously low and high capacity of the Brazilian state? Why didn't the state's capacity to enforce basic order and to extend the rule of law throughout society increase to the same extent as its capacity to create and manage complicated macroeconomic and social policies, or to regulate the conflict and competition between various branches of government? This is an urgent question because fear of – and anger about – rising levels of crime and violence, and the state's apparent incapacity to check that rising tide, was a factor in the outcome of Brazil's presidential election in 2018. And it is an outcome that could pose real dangers to liberal democracy in Brazil.

In this manuscript, I will not present a well-worked out answer to the question I raise. I will instead explore some historical patterns in Brazilian state-building and policing.

This manuscript will focus on three periods. The first is the1930s, after the 1930 revolution. The second is the late 1960s, after the 1964 coup d'état. And the third is the current democratic period. An assumption of this manuscript is that it is possible for the state to at least partially ameliorate the problem of violence and the uneven application of the rule of law in the country. (For example, despite the larger national trends, there have been recent drops in homicides in São Paulo and Rio de Janeiro.)

The overall pattern of all three periods is that in the first, the central state's coercive power was increased by building up the Army, reducing the power of the state militias, and subjecting the latter to the former. In the second period, coercive power was centralized in a different way, with the Army building up, reinforcing, and coordinating the military police. And in the democratic period, coercive power remained largely decentralized, but the Army served as a stopgap and a viable, national civil police force finally emerged.

STATE BUILDING AND COERCION IN THE 1930S

Through the work of scholars such as Benedict Anderson (1983) and Eric Hobsbawm (2012) we are used to considering nations as imagined communities, but in some sense states are too. They have symbolic power. That is very important and that point will be returned to later. But symbolic power is not enough. States need, at a minimum, "lawyers, guns and money" (in the words of the Warren Zevon song): constitutionalism or at least some set of enforceable rules, coercion, and capital. They also need, at least in some areas, rational-legal bureaucracies marked by meritocratic recruitment, professional training, and orientation to "objective" state interests rather than personal ones.

For Charles Tilly, coercion is one of the keys to understanding states. He defines the state as "an organization, controlling the principal means of coercion within a given territory, which is differentiated from other organizations operating in the same territory [and is], autonomous, centralized, and formally coordinated" (Tilly 1975b: 638). Coercion "defines a realm of domination" and the means of coercion "center on armed force, but extend to facilities for incarceration, expropriation, humiliation and public threats" (Tilly 1992: 19).

The armed forces and the police are key wielders of coercive power, and that power is projected outwards from the national territory and inwards towards the national population. State formation often involves both warmaking attacking rivals outside the state's territory and statemaking "attacking and checking competitors and challengers within the territory claimed by the state" (Tilly 1992: 96).

Brazil's state formation differed from that of Spanish America in three key respects. The metropolitan power – Portugal – was weak. The Brazilian land mass was vast, and slavery endured until 1888 (Whitehead 2008: 7, footnote 3). State sovereignty was dynastic. For Whitehead, "Until 1889 it could be said that the Emperor rather than the state personified a national unity that was still strongly contested by regional movements. Thus, after the declaration of the Republic, Brazil still faced many of the problems of state formation (particularly the economic and political consequences of pursuing a liberal model of social organization) that had already been confronted by its Hispanic neighbors a generation or more before" (Whitehead 2008: 7, footnote 3).

Brazil has also not engaged in warmaking in the last 150 years, after the war against Paraguay, which ended in 1870, and aside from Brazil's important, but relatively brief engagement in World War II. It therefore did not follow a classic path to a modern state, which is by way of military competition. We see this pattern, for example, in ancient China, Prussia, and Japan (and, in Latin America, Chile), as well as, to a greater or lesser degree, many European states. This is called the bellicist" or "bellic" perspective on state formation and it was captured by Tilly in the phrase, "War made the state and the state made war" (Tilly 1975a: 42).

In this trajectory, national survival is dependent on efficient state organization. In Fukuyama's words, "The need to create an army puts a premium on meritocratic recruitment; it necessitates new taxes and revenue-raising capacity; it requires bureaucratic organization both to tax and to manage the fiscal and logistics chain that supplies the troops in the field; and it upsets inter-elite relationships by forcing the recruitment on non-elites to serve in and often lead the army" (Fukuyama 2014: 199-200). But Brazil, like many states in the Global South, did not follow this path.

In the Old Republic from 1889 to 1930, there was a wide gap between the liberal, constitutional aspirations of the central state and reality. Communication and transportation within the vast territory were difficult. Subnational divisions continued to have their own armed forces (Whitehead 2008: 9). The first French military mission to Brazil in 1906 was attached not to the Army but the Força Pública of São Paulo, the ancestor of today's Military Police. The Old Republic was oligarchical and ruled by traditional elites with non-state sources of social power – the ownership of land, family lineage, and positions of advantage in international trade and finance (Whitehead 2008: 9).

In Brazil, the 1930 revolution brought an end to the decentralized Old Republic and was a crucial step towards the creation of a significant central state (Whitehead 2008: 21). The Liberal Alliance that came to power depended on the force of arms of the Força Pública of Minas Gerais and the Brigada Militar of Rio Grande do Sul, with help from the Força Pública of Paraiba. Members of the Alliance wanted to make sure that other rebellions by state-level forces would not be successful. In 1932 the Federal government put down a revolt in São Paulo, bombing the civilian population from the air in the process.

Getúlio Vargas, who was who was president from 1930-45, and again from 1951-54, said to the Congressman Valdemar Ferreira in 1937, "My proposal is the maintenance of order, because I do not want what occurred in '32 with the Paulista Revolution to happen again" (Lira Neto 2013 Vol II: 289).

Interventors were appointed by the executive in the states. The Federal government claimed executive and legislative authority. The Army was made more powerful. The state militias were subordinated to the Army (Whitehead 2008: 21-22). The 1934 Constitution and Law 192 of 1936 made the state police the reservists of the Armed Forces and this was upheld in the 1937 Constitution (Bueno 2014: 42). Getúlio Vargas said in Petrópolis in 1937, "The Armed Forces will never permit other flags to wave higher than ours" (quoted in Lira Neto 2013 Vol II: 289). In the same year, after the establishment of the Estado Novo in an auto-coup, the Federal government, in a rather odd ceremony, burned the twenty state flags (Whitehead 2008: 22).

Brazil had little to fear from its neighbours at this time. Apart from the southern frontier, there were few external security concerns. The threats that drove state builders in Brazil were largely internal. For example, an attempted Communist uprising was put down in 1935.

In the 1930s, the beginnings of the developmental and social state and a rational-legal bureaucracy were constructed. The ministries of Labour, Industry and Commerce, Education and Public Health were established. The Administrative Department of the Public Service, DASP (Departamento Administrativo de Serviço Público) was set up in 1937. DASP "represented a very large increase in federal administrative capabilities..." (according to Whitehead 2008: 41). It promulgated a statute of federal civil servants

(1939), promoted "scientific" methods of public administration, and engaged in the training of civil servants.

There was also repression. The Chief of Police of the Federal District (then Rio de Janeiro) Filinto Müller was widely feared. The Vargas regime locked up and tortured thousands of political prisoners, moving against both the Communist and Integralist parties, for example. But its actions were focused largely on Rio de Janeiro, and it did not have a nationally integrated repressive apparatus.

Brazil was still an agrarian society, and coercion was still widely decentralized amongst landowners and subnational governments. Kurtz (2013: 9) writes, "Where servile labour relations remain important, economic elites rely on local control over the official coercive apparatus: they must be able to both prevent the flight of involuntary labour and confront the rebellions that are endemic to such systems...For, to centralize political and coercive authority, a necessary first step in the state-building process, would put elites in both economic and physical jeopardy".

In summary, the 1930s saw advances in state formation in Brazil. The drivers were internal conflict rather than external warfare. The central state still had a limited coercive capacity, but it managed to minimize the ability of state actors to use state militias to challenge the center. The Army was key.

STATE BUILDING AND COERCION IN THE 1960S

State capacity and the centralization of coercion increased under the military regime that came to power in 1964. In terms of the developmental capacities of the state, a number of new state-owned enterprises were created, the Ministry of Planning (Planejamento) was reopened under Minister Roberto Campos, and Brazil continued its process of industrialization with the heavy presence of multinational corporations.

When it comes to coercion, there was innovation as well. A national system of intelligence and repression, absent under the Vargas regime in the 1930s, was created. The national intelligence agency the SNI was set up in 1964 and the DOI-CODIs, the police-military units established to repress the armed left in the late 1960s, are examples of this. The international state system during the Cold War, and the assistance of the United States, strengthened the armed forces and reinforced their inward orientation.

Local forms of coercion on plantations, ranches and farms were losing their grip as Brazil's workforce moved to the cities but the state's coercive capacity became more sophisticated.

During the 1964-85 military regime, the Forças Públicas of the states were put under the control of the Ministry of the Army. In Decree 667 of 1969, ostensive policing was made the exclusive responsibility of the Força Pública.. São Paulo had a Guarda Civil, a uniformed police force modeled on the London Met, but this force was abolished. In 1970 Decree Law 127 abolished the Força Pública and created the PMs of São Paulo, and expanded and militarized it (Bueno 2014: 43-44).

A declassified American document from July 1969 gives a flavour of the changes taking place at this time. A confidential State Department telegram sent to Washington from Brazil by the then-US Ambassador Charles Burke Elbrick (the one who was later kidnapped) commented on the military coordination of security agencies. During a meeting in Rio on 21 July 1969, General Jose Canavarro Pereira, then the Commander of the Second Army in Sao Paulo, gave a briefing on the security situation in his area. The major security deficiency was seen as the lack of coordination among security forces. "He [General Canavarro] said that one agency often would not talk with another and that only `ad hoc' Second Army management had kept things from total collapse. The obvious professionalism and recent marked increase in the boldness of terrorist groups call for immediate reorganization of security effort...if public confidence is not to be destroyed".

"Federal control of state militias recently has been tightened and this will prove helpful in executing the new approach to police work...The Army is moving ahead rapidly [to]... strengthen Sao Paulo city and state garrisons. Existing units will be reorganized to provide greater mobility and operational effectiveness...<u>Sao Paulo had long been neglected deliberately by Army for fear local politicians might subvert the Federal forces</u>, but this consideration has lost importance in the context of urban terrorism. There is considerable optimism in Army circles that existing police apparatus can be effective if properly coordinated and supported [emphasis added]".

In Rogerio Arantes' words, "the military regime's investment in political police, public security, and national security was much more targeted toward the unification and strengthening of state military police forces, under the command of the army itself, leaving the Federal Police in a secondary role (Arantes 2011: 190). Once again, the Army was key.

THE DEMOCRATIC PERIOD

Brazil redemocratized without a widespread Weberian-type bureaucracy at the Federal level. Mainwaring (1999: 182) claims that in 1985, only about 7 percent of Federal public employees had been hired through civil service exams (concursos). However, according to Ben Ross Schneider and Blanca Heredia, the 1988 Constitution "extended fairly rigid Weberian reforms, such as entrance only by examination and tenure for all civil servants" (Blanca and Heredia 2003: 11). The number of people entering the Federal bureaucracy on the basis of an exam – one amongst many indicators of a shift away from patrimonialism towards a more professional state – gradually rose. While in 1996 a majority of new Federal employees were hired without a civil service exam, in 2014 the number of new employees entering on the basis of the exam was six times greater than the number entering without it (Pereira 2016: 146).

The 1988 Constitution did not really change policing (Bueno 2014: 43-44) and the Army's role in policing, which we saw was considerable in 1969, was cut back. The two main forces, the uniformed military police and the investigative, plainclothes civil police, remained under the control of Governors.

Public security in the democratic period has been marked by politicization of the police, a fragmentation of forces, and the growth of a parallel private security industry that is closely linked to the public system. By politicization I mean that politicians interfere in police work through clientelistic networks and that police officers use their support amongst the public to run for office.

Fragmentation means that there are 54 police forces in the 27 states and Federal District, and the civil and military police often do not cooperate, often using different radio frequencies, different territorial boundaries. (This is not to mention the municipal guards.) They often compile different sets of crime data. Their organizations have different, often clashing mentalities.

Current estimates are that there are about 425,000 PMs in Brazil in total, far more than troops in the Army (220,000) and more than the Civil Police (118,000). There are an estimated 600,000 private security guards (many of them also in the police).

The praças in the PMs (sergeants and below) are often badly paid and badly trained. Their officers have a separate career track, earn much more than they do and have a high degree of disciplinary control over the praças. Alleged crimes committed by the state military police are tried in state military courts, unless the crimes are homicide or attempted homicide. Policing in the states is highly variable. Attempts to engage in what is called community policing have been made, and councils have been established in many places in which citizens can dialogue with the police. Police stations for women have been established. But other units, such as the BOP, part of the PMs in Rio, operate in ways that more closely resemble counter-insurgency warfare than day to day policing.

Adam Prezeworski writes that in a democracy, citizens will have an incentive to demand that the law be applied impartially. They will have an interest in preventing the state from abusing people's rights, because by doing so, they are protecting themselves from state abuse in the future (Przeworski 2005). Public security as a public good will be promoted by democratic governments.

It does not seem to have worked out that way in Brazil. The large number of private security guards attest to the fact that for many people security is a private or at least a club good. As with education and health, people opt out of the public system by buying services on the market. Because police violence is often applied predictably and selectively to particular, readily identifiable groups, many citizens do not have an interest in protesting these transgressions. They may instead see the transgressions as protecting them. A recent survey conducted by Datafolha for the Brazilian Forum for Public Security found that over half of the survey respondents agreed with the statement, "a good criminal is a dead criminal"[6].

Also, the gap between the universalism of formal legality and the actual extension of citizenship rights is exacerbated in Brazil by the country's high degree of economic inequality. Criminal law in Brazil creates special conditions of imprisonment for a large number of people, such as state officials, university graduates, and members of the clergy. There are special jurisdictions for public officials – the privileged forums, which have started to be reduced but are still extensive. The anthropologist Roberto Kant de

---

[6] From "Para 57% dos brasileiros, 'bandido bom é bandido morto' diz Datafolha" in Globo.com 2 November 2016 at g1.globo.com/sao-paulo/noticia/2016/11/para-57-dos-brasileiros-bandido-bom-e-bandido-morto-diz-datafolha.html accessed on 26 December 2018.

Lima argues that the Brazilian legal system has its roots in pre-republican, hierarchical conceptions of society, which has created an inquisitorial style of treatment of criminal suspects.

In the face of the poor performance of the police in Brazil, the Army is frequently called in to patrol in operations Guarantee of Law and Order (Garantia da Lei e Ordem, GLO) missions. A recent Ministry of Defense document (found on the Ministry's web site) calculated that there were 107 GLO operations between 1992 and 2017, 21 for urban violence, 23 for military police strikes, 27 for events such as the World Cup and Olympics, 12 during elections to guarantee the right to vote, and 24 for "others".

What is interesting about the democratic period is that, especially from the 2000s on, the Federal Police has emerged as a visible and effective force. The Lava Operation was their investigation, along with other equally creatively named operations (Vampiro in 2004, Sanguessuga in 2006, Satiagraha in 2008, Operation Durkheim in 2012). According to Rogerio Arantes, political elites in the states have always distrusted the idea of a civilian police force with national jurisdiction and the ability to act in all states. "The Federal Police's role over the past few years thus marks a considerable break with tradition" (Arantes 2011: 190). For Arantes, "The secondary role of the Policia Federal under the authoritarian regime placed it in an ambiguous situation when the country began democratizing: it had a less negative image than other state security bodies, but its institutional role was more precarious" (Arantes 2011: 191).

In the early 1990s, the Federal Police had its first civil service exam in ten years. Entering the police at the time was the cadre of people who currently run the force. This coincided with the rise of new technology and in the early 1990s the Law of Telephone Interception was passed, allowing the Federal Police to seek judicial approval for the tapping of mobile phones.

In the 2000s the Federal Police benefited from increasing resources. They were fully civilian at this point (their first eight Directors-General from 1964 to 1974 were Army officers) with a Director General, who has to be from inside the force, appointed by the Minister of Justice. The Federal Police are well paid, well educated, and technological leaders in policing in Brazil. In the 2000s state governors appointed many from their ranks to lead secretariats of public security in the states.

The Federal Police have offices in all the states and the federal district, and an international presence in the embassies of the 10 South American countries that have a border with Brazil, South Africa and Singapore, the US, Mexico and Canada, and Spain, France, Italy Portugal and the UK in Europe. More recently, you've seen the creation of units focused on financial crimes, the first ones established in Sao Paulo and Curitiba. These units work internationally with partners in places such as Switzerland and Panama to trace international money laundering.

The autonomy of the Federal Police has increased. In November 2018 a Federal Police investigation given to the Federal Prosecutor General's office led to an indictment of the sitting president Michel Temer, and ten other people in a case involving an alleged corruption scheme in the port of Santos[7]. President Temer is the first Brazilian president to be indicted in office, and he has been indicted more than once (he was indicted by the then-Prosecutor General Rodrigo Janot in 2017).

To put the significance of this in context, imagine that the Civil Police in a state, working under the direction of a Chief of Police appointed by the Governor, investigated corruption involving the Governor, and presented that evidence to prosecutors who indicted the Governor. Would that happen in any state in Brazil at the moment? This is unlikely.

Table 1 shows that Brazil's Federal Police was started relatively late and is small compared to similar forces elsewhere than in Latin America and South Africa. The table understates its small size because it is supposed to have 15,200 police and 3,100 administrative staff, and it currently (as of December 2018) has a deficit of 4,000 people. The results of the recent civil service exam (concurso) show that 147,744 people competed for 500 places in October 2018, and those 500 people will start training at the National Police Academy in Brasilia in April-May.

[7] "Michel Temer indiciado por corrupção" in TVI 24 at https://tvi24.iol.pt/internacional/brasil/michel-temer-indicado-por-corrupcao accessed on 27 October 2018.

TABLE 1

Country	Force	Founded	Number	Total Population (millions)	National Police per 100,000
Argentina	Federal Police	1891	29,948	44	68
Chile	Carabineros	1927	51,728	18	287
Colombia	National Police	1891	183,333	50	367
Mexico	Federal Police	1928	40,000	130	31
South Africa	SA Police Service	1995	141,389	57	248
Brazil	Federal Police	1964	15,000	209	7

Arantes hails the emergence of the Federal Police. "Finally, a civil police force is emerging that is national in nature, something unprecedented in Brazil. Throughout our political history, democratic periods have coincided with a strengthening of state autonomy in the federative setup – concentrating the prerogative of organizing their own justice and police forces, thus inhibiting the appearance of a national police force – and authoritarian periods have been marked by a central government that had no interest in investing in a civil safety apparatus, only in developing its own military forces. Even after the last redemocratization process in the country, the security agenda was, for quite some time, hostage to the need to disassemble the authoritarian military legacy and conform the police to the principles of the rule of law, as part of the fight for human rights. Only toward the end of the Cardoso administration and the start of the Lula administration did the agenda detach itself from the initial goals of the democratic transition and adopt, more clearly, the idea of expanding and strengthening the police apparatus with a view to fighting organized crime and corruption" (Arantes 2011: 194-195).

CONCLUSION

To conclude, I've argued against Fukuyama that the Brazilian state is not a "dog that didn't bark". Brazilian state building is so impressive in many ways.

When it comes to the developmental, constitutional, and social functions of the state, the achievements since 1930, and especially since 1988, are substantial. But when it comes to the provision of basic social order, the monopolization of legitimate violence, and the uniform enforcement of the rule of law, the extension of state power seems much more fragile.

Prior to the democratic period that began in the late 1980s, significant increases in state capacity occurred during periods of authoritarian rule in which internal conflict was high. State building centered around suppressing inter-elite challenges to central authorities. In the 1930s, there was the post-revolutionary "caging" and subordination of the provincial armies, and in the late 1960s, the militarized coordination of the state military police forces. The Army was the key actor in both transformations.

In both reforms, coercive forces that could be used in inter-elite conflicts and that threatened dominant interests were subject to the control of the central state. However, local coercive forces that were top down, aimed at people in the lower social strata, were never subjected to this central control and "caging". Brazilian state formation is thus marked by a duality – freedom for local elites to apply coercion to "their" subject populations, at the same time that coercive forces that threatened the national centre were subject to increasing control and subordination. This compromise may have made sense in the past, but it looks increasingly anachronistic today.

I believe that we should not rationalize or excuse the violence and lack of extension of the rule of law in Brazil. Some people do. In the classic film The Third Man the character Harry Lime, played by Orson Welles, says "In Italy, for 30 years under the Borgias, they had warfare, terror, murder, bloodshed, but they produced Michaelangelo, Leonardo da Vinci, and the Renaissance. In Switzerland, they had brotherly love; they had 500 years of democracy and peace – and what did they produce? The cuckoo clock!"

I prefer to side with Charles Tilly, who concluded his book Coercion, Capital and European States (1992: 227), "Until other forms displace the national state...The only real answer is to turn the immense power of national states...toward the creation of justice, personal security, and democracy. My inquiry has not shown how to accomplish this gigantic task. It has, however, shown why the task is urgent."

Compared to other state builders in Latin America, Brazilian state builders invested relatively late in constructing a civilian national police force, and when they did, their investments were relatively modest. Although the Federal Police force was created in 1964, it was a comparatively weak organization until the early 1990s. In the decades since, it has grown in resources and capacity, but is still a small organization compared to its counterparts in other Latin American countries. State managers have continued to rely on the Army as a stop-gap force in public security, deploying it in GLO (the guarantee of law and order) operations such as the operation in Rio de Janeiro in 2018.

The Federal Police's capacity to investigate organized crime and corruption has increased markedly. As limited as that capacity still is, the visibility of that police force holds great symbolic power. Since the promulgation of the 1988 constitution, effective citizenship has expanded. Security is still not effectively provided as a public good. But what has happened in the democratic period is very important because unlike the 1930s and 1960s, now, in this period, there has been an increase in state coercive capacity that is largely civilian and rational-legal.

Lava Jato, the Carwash anti-corruption investigation, is one example of the enhanced visibility and capacity of the Federal Police. It is controversial and I understand some of the criticisms leveled against different aspects of it. But the fact that it is the civilian Federal Police leading the investigation is significant. It is a major achievement, and this capacity can be enhanced and deployed against both violent organized crime and white-collar corruption, making Brazil both safer and less corrupt.

This is an achievement that – one hopes – will not be jeapordized by the government that will assume office on the 1st of January 2019.

REFERENCES

ANDERSON, BENEDICT (1983) Imagined Communities: Reflections on the Origin and Spread of Nationalism (London: Verso).

ARANTES, ROGÉRIO B. (2011) "The Federal Police and the Ministério Público" in Timothy J. Power and Matthew M. Taylor, eds. Corruption and Democracy in Brazil: The Struggle for Accountability (Notre Dame, IN: University of Notre Dame Press) pp. 184-217.

ARIAS, DESMOND (2006) Drugs and Democracy in Rio de Janeiro: Trafficking, Social Networks and Public Security (Chapel Hill: University of North Carolina Press).

Fórum Brasileiro de Segurança Pública, *Anuário Brasileiro de Segurança Pública 2018*. São Paulo, 2018 Disponível em: http://www.forumseguranca.org.br/publicacoes/anuario-brasileiro-de-seguranca-publica-2018/

Fukuyama, Francis (2014) Political Order and Political Decay: From the Industrial Revolution to the Globalization of Democracy. London: Profile Books.

Hobsbawm, Eric (2012) Nations and Nationalism Since 1780: Programme, Myth, Reality (Cambridge: Cambridge University Press, second edition).

Kurtz, Marcus (2013) Latin American State Building in Comparative Perspective. Cambridge: Cambridge University Press.

Neto, Lira (2013) Getúlio: 1930-1945: Do governo provisório aos à ditadura do Estado Novo. São Paulo: Companhia das Letras.

O'Donnell, Guillermo (1993) "On the State, Democratization and Some Conceptual Problems (A Latin American View with a Glance at Some Post--Communist Countries)" in World Development Volume 21, Number 8 pp. 1355-1370.

Pereira, Anthony (2015) "Bolsa Família and Democracy in Brazil" in Third World Quarterly, Volume 36, Number 9, September, pp. 1682-1699.

Pereira, Anthony (2016) "Is the Brazilian State Patrimonial?" in Latin American Perspectives, Volume 43, Number 2, March, pp. 135-152.

Pinker, Steven (2011) The Better Angels of our Nature: The Decline of Violence in History and its Causes. London: Allen Lane.

Przeworski, Adam (2005) "Democracy as an Equilibrium" in Public Choice, Volume 123, Issue 3-4, June, pp. 253-273.

Tilly, Charles (1992) Coercion, Capital and European States, AD 990-1992. Cambridge, MA: Blackwell.

Tilly, Charles (1975a) "Reflections on the History of European State-Making" in Charles Tilly, ed. The Formation of Naitonal States in Western Europe (Princeton: Princeton University Press), pp. 3-83.

Tilly, Charles (1975b) "Western State Making and Theories of Political Transformation" in Charles Tilly, ed. The Formation of Naitonal States in Western Europe (Princeton: Princeton University Press), pp. 601-638.

Whitehead, Laurence (2008) "State Organisation in Latin America Since 1930" in Leslie Bethell, ed. The Cambridge History of Latin America, Volume 6, Part II (Cambridge: Cambridge University Press, 2008) pp. 1-95.

Willis, Graham Denyer (2015) The Killing Consensus: Police, Organized Crime and the Regulation of Life and Death in Urban Brazil. (Berkeley: University of California Press).

NOTAS ATUAIS SOBRE MEDIDAS CAUTELARES PATRIMONIAIS NO SISTEMA PROCESSUAL PENAL BRASILEIRO

CURRENT NOTES ON PRECAUTIONARY PROPERTY MEASURES IN THE BRAZILIAN CRIMINAL PROCEDURE SYSTEM

MARTA SAAD[1]

Professora Doutora dos Cursos de Graduação e Pós-Graduação da Faculdade de Direito da USP (Universidade de São Paulo). Ex-Presidente do IBCCRIM (Instituto Brasileiro de Ciências Criminais). Advogada.

RESUMO: O artigo analisa o tratamento normativo dado às medidas cautelares patrimoniais no sistema de processo penal brasileiro. Mostra como estas medidas, projetadas no Código de Processo Penal para o marco específico político-criminal da década de 1940, têm sido hoje utilizadas para enfrentamento de delitos econômicos, com contornos diversos, pluralidade de autores e transnacionalidade. Apresenta o modelo normativo existente, as reformas havidas na legislação brasileira na tentativa de adequá-lo inclusive perante compromissos internacionais assumidos pelo Brasil e os projetos de lei hoje em tramitação. Os projetos analisados, ao invés de revisar o sistema para traçar pressupostos e requisitos mais claros, meios de impugnação e defesa, alargam as possibilidades de decretação de medidas cautelares patrimoniais, somando novas hipóteses ao já confuso modelo hoje existente.

Palavras-chave: Medidas cautelares patrimoniais; sequestro de bens; arresto de bens; hipoteca legal; sequestro por equivalência; sequestro alargado.

ABSTRACT: The article analyzes the normative treatment given to seizure, forfeiture, and asset confiscation in the Brazilian criminal system. It shows how these measures, introduced in the Code of Criminal Procedure in light of the criminal justice policy of the 1940s, are being applied to deal with criminality of altogether different characteristics

---

[1] **Como citar este artigo:**
Saad, Marta (2019). Notas Atuais sobre Medidas Cautelares Patrimoniais no Sistema Processual Penal Brasileiro. In: Manuel Monteiro Guedes Valente (Coord.). *Criminalidade Organizada Transnacional – Corpus Delicti* I. Coimbra: Almedina, pp. 207-235.

Este trabalho foi apresentado no SIECO I, cuja viagem foi financiada por fundos nacionais através da FCT – Fundação para a Ciência e a Tecnologia, I.P., no âmbito do projeto Refª UID/DIR/4441/2016.

such as plurality of offenders and transnationality. The article reviews the normative model in force, the reforms introduced over time to conform it to the international commitments assumed by Brazil, and the legislative bills in discussion. The bills, failing to lay out more adequate requirements and mechanisms of defense, extend the reach of the outdated system, adding new hypotheses to the already confused model that exists today.

Keywords: Asset confiscation; extended criminal confiscation.

1. INTRODUÇÃO

O marco normativo do Código de Processo Penal brasileiro de 1941 reflete a condição político-criminal de seu tempo. Em escassos vinte artigos, trata das medidas cautelares patrimoniais, chamadas medidas assecuratórias, de maneira confusa e assistemática, relacionando-as com os efeitos da decisão penal condenatória, assim previstos no Código Penal.

As medidas assecuratórias foram pensadas para um modelo de separação de instâncias de apuração de responsabilidade, com cada medida destinada a assegurar um efeito da condenação.

Organizadas para a criminalidade de seu tempo, interindividual, foram ao longo do tempo muito pouco utilizadas. Hoje, porém, estas medidas têm sido demandadas para processos que apuram a criminalidade econômica, com a ideia de que o sistema penal pode reduzir os benefícios das empreitadas criminosas.

Tem-se então o engajamento das medidas assecuratórias, pensadas em marco específico – o da década de 1940 –, para o enfrentamento de delitos econômicos, cujos contornos mostram-se profundamente diversos daquele momento histórico, principalmente pela pluralidade de autores, na maior parte das vezes imiscuídos com pessoas jurídicas, e pela flexibilização de conceitos dogmáticos clássicos, o que leva, por isso, ao descompasso normativo.

Acresça-se a isso o fato de que a própria legislação em vigor já era bastante confusa, demandando do aplicador exegese dificilmente concluída com sucesso.

As reformas legislativas esparsas havidas em 2006, 2012 e 2013 não lograram adaptar à nova criminalidade o que já tinha limitações na legislação anterior, quer pela assistematicidade que permeia estas reformas pontuais, quer porque continuam a fazer referência ao disposto no Código de Processo Penal, ultrapassado.

Hoje, vive-se então em um modelo de atuação imprópria: o juiz "tortura" os preceitos normativos em busca de efetividade e o acusado, diante da atuação judicial pautada muitas vezes pelo poder geral de cautela, mas sem tipicidade de medidas cautelares, não tem meios suficientes de defesa, em razão da pouca clareza quanto a pressupostos e requisitos para decretação das medidas e meios adequados de impugnação.

O que o presente trabalho pretende apresentar é o modelo normativo hoje existente, assim como os projetos de lei em tramitação com vistas a alterar a disciplina legal das cautelares penais patrimoniais no sistema brasileiro.

O aprimoramento desta matéria é urgente e necessário, a reforma mais do que desejável, mas é preciso que isso seja feito de maneira orgânica e sistemática e com respeito às garantias individuais do processo, residindo justamente aí o maior desafio.

2. MEDIDAS CAUTELARES PATRIMONIAIS NO SISTEMA PROCESSUAL PENAL BRASILEIRO: MODELO GERAL DO CÓDIGO DE PROCESSO PENAL DE 1941

Para se compreender as medidas cautelares patrimoniais no sistema processual penal, necessário, antes disso, conhecer a forma de relação entre as instâncias penal e extrapenal e também os efeitos extrapenais da condenação.

2.1. O sistema brasileiro de coordenação de instâncias civil e penal

O sistema brasileiro de apuração de responsabilidade civil e penal é o de independência, temperado pela influência da coisa julgada penal estendida além dos lindes originais.

E o Código de Processo Penal, na Exposição de Motivos, declaradamente mantem a separação entre as ações penal e civil porque entende que a constituição de parte civil no processo penal acarretaria tumulto, não compensando eventual economia processual.

Assim, se a independência relativa dos dois tipos de responsabilidade fez com que o sistema jurídico brasileiro adotasse a dualidade de instâncias de jurisdição para apurá-las, ao contrário de outros países, tal opção poderia vir a criar alguns problemas na prática, a respeito do relacionamento dos respectivos processos, questões que poderiam inclusive se tornar mais complexas no tocante às cautelares próprias a cada um deles.

Em regra, a responsabilidade civil independe da criminal, como dispõe o artigo 935 do Código Civil, mesmo porque a extensão da responsabilidade civil é mais ampla do que a penal. Nada impede que, no juízo cível, sejam movidas ação principal de ressarcimento, com vistas à indenização resultante do ilícito penal, e cautelares civis a ela pertinentes, antes ou no curso da ação penal, contra o pretenso autor do ilícito. Além disso, é certo que as cautelares patrimoniais, no juízo penal, têm muito que ver com a responsabilidade civil, advinda do fato também delituoso.

Por isso, a regra da independência, acima mencionada, comporta exceções, impostas pela primazia, nesta matéria, do juízo criminal sobre o civil, como juízo prejudicial necessário, quando se tratar da existência do fato ou da autoria, exceções estas previstas no próprio artigo 935 do Código Civil, no artigo 188 também do Código Civil e no artigo 65 do Código de Processo Penal. São regras específicas, estatuídas em ambos os Códigos, destinadas a resolver os problemas decorrentes do equacionamento dos dois processos.

Um único e mesmo fato é submetido a competências distintas, civil e penal. Pretendendo-se una a jurisdição, há de se ter uniformidade de soluções judiciais para os mesmos casos. São assim adotados os critérios de eficiência ou suficiência probatória e de extensão material do julgamento para a determinação da subordinação temática.

Em razão deste inter-relacionamento, os Códigos processuais autorizam o juiz civil a suspender o curso da respectiva ação à espera do julgamento definitivo da ação penal, conforme preceituam o artigo 64 do Código de Processo Penal e artigo 315 do Código de Processo Civil. Admite-se subordinação da instância civil à penal, em razão do próprio rigor do sistema penal.

No tocante à influência, na esfera cível, da decisão penal condenatória transitada em julgado, tem-se que esta torna certa a obrigação de reparar o dano. Mais do que isso, depois da reforma promovida no Código de Processo Penal pela Lei n.º 11.789/2008, a sentença condenatória deve fixar valor mínimo para reparação dos danos causados pela infração, considerando os prejuízos sofridos pelo ofendido.

O Brasil adota, assim, o sistema da independência relativa ou mitigada, no que se refere à vinculação das instâncias civil e penal sobre o mesmo fato. E o faz declaradamente para evitar o tumulto do processo penal com questões patrimoniais, que poderiam levar à perda de celeridade.

A sentença penal condenatória é declaratória da obrigação de ressarcir e reparar o dano patrimonial, segundo o que dispõe o artigo 91, inciso I, do Código Penal. Comprovada no juízo criminal a existência do fato, definida a autoria, tais questões não poderão mais ser discutidas no cível, a teor do disposto no artigo 935 do Código Civil, tampouco o valor mínimo da indenização. Além disso, o artigo 63 do Código de Processo Penal estabelece que, transitada em julgado a sentença condenatória, é permitida a execução pelo valor apurado em sede penal, resguardada a oportunidade de liquidação para apuração do dano efetivamente sofrido.

Desta forma, tem-se que, apesar de as responsabilidades civil e penal serem independentes, bem como processadas em instâncias diversas, a reparação, própria da responsabilidade civil, não deixa de ter reflexos de extrema relevância no deslinde da causa penal, porque efeito da condenação (artigo 91, inciso I, do Código Penal e artigo 63 do Código de Processo Penal), devendo por isso ser assegurada ao longo da persecução penal.

2.2. Efeitos automáticos da sentença penal condenatória, na redação original do Código de Processo Penal

O principal efeito da decisão condenatória transitada em julgado é o de sujeitar o agente à pena que lhe foi imposta. Ao lado deste efeito, produz outros, nomeadamente de âmbito extrapenal, e que são regulados no Capítulo do Código Penal denominado "*Dos efeitos da condenação*".

Assim, o Código Penal, nos artigos 91 e 92, estabelece quais são os efeitos da condenação. Segundo dispõe o artigo 92, parágrafo único, do Código Penal, os efeitos ali mencionados precisam estar motivadamente declarados na sentença. Já os outros, previstos no artigo 91, emergem, a contrário senso, da sentença *in re ipsa,* são automáticos de toda e qualquer condenação. A rubrica lateral os chama de efeitos genéricos (artigo 91) e específicos (artigo 92).

Em razão de não demandarem declaração expressa na sentença, os efeitos genéricos também podem ser chamados de automáticos. São eles tornar certa a obrigação de reparar o dano causado pelo crime e a perda em favor da União, ressalvado o direito do lesado e de terceiro de boa-fé, do produto do crime ou de qualquer bem ou valor que constitua proveito auferido pelo agente com a prática do fato criminoso. Esta já era a disciplina conferida pelo artigo 74 da anterior parte geral do Código Penal.

Quanto ao dano, como se viu, a sentença condenatória transitada em julgado torna certa a obrigação de repará-lo e fixa o valor mínimo de reparação (artigo 91, inciso I, do Código Penal e artigo 387, IV, do Código de Processo Penal).

Além disso, o Código Penal, fazendo ressalva ao direito do lesado e do terceiro de boa-fé, considera efeito da condenação a perda, em favor da União, dos instrumentos do crime (artigo 91, inciso II, *a*) e do produto do crime ou de qualquer bem ou valor que constitua proveito auferido pelo agente com a prática do fato criminoso (artigo 91, inciso II, *b*).

O confisco é a perda de bens do particular, em favor do Estado. Está previsto no artigo 91, inciso II, trata-se do chamado confisco especial, ou queda em comisso, efeito extrapenal da sentença condenatória. É diferente da pena de confisco dos bens do condenado. E também diverso do sequestro: o sequestro é medida cautelar patrimonial, que assegura, entre outras finalidades, o confisco, efeito automático da decisão penal condenatória.

Os efeitos automáticos da decisão condenatória devem ser assegurados, no curso do processo penal, por meio de medidas cautelares patrimoniais, as quais não podem ser tomadas de forma desmotivada, porque devem obedecer a pressupostos e requisitos delimitados, em respeito à garantia da presunção de inocência ou proibição de prévia consideração da culpabilidade.

2.3. A tutela cautelar dos feitos automáticos da sentença penal condenatória

No Código de Processo Penal, são previstas medidas destinadas a assegurar resultado útil de eventual decisão condenatória transitada em julgado, no que tange ao efeito automático de tornar certa a obrigação de reparar o dano e ao efeito de perdimento de proveito da infração. Garantem, assim, a eficácia dos efeitos do processo penal, em caso de sentença penal condenatória.

Estas medidas são chamadas medidas assecuratórias, previstas no Capítulo VI, do Título VI, do Livro I, do Código de Processo Penal, e assim denominadas porque asseguram os efeitos da condenação – reparação do dano e perda do produto ou proveito do crime.

Precisam, todavia, ser analisadas como verdadeiras medidas cautelares, sujeitas, portanto, a rigorosos pressupostos e requisitos. Faltantes os pressupostos da cautelaridade, tais medidas poderiam ser vistas como automáticas e constituiriam antecipação de efeitos automáticos de decisão que considera o acusado culpado, o que é inadmissível.

Para conciliar, portanto, o regramento do Código de Processo Penal à Constituição da República é, pois, necessário dar às medidas o caráter de cautelares, com os pressupostos, requisitos, características e limites que lhe são próprios.

2.4. As três medidas assecuratórias previstas no Código de Processo Penal

O Código de Processo Penal prevê medidas para garantir os efeitos automáticos da condenação penal: reparação do dano e perdimento de bens.

São três medidas: sequestro, arresto e especialização da hipoteca legal. O (i) arresto e a (ii) especialização da hipoteca legal visam a garantir a reparação do dano causado pelo delito, a qual também abarca, nos termos do artigo 141 do Código de Processo Penal, as despesas processuais e as penas pecuniárias. O (iii) sequestro volta-se à garantia do perdimento de bens, o qual encontra seu primeiro limite no direito do lesado e do terceiro de boa-fé, sendo, portanto, residual (artigo 91, inciso II, *b*, Código Penal e artigo 133 do Código de Processo Penal).

2.4.1. Sequestro

O sequestro vem disciplinado nos artigos 125 a 133 do Código de Processo Penal. A justa causa para sua decretação reside na prova da existência material do delito e em indícios de autoria e na "*existência de indícios veementes da proveniência ilícita dos bens*".

O sequestro é sempre determinado por ordem judicial e incide, desde o inquérito policial e durante a ação penal, sobre bens imóveis ou móveis adquiridos pelo acusado com os produtos da infração, ainda que já tenham sido transferidos a terceiro. Recai, igualmente, sobre bens imóveis que sejam produto direto da infração penal, porque não podem ser apreendidos. Podem ter seus bens sequestrados o acusado, bem como terceiros que tenham adquirido o bem, ainda que de boa-fé e a título oneroso.

O sequestro é incidente e se autua, em regra, em apartado. Ao seu processamento, aplica-se subsidiariamente a disciplina do Código de Processo Civil, uma vez que o Código de Processo Penal não traz regras de processamento, como prazo, diligência, registro. Os bens móveis, depois de sequestrados, devem ser guardados no depositário público.

Para fins de defesa, o Código de Processo Penal prevê três espécies de embargos, mas não traz minúcias sobre o seu processamento: embargos de terceiro, embargos do acusado e embargos do terceiro de boa-fé.

Os embargos de terceiro são opostos por aquele que se afirma senhor ou possuidor do bem, e é, por tudo, absolutamente alheio à infração penal. Podem ser opostos a qualquer tempo. Devem ser julgados prontamente pelo juiz penal e, se procedentes, o sequestro será levantado.

Os embargos podem ser opostos pelo acusado, sob fundamento de que os bens não foram por ele adquiridos com o produto da infração. E há, ainda, os embargos opostos pelo terceiro de boa-fé, que adquiriu o bem a título oneroso. O terceiro de boa-fé pode também, para desonerar o bem constrito e levantar o sequestro, oferecer caução.

Os embargos do acusado e do terceiro de boa-fé podem ser opostos a qualquer tempo, antes do trânsito em julgado da sentença condenatória. Diferentemente dos embargos do terceiro, os embargos opostos pelo acusado e pelo terceiro de boa-fé somente serão julgados depois do trânsito em julgado da sentença condenatória, de sorte que são hábeis unicamente para obstar as providências definitivas. O processamento e julgamento destes embargos dá-se no juízo penal e, se procedentes, o bem será desonerado.

O Código de Processo Penal não prevê recurso para instância superior da decisão que decreta o sequestro. Por isso, a casuística ora tem admitido ora o uso do recurso de apelação, entendendo que a decisão que decreta o sequestro tem força de definitiva (artigo 593, inciso II, do Código de Processo Penal), ora o mandado de segurança com a finalidade de desonerar os bens que sofreram a medida cautelar patrimonial. A possibilidade do mandado de segurança reside na manifesta, evidente ilegalidade ou abuso de poder, ferindo direito líquido e certo, e na impossibilidade de se afastar a irreparabilidade do dano, causado pelo fato, ou sua difícil reparação, por via dos remédios processuais comuns – os embargos.

O sequestro será levantado se a ação penal não for intentada no prazo de 60 (sessenta) dias, contado da data em que ficar concluída a diligência. A jurisprudência tem prorrogado este prazo, desde que haja motivos justificados, notadamente no que se refere à dificuldade no cumprimento de diligências que visem à apuração dos fatos havidos por delituosos. O sequestro também pode ser levantado se o terceiro de boa-fé, que adquiriu o bem a título oneroso, prestar caução. O sequestro será ainda levantado se for julgada extinta a punibilidade ou absolvido o acusado.

Transitada em julgado a decisão condenatória e julgados improcedentes os embargos porventura opostos, tem-se então que a medida, por força da coisa julgada, pode ser executada. Os bens devem ser avaliados e vendidos em leilão, sendo todas as providências realizadas no juízo penal.

O produto obtido da praça destina-se ao ressarcimento do dano experimentado pelo ofendido, depois ao terceiro de boa-fé; depois, ao pagamento das despesas processuais e pena pecuniária, e o saldo é então recolhido ao Tesouro Nacional, como perdimento.

2.4.2. Especialização da hipoteca legal

O Código de Processo Penal se refere à hipoteca legal nos artigos 134, 135, 138, 141 e 142 do Código de Processo Penal, muito embora a medida cautelar seja verdadeiramente a especialização da hipoteca legal.

A especialização da hipoteca legal recai sobre bens imóveis do acusado, que não foram adquiridos com o produto da infração. Só pode ser decretada no curso da ação penal, depois do recebimento da denúncia ou da queixa. Até por isso, inadequada a referência a imóveis do indiciado, no Código de Processo Penal, porque recai sobre bens do formalmente acusado.

A hipoteca legal, direito real sobre coisa alheia, é conferida ao ofendido, ou aos seus herdeiros, sobre os imóveis do acusado. A especialização da hipoteca legal visa primordialmente à reparação do dano *ex delicto* e, secundariamente, ao pagamento das despesas judiciais, decorrentes, portanto, do trâmite do processo, bem como ao pagamento da multa.

São legitimados a requerer a especialização da hipoteca legal o ofendido ou seus herdeiros, em caso de sucessão, bem como seus representantes legais.

Somente o acusado pode ter seus bens constritos por especialização da hipoteca legal. O bem a ser hipotecado não pode estar onerado. Deve, também, ser individualizado e levado a registro, para conhecimento de todos. Por isso, o ofendido, ou quem o represente, ou seus herdeiros, podem requerer a especialização da hipoteca, estimando o valor da responsabilidade civil e designando o imóvel ou imóveis sobre os quais recairá a hipoteca.

Ao formular o pedido, deve-se expor a justa causa que autoriza a medida – prova da existência do crime e indícios de autoria, no curso de ação penal, mas o Código de Processo penal não exige indícios de probabilidade de diminuição ou desaparecimento dos bens do acusado – e deve vir acompanhado de documentos que comprovem a estimativa da responsabilidade, feita pelo ofendido, e a prova relativa à propriedade dos imóveis que forem indicados, ou ao menos indicá-la, para que possa ser trazida aos autos, com o esclarecimento de estarem os imóveis livres e desembaraçados.

A estimativa feita no pedido não é definitiva. Depois de requerida a especialização da hipoteca legal, o juiz determinará a autuação do pedido, que correrá em autos apartados. Determinará ainda que se proceda ao arbitramento do valor da responsabilidade civil e a avaliação dos bens. A avaliação dos imóveis designados deverá ser feita por dois peritos oficiais e é necessária para que não exceda o montante da responsabilidade estimada. O juiz deve então ouvir as partes, no prazo de 2 (dois) dias, para corrigir o arbitramento do valor da responsabilidade, se lhe parecer excessivo ou deficiente.

Verificada a justa causa, o juiz autorizará o registro da hipoteca do imóvel ou imóveis, mas somente dos necessários à garantia da responsabilidade. O patrimônio comum dos cônjuges não pode sofrer especialização da hipoteca legal, salvo o bem de família, até o limite da meação.

Somente depois de ocorrido o trânsito em julgado da sentença condenatória é que o valor da responsabilidade civil será liquidado definitivamente, porque a obrigação de reparar o dano surge como título executivo judicial.

Admite-se caução, garantida a responsabilidade civil, que abrange, além da reparação do dano ao ofendido, as despesas e as penas pecuniárias.

A caução pode ser oferecida em dinheiro ou em títulos de dívida pública, desde que ouvidos os interessados e o juízo a admitir.

Haverá cancelamento da hipoteca caso sobrevenha sentença absolutória ou extintiva da punibilidade, conforme dispõe o artigo 141, do Código de Processo Penal.

Não há previsão de recurso contra a inscrição da hipoteca. O acusado pode valer-se de mandado de segurança, alegando que a medida foi decretada sem a presença dos pressupostos necessários ou, ainda, com irregularidade no procedimento de especialização.

A sentença penal condenatória é título judicial, e, portanto, exigível, com fixação de valor mínimo para indenização. Os autos da hipoteca devem ser remetidos ao juízo cível competente para execução.

2.4.3. Arresto

O arresto (artigos 136 a 143 do Código de Processo Penal) figura no processo penal como (i) providência, ou medida, preparatória da especialização da hipoteca legal, se a ação penal condenatória ainda não foi proposta, ou então como (ii) medida destinada a assegurar bens móveis, se o acusado não tem imóvel, ou os têm insuficientes, para reparar o dano.

Pode, portanto, ser destinado a ser substituído pela hipoteca, ou permanecer como arresto, no caso de recair sobre bens móveis.

Somente os bens do acusado podem sofrer a incidência do arresto. O arresto de bens imóveis do acusado, que não constituam proveito da infração e sejam pertencentes ao acusado, pode ser decretado já e só no curso de inquérito policial. Este é o chamado arresto prévio, que tem lugar para assegurar bens imóveis enquanto não puder se especificar a hipoteca legal, porque não há ação penal em curso. Incide sobre imóvel completamente estranho ao crime e se trata de atividade cautelar preparatória da especialização da hipoteca legal. Tão logo seja recebida a denúncia, deve haver o requerimento de especialização da hipoteca legal, que substituirá o arresto.

No caso de não haver imóveis, ou os imóveis do acusado serem insuficientes à reparação do dano, pode ser decretado o arresto de bens sobre bens móveis do acusado, erroneamente denominado pelo Código de Processo Penal como responsável.

O Código de Processo Penal determina que esta segunda forma de arresto, o arresto subsidiário ou complementar, deve se dar nas mesmas condições da hipoteca legal dos imóveis. Deve, pois, haver certeza da infração penal, e estimativa acerca do valor da responsabilidade e avaliação dos bens indicados.

A lei não fixa, todavia, o momento em que a medida pode ser decretada. Dada a restrição que impõe – o bem é tolhido do seu proprietário – e o fato de o Código de Processo Penal determinar que a medida se dê nos termos em que é facultada a especialização da hipoteca legal dos imóveis, deve-se entender que o arresto subsidiário ou complementar pode ser decretado unicamente durante o curso da ação penal. Para a decretação do arresto são necessárias duas condições: que os imóveis do acusado sejam insuficientes para garantir a responsabilidade e que móveis arrestados sejam suscetíveis de penhora.

Se os bens arrestados forem facilmente deterioráveis e consumíveis – o Código de Processo Penal fala em fungíveis –, deverão ser avaliados e levados a leilão público, depositando-se o dinheiro apurado.

No que toca aos bens móveis, o arresto é medida vinculável à penhora, subsidiária e complementar, para a hipótese do "*responsável*" não possuir bens imóveis ou os possuir de valor insuficiente à reparação do dano.

Embora o Código de Processo Penal silencie acerca da legitimidade para requerimento do arresto e pouco diz sobre o processamento do arresto. Determina, no artigo 139, que será autuado em apartado.

Quanto ao arresto prévio, do artigo 136, o Código de Processo Penal estabelece que será revogado se o pedido de registro de hipoteca legal não for formulado no prazo de 15 (quinze) dias. A disciplina referente ao arresto prévio é escassa, porque ou se resolve em especialização da hipoteca, ou é levantado.

Quanto ao arresto dito subsidiário, está sujeito às mesmas condições de legitimidade, oportunidade e pressupostos para o pedido de inscrição e especialização da hipoteca legal. Assim, deve-se também estimar a responsabilidade e o valor dos bens móveis cujo arresto se requer.

Se os bens móveis arrestados forem fungíveis e facilmente deterioráveis, deverão ser avaliados e levados a leilão público, depositando-se o dinheiro apurado.

O juiz pode ainda arbitrar recursos advindos das rendas dos bens, que serão fornecidos para a manutenção do acusado e de sua família. O mesmo procedimento para o processamento da especialização da hipoteca legal, é aplicável ao arresto subsidiário, feitas as adaptações necessárias ao fato de que se trata de bem móvel.

Da mesma forma como na especialização da hipoteca legal, deve-se permitir ao acusado oferecer depósito em dinheiro, ou caução de títulos da dívida pública, para evitar o arresto, ou levantar o arresto já realizado.

O arresto será levantado após o trânsito em julgado da sentença penal que absolver ou julgar extinta a punibilidade do acusado.

Em caso, porém de decisão condenatória transitada em julgado, os autos do arresto devem ser remetidos ao juízo cível, onde então será feita a liquidação definitiva. Feita venda, o quanto apurado será destinado à reparação do dano ao ofendido e, o saldo, ao pagamento das despesas e da multa.

2.4.4. *Crítica à disciplina legal do Código de Processo Penal*

Ao que tudo indica, a disciplina errática conferida às medidas cautelares patrimoniais, no processo penal brasileiro, fez com que, na prática, acabassem pouco utilizadas.

As hipóteses de incidência são confusas, pode haver sobreposição de medidas, o grande ativo perseguido é o bem imóvel, não há procedimento detalhado previsto em lei para o processamento das medidas, tampouco prazo de duração que seja respeitado ou meio de defesa adequado para contestar-lhes a decretação.

Mudanças seriam necessárias para que, a um só tempo, simplificassem/ /clareassem as hipóteses de aplicação de cada uma das modalidades de cautelares patrimoniais no processo penal e sujeitassem as medidas a pressupostos mais rigorosos de cabimento e portanto controláveis.

Seria necessário fazer escolha entre manter multiplicidade de medidas cautelares patrimoniais ou então reduzi-las a uma única, definindo, antes também, se o sistema processual penal deve garantir todos os efeitos da condenação ou eleger quais garantir.

Caso mantida a multiplicidade de medidas, deveria haver hipóteses de incidência mais amplas e outras mais limitadas. Como as medidas cautelares patrimoniais importam restrição a direitos constitucionalmente assegurados, poderiam permitir, se escalonadas, melhor adequação na decretação.

Além de âmbito próprio de incidência, deveria ser consignado momento adequado à sua decretação, de acordo com o grau de restrição que impusessem, o que também levaria à obediência, para cada uma delas, de requisitos e pressupostos próprios.

Também o trato da matéria como verdadeiras medidas cautelares, obedientes portanto à presunção de inocência, seria facilitado caso as medidas estivessem inseridas em título próprio, relativo às medidas cautelares – pessoais e patrimoniais. Este modelo facilitaria o exame da matéria, ensejando a adoção de normas gerais sobre o assunto. Antes de ser adjetivada como patrimonial, a medida restritiva de direitos, tomada no curso do processo, e, portanto, anteriormente ao trânsito em julgado da decisão condenatória, precisa ser cautelar, sujeita a pressupostos e requisitos próprios.

Seria também importante assinalar expressamente os requisitos de cautelaridade: além da prova da existência do crime e indícios de autoria, deveria haver indícios de (i) depauperamento – insuficiência ou inadequação do patrimônio do acusado para fazer frente à reparação do dano, despesas do processo e pena de multa – ou (ii) dispersão dos bens, móveis ou imóveis, existentes em nome do acusado ou fraudulentamente registrados ou transferidos a terceiros.

Assim, as medidas deveriam ser sistematizadas e estabelecidos pressupostos e requisitos específicos para incidência de cada uma delas, de forma que, durante toda a persecução penal, fosse possível a decretação de alguma medida cautelar patrimonial, apropriada à situação concreta, obedecida a justa causa para a sua adoção.

Mas não é só. A criminalidade econômica, com intensa mobilidade e difusão de ativos, em nível transnacional, demanda política criminal focada notadamente nos proveitos da infração, no *follow the money*, com o sufocamento da atividade criminosa.

Novos instrumentos vêm sendo propostos em nível internacional, forçando legislações a adaptar-se neste sentido, muitas vezes de maneira atabalhoada e artificial, porque incoerente com seu sistema interno. Dentre estes mecanismos, como será visto abaixo, estão as medidas definitivas de confisco alargado e a extinção de domínio, verdadeira *action in rem*, que também podem requerer medidas assecuratórias para assegurá-las.

Este o contexto dentro do qual é razoável propor, como tarefa urgente e necessária, que a disciplina das medidas cautelares patrimoniais seja repensada, efetiva e cuidadosamente remodelada, mas com preocupação sistemática. Não se trata, como se vê, de atenuar o rigor necessário nesta matéria, mas prendê-lo a critérios objetivos, o que é esperado quando se trata de medidas restritivas de direitos fundamentais, tomadas no curso da persecução penal, onde vigora a presunção de inocência.

3. MUDANÇAS LEGISLATIVAS

Sem que qualquer alteração substancial e refletida fosse feita nesta matéria, o Brasil veio se tornando signatário de diversos compromissos internacionais, exigindo ainda mais esforço para alteração e adaptação de seu sistema processual penal.

A título de exemplo, veja-se que o Brasil é signatário da Convenção contra o Tráfico Ilícito de Entorpecentes e Substâncias Psicotrópicas, concluída em 1988 e promulgada por meio do Decreto n.º 154, de 26 de junho de 1991.

Esta convenção prevê, no artigo 5º, que cada Parte adotará as medidas necessárias para autorizar o confisco do produto derivado de delitos estabelecidos na Convenção ou de bens cujo valor seja equivalente ao deste produto, cuidando, ainda, da cooperação internacional.

O confisco poderá ter lugar mesmo quando o produto haja sido transformado ou convertido em outros bens (artigo 5º.6.*a*), ou ainda quando o produto haja sido misturado com bens adquiridos de fontes lícitas, sem prejuízo de qualquer outra medida de apreensão ou confisco preventivo aplicável, até o valor estimativo do produto misturado (artigo 5º.6.*b*). Tais medidas se aplicarão à renda ou a outros benefícios derivados do produto, dos bens, nos quais o produto tenha sido transformado ou convertido, ou dos bens com os quais o produto tenha sido misturado, do mesmo modo a na mesma medida em que o produto o foi (artigo 5º. 6.*c*).

Fica ainda facultado a cada Estado Parte considerar inverter o ônus da prova com respeito à origem lícita do suposto produto ou outros bens sujeitos a confisco, na medida em que isso seja compatível com os princípios do direito interno e com a natureza de seus procedimentos jurídicos (artigo 5º.7).

O Brasil também é signatário da Convenção sobre o Combate da Corrupção de Funcionários Públicos Estrangeiros em Transações Comerciais Internacionais, concluída em Paris em 17 de dezembro de 1997 e aprovada no Brasil por meio do Decreto n.° 3.678, de 30 de novembro 2000. Esta convenção também prevê, no artigo 3º, que cada Estado Parte zelará pelo confisco do proveito da infração.

O Brasil é ainda signatário da Convenção das Nações Unidas contra o Crime Organizado Transacional, conhecida como Convenção de Palermo, incorporada ao sistema brasileiro por meio do Decreto n.° 5.015, de 12 de março de 2004.

De início, a Convenção de Palermo já fixa que, para seus efeitos, entende-se por "*bens*" os ativos de qualquer tipo, corpóreos ou incorpóreos, móveis ou imóveis, tangíveis ou intangíveis, e os documentos ou instrumentos jurídicos que atestem a propriedade ou outros direitos sobre os referidos ativos. Por "*produto de crime*", os bens de qualquer tipo, provenientes, direta ou indiretamente, da prática de um crime. "*Bloqueio*" ou "*apreensão*", a proibição temporária de transferir, converter, dispor ou movimentar bens, ou a custódia ou controle temporário de bens, por decisão de um tribunal ou de outra autoridade competente. Por fim, "*confisco*" é a privação com caráter definitivo de bens, por decisão de um tribunal ou outra autoridade competente.

Prevê, no artigo 12.1, que cada Estado Parte adotará, no maior grau permitido em seu ordenamento jurídico interno, as medidas que sejam necessárias para autorizar o confisco *a)* do produto das infrações previstas na Convenção ou de bens cujo valor corresponda ao deste produto, e *b)* dos bens, equipamentos e outros instrumentos utilizados ou destinados a ser utilizados na prática das infrações previstas na Convenção.

Prevê, ainda, no artigo 12.2, que os Estados Partes adotarão as medidas necessárias para permitir a identificação, a localização, o embargo e a apreensão dos bens referidos no artigo 12.1, para efeitos de eventual confisco.

Ademais, a Convenção estabelece que se o produto houver sido convertido, total ou parcialmente, noutros bens, estes últimos podem ser objeto das medidas previstas, em substituição do referido produto (artigo 12.3).

Dispõe, ainda, que se o produto houver sido misturado com bens adquiridos legalmente, estes bens poderão, sem prejuízo das competências de embargo ou apreensão, ser confiscados até o valor calculado do produto com que foram misturados (artigo 12.4), assim como podem também ser objeto de tais medidas as receitas ou outros benefícios obtidos com o produto do crime, os bens nos quais o produto tenha sido transformado ou convertido ou os bens com que tenha sido misturado, tudo da mesma forma e na mesma medida que o produto do crime (artigo 12.5).

Por fim, fica facultado a cada Estado Parte considerar inverter o ônus da prova com respeito à origem lícita do presumido produto do crime ou outros bens sujeitos a confisco, na medida em que isso seja compatível com os princípios do direito interno e com a natureza de seus procedimentos jurídicos (artigo 12.7).

Tais disposições não podem ser interpretadas em prejuízo do direito de terceiros de boa-fé (artigo 12.8) e nenhuma disposição prejudica o princípio segundo o qual tais medidas são definidas e aplicadas de acordo com a legislação interna dos Estados Partes (artigo 12.9).

A Convenção trata também, com minúcias, da cooperação internacional para efeitos de confisco (artigo 13) e contempla regras sobre a disposição do produto do crime ou dos bens confiscados (artigo 14), sempre respeitando o que dispõe o direito interno de cada Estado Parte.

Além disso, o Brasil assinou a Convenção das Nações Unidas contra Corrupção, de 2003, conhecida como Convenção de Mérida, incorporada ao sistema brasileiro por meio do Decreto n.º 5.687, de 31 de janeiro de 2006.

A disciplina conferida à matéria é de todo semelhante à Convenção das Nações Unidas contra o Crime Organizado Transnacional.

Prevê, no artigo 31.1, que cada Estado Parte adotará medidas necessárias para autorizar o confisco do produto do delito qualificado de acordo com a Convenção ou de bens cujo valor corresponda ao de tal produto e dos bens, equipamentos ou outros instrumentos utilizados ou destinados utilizados na prática dos delitos qualificados de acordo com a Convenção, além das medidas necessárias para permitir a identificação, localização, embargo preventivo e a apreensão de qualquer bem referido no artigo 31.1., com vistas ao seu eventual confisco, e das medidas legislativas necessárias a regular a administração, pelas autoridades competentes, dos bens.

Estabelece, no artigo 31.4, que "*quando este produto de delito se tiver transformado ou convertido parcialmente ou totalmente em outros bens, estes serão objeto das medidas aplicáveis a tal produto de acordo com o presente artigo*", e, no artigo 31.5, dispõe que "*quando esse produto de delito se houver mesclado com bens adquiridos de fontes lícitas, esses bens serão objeto de confisco até o valor estimado do produto mesclado, sem menosprezo de qualquer outra faculdade de embargo preventivo ou apreensão*".

Ainda, "*os ingressos e outros benefícios derivados desse produto de delito, de bens nos quais se tenham transformado ou convertido tal produto ou de bens que se tenham mesclado a esse produto de delito também serão objeto das medidas previstas no presente artigo, da mesma maneira e no mesmo grau que o produto do delito*" (artigo 31.6).

Por fim, tal como previsto na Convenção de Palermo, fica facultado a cada Estado Parte considerar inverter o ônus da prova com respeito à origem lícita do presumido produto do crime ou outros bens sujeitos a confisco, na medida em que isso seja compatível com os princípios do direito interno e com a natureza de seus procedimentos jurídicos (artigo 31.8).

Tais disposições não podem ser interpretadas em prejuízo do direito de terceiros que atuem de boa-fé (artigo 31.9) e nada do disposto afetará o princípio de que as medidas se definirão e serão aplicadas de acordo com a legislação interna dos estados Partes e com sujeito a estes (artigo 31.10).

Prevê, ainda, no artigo 35, que cada Estado Parte adotará as medidas necessárias para garantir que as entidades ou pessoas prejudicadas como consequência de um ato de corrupção tenham direito a iniciar uma ação legal contra os responsáveis destes danos e prejuízos, a fim de obter indenização.

Cuida, ainda, da recuperação de ativos, com a mais ampla cooperação e assistência entre si dos Estados Partes (Capítulo V), prevendo cooperação internacional para fins de confisco (artigos 55 e 56).

Em âmbito regional, o Brasil também é signatário de diversos acordos (Convenção interamericana contra a corrupção, Convenção interamericana sobre assistência mútua em matéria penal, Protocolo de San Luis, dentre outros) e acordos bilaterais, onde se compromete a impelir esforços na disciplina de recuperação de ativos.

Como se vê, o Brasil tem assumido diversos compromissos internacionais relativos ao confisco de bens e sua garantia. Existe em comum preocupação com a criminalidade econômica, com a pulverização de ativos e sua consequente recuperação, assim como esforços de cooperação internacional e reciprocidade.

3.1. Lei de Drogas

A Lei n.º 11.343/2006, que tipifica os delitos de tráfico ilícito de drogas, tem Capítulo destinado à apreensão, arrecadação e destinação de bens do acusado.

Prevê no artigo 60, *caput*, que o juiz poderá decretar, no curso do inquérito policial ou da ação penal, a apreensão e outras medidas assecuratórias relacionadas aos bens móveis e imóveis ou valores consistentes em produtos dos crimes previstos na lei ou que constituam proveito auferido com a sua prática. O juiz deve proceder, diz a Lei, de acordo com o disposto nos artigos 125 a 144 do Código de Processo Penal, onde consta a disciplina das medidas assecuratórias, mencionada acima.

Estabelece, no artigo 60, § 4.º, que a ordem de apreensão ou sequestro de bens poderá ser suspensa pelo juiz, ouvido o Ministério Público, quando a sua execução imediata puder comprometer as investigações

Exige para o pedido de restituição o comparecimento pessoal do acusado (artigo 60, § 3.º) e que este comprove a origem lícita do produto, bem ou valor para fins de liberação (artigo 60, § 1.º e § 2.º).

Disciplina depois o uso por autoridades de veículos, aeronaves e outros bens apreendidos (artigo 62) e também prevê a alienação antecipada (artigo 62, § 4.º), sem maiores exigências de imprescindibilidade da medida.

3.2. Lei de Lavagem

O Brasil tipificou a lavagem de dinheiro por meio da Lei n.º 9.613/98. Em 2003, foram criados, por iniciativa do Ministério da Justiça, o Gabinete de Gestão Integrada de Prevenção e Combate à Lavagem de Dinheiro (DDI-LD), bem como a Estratégia Nacional de Combate à Lavagem de Dinheiro (ENCLA), como instrumentos de coordenação e atuação conjunta dos órgãos envolvidos na apuração do delito de lavagem de dinheiro.

Entre as metas propostas ENCLA, estava a própria modificação da Lei n.° 9.613/98. Para o tema de recuperação de ativos, a ENCLA previu como metas: (i) a elaboração de anteprojeto de lei instituindo ação civil de perdimento de bens de origem ilícita; (ii) a elaboração de projeto de lei para alteração do Código de Processo Penal e do Código Penal, para dinamizar os procedimentos de apreensão, arresto, sequestro, destinação e alienação de bens, direitos e valores; para instituir a alienação antecipada para preservação do valor dos bens indisponibilizados, sempre que necessária; e, ainda, para destinar aos Estados e Distrito Federal os bens, direitos e valores cuja perda tiver sido decretada no âmbito dos processos de sua competência; (iii) avaliação e elaboração de proposta normativa para disciplinar a administração e destinação de bens, direitos e valores indisponibilizados ou expropriados no curso do processo penal, bem como após o trânsito em julgado da sentença condenatória; a proposta deveria prever o afastamento dos ônus existentes sobre os bens alienados ou destinados e o repasse de recursos para atividades de prevenção e repressão ao crime; (iv) desenvolvimento de sistema de cadastramento e alienação de bens, direitos e valores apreendidos, sequestrados e arrestados; (v) início do cadastramento de bens, direitos e valores apreendidos, sequestrados e arrestados em procedimentos criminais e processos judiciais; (vi) sugestão aos órgãos do Ministério Público e do Judiciário, de melhor aproveitamento de bens apreendidos, sequestrados, arrestados, dentro das possibilidades legais existentes, inclusive com a alienação antecipada, se necessário.

É recorrente, desde então, a intenção de dar maior eficiência sobre a administração de bens sob constrição, otimizando o sistema de recuperação de ativos e de sua capacidade de autofinanciamento. O princípio reitor das alterações está na ideia de repressão e combate à lavagem de dinheiro por meio do bloqueio eficiente da aquisição e fruição de produtos ilícitos do crime. Dentre as alterações propostas, estavam (i) a substituição das regras do Código de Processo Penal, que tratam de arresto e sequestro de bens, por disposição que prevê unicamente a indisponibilidade de bens, de incidência mais ampla, e também a instituição de possibilidade de decretar a indisponibilidade de bens, direitos e valores existentes em nome interpostas pessoas, (ii) inclusão da possibilidade de alienação antecipada, para preservação do valor dos bens apreendidos ou indisponibilizados, (iii) exigência da presença do acusado no processo, ou da interposta pessoa, para liberação dos bens, (iv) criação de cadastro nacional de bens indisponibilizados, com o objetivo de quantificar, avaliar e facilitar a alienação de bens sob constrição.

Assim, a lei de lavagem sofreu alteração, por meio da edição da Lei n.º 12.683/2012. O artigo 7º, inciso II, da lei prevê que é efeito da condenação, além dos previstos no Código Penal, "a *perda, em favor da União – e dos Estados, nos casos de competência da Justiça Estadual –, de todos os bens, direitos e valores relacionados, direta ou indiretamente, à prática dos crimes previstos nesta Lei, inclusive aqueles utilizados para prestar a fiança, ressalvado o direito do lesado ou de terceiro de boa-fé*".

A lei de lavagem, sem nomear medida específica, estabelece, no artigo 4º, *caput*, que, havendo indícios suficientes da infração penal, o juiz poderá decretara "*medidas assecuratórias de bens, direitos ou valores do investigado ou acusado, ou existentes em nome de interpostas pessoas, que sejam instrumento, produto ou proveito dos crimes previstos nesta Lei ou das infrações penais antecedentes*".

No artigo 4.º, § 4.º, estabelece que poderão ser decretadas medidas assecuratórias sobre bens, direitos ou valores para reparação do dano decorrente da infração penal antecedente ou da prevista nesta Lei ou para pagamento de prestação pecuniária, multa e custas.

A Lei n.º 9.613/98, no artigo 4.º, § 2.º e 3.º, sujeita a liberação dos bens, direitos e valores à comprovação da licitude de sua origem e condiciona o pedido ao comparecimento pessoal do acusado.

A Lei n.º 9.613/98 prevê ainda, no artigo 4.º-B, que a ordem de medidas assecuratórias de bens, direitos ou valores poderá ser suspensa pelo juiz, ouvido o Ministério Público, quando a sua execução imediata puder comprometer as investigações.

A lei de lavagem de dinheiro previu, no artigo 5.º, que, quando as circunstâncias o aconselharem, o juiz, depois de ouvir o Ministério Público, nomeará pessoa física ou jurídica qualificada para a administração dos bens, direitos ou valores sujeitos a medidas assecuratórias, mediante termo de compromisso, e determinou, ainda, no artigo 6.º, que o administrador de bens fará jus a uma remuneração, fixada pelo juiz, que será satisfeita com o produto dos bens objeto da administração. Determinou ainda que o administrador prestará, por determinação judicial, informações periódicas sobre a situação dos bens sob sua administração, bem como explicações e detalhamentos sobre investimentos e reinvestimentos realizados.

Inovando na disciplina, previu, no artigo 4.º, § 1.º, a possibilidade de alienação antecipada de bens com a finalidade de lhes preservar valor, nas hipóteses de estarem sujeitos qualquer grau de deterioração ou de depreciação ou ainda quando houver dificuldade para sua manutenção. O art. 4.º-A da Lei cuida do procedimento de alienação antecipada.

As hipóteses de alienação antecipada são genéricas demais, esvaziando a precariedade da medida cautelar, que deixa, ante a alienação, de ser reversível. Mesmo no caso onde haja perigo de perda, ou desvalorização do bem, ou sua conservação seja gravosa e difícil, não se deve permitir desde logo a venda, sob pena de transformação das medidas constritivas, que são cautelares – e, portanto, devem ser necessariamente reversíveis –, em pena de confisco ou em perdimento de bens, efeito automático da decisão condenatória transitada em julgado, o que é inadmissível em razão da proibição de prévia consideração da culpabilidade.

3.3. Reforma parcial do Código de Processo Penal

O Capítulo das medidas assecuratórias, no Código de Processo Penal, sofreu duas reformas desde a sua edição em 1941: uma pela Lei nº 11.435/2006, outra, mais recente, pela Lei n.º 12.694/2012.

A Lei nº 11.435/2006 apenas substituiu a expressão "*sequestro*" por "*arresto*" nos artigos 136 a 139 e 141 e 143 do Código de Processo Penal, e também corrigiu falha, no artigo 137, para se referir à hipoteca legal dos imóveis, e não móveis, como constava da redação original do Código de Processo Penal. Havia evidente descuido da redação do Código de Processo Penal e o que a Lei nº 11.435/2006 fez foi apenas correção de linguagem.

Já a Lei n.º 12.694/2012 inseriu o artigo 144-A no Código de Processo Penal, para prever no Código a possibilidade de alienação antecipada de bens, tal como havia recentemente ocorrido com a Lei de Lavagem de Dinheiro, alterada no mesmo mês de junho de 2012.

O artigo 144-A, *caput*, do Código de Processo Penal estabelece então que "*o juiz determinará a alienação antecipada para preservação do valor dos bens sempre que estiverem sujeitos a qualquer grau de deterioração ou depreciação, ou quando houver dificuldade para sua manutenção*".

Nos parágrafos 1º a 6º, cuidou do procedimento, mas não de maneira tão detalhada quanto a Lei de Lavagem de Dinheiro, usada então por analogia para suprir lacunas do procedimento no Código de Processo Penal.

3.4. Alteração no Código Penal

A mesma Lei n.º 12.694/2012, que alterou o Código de Processo Penal para tratar da alienação antecipada, também promoveu alteração no Código Penal., justamente no artigo referente aos efeitos da condenação penal.

Como se analisou acima, o artigo 91, II, *b*, do Código Penal, prevê que é efeito da condenação a perda, em favor da União, ressalvado o direito do lesado ou de terceiro de boa-fé, do produto do crime ou de qualquer bem ou valor que constitua proveito auferido pelo agente com a prática do fato criminoso.

A Lei n.º 12.694/2012 alterou a redação do artigo 91, para incluir a possibilidade de perda de bem de valor equivalente. Estabeleceu, no artigo 91, II, *b*, § 1º, do Código Penal, a possibilidade de que seja decretada "*a perda de bens ou valores equivalentes ao produto ou proveito do crime quando estes não forem encontrados ou quando se localizarem no exterior*".

Fixado mais um efeito da condenação, a perda de bem de valor equivalente, deveria ser alterado o Código de Processo Penal, no capítulo das medidas assecuratórias, visto que elas são típicas e estão vinculadas, cada qual, ao efeito que pretende assegurar.

A reforma promovida pela Lei n.º 12.694/2012, todavia, não fez isso. Limitou-se a estabelecer, no artigo 91, II, *b*, § 2º, do Código Penal, que "*as medidas assecuratórias previstas na legislação processual poderão abranger bens ou valores equivalentes do investigado ou acusado para posterior decretação de perda*".

Anunciou, assim, o chamado sequestro por equivalência, mas não previu, dentre as medidas cautelares patrimoniais, qual medida poderia ser decretada para garanti-lo, nem quando ou sob que pressupostos poderia ser tomada, o que acaba comprometendo o sistema de relação e vinculação expressa e típica entre efeito da condenação penal e medida cautelar patrimonial destinada a assegurá-lo.

4. PROJETOS DE LEI EM TRAMITAÇÃO

Hoje parece claro que há um emprego mais intenso das medidas cautelares patrimoniais, nos procedimentos penais instaurados para apurar responsabilidade por novas formas delitivas.

O direito processual penal deve poder, desvendando recursos de desvinculação aparente entre pessoa e patrimônio, garantir a reparação do dano e/ou perdimento de bens.

Como dito acima, o Brasil tem assumido compromissos internacionais no sentido de combater formas de delito com emprego de penas patrimoniais, o que torna imperiosa a revisão da disciplina para dinamização das medidas cautelares.

Enquanto isso não ocorre, o descompasso normativo leva a ajustes práticos perigosos, porque sem previsão e, portanto, sem possibilidade de controle.

O sistema normativo hoje é complexo, nada ágil. As medidas previstas não contam com sistematicidade, há déficit procedimental e de cautelaridade. Diante deste cenário, interpretação ampla e não limitativa da matéria tem levado a que, na prática, não se tenha qualquer segurança na decretação de medidas assecuratórias, tampouco mecanismos de controle e recurso.

Em uma atuação imprópria, a autoridade "tortura" o processo em busca de efetividade. Invocando poder geral de cautela, incabível em termo de tipicidade de medidas cautelares patrimoniais, acaba impondo medidas inominadas.

Assim, muitas vezes, o julgador, sem nem mesmo saber qual das medidas aplicar, genericamente decreta a constrição e a chama de "indisponibilidade de bens", em uma redação metonímica, nominando a causa como efeito.

4.1. Projeto de Reforma do Código de Processo Penal (PL n.º 8.045/2009)

O Projeto de Reforma do Código de Processo Penal (PL n.º 8.045/2009) em tramitação no Congresso, ao cuidar das medidas assecuratórias, as prevê ao lado das medidas cautelares pessoais, em um mesmo Livro, o que facilita o exame da matéria, por ter normas gerais sobre o assunto. Isso reforça a ideia de que se trata de medidas provisórias, instrumentais, sem funções próprias dos provimentos definitivos e tomadas com respeito às garantais do processo.

Na escolha entre manter três medidas cautelares diversas (sequestro, especialização da hipoteca legal e arreto), com melhor cuidado no âmbito de incidência, pressupostos e requisitos, ou reduzi-las a uma única, de indisponibilidade de bens, o Projeto optou por uma terceira via: criou uma quarta medida, chamando-a de indisponibilidade de bens.

A medida de indisponibilidade é genérica demais. Pode ser decretada contra o patrimônio do investigado ou acusado, desde que a medida seja necessária para recuperar o produto do crime ou contra qualquer bem ou valor que constitua proveito auferido pelo agente com a prática do fato criminoso. Pode também recair sobre bem de terceiro.

Trata-se de medida ampla, genérica e grave, tomada sem lastro cautelar, o que a aproxima de antecipação de efeito automático da pena. É cabível quando ainda não se tenha elemento para distinguir os bens de origem ilícita do patrimônio regularmente constituído, o que a torna ainda mais grave do que o sequestro, destinado a assegurar o próprio proveito do crime.

Para que ganhasse cautelaridade, já que a medida se volta a bens cuja origem ilícito se desconhece, seria necessário acrescentar, ao lado da certeza da infração e de indícios de autoria, a necessidade de indícios de depauperamento e ou insuficiência ou inadequação do patrimônio do acusado ou investigado frente ao prejuízo causado pelo delito ou então de dispersão dos bens, moveis ou imóveis, existentes,

Além disso, o Projeto deixou de tratar de (i) prazos e formas para manifestação e questionamento do acusado, investigado ou terceiro em relação à pertinência e adequação da medida cautelar, (ii) recurso adequado à urgência da medida e ao questionamento, (iii) prazos e formas para processo de avaliação dos bens, indicação de assistentes, elaboração de quesitos, (iv) modo de administração de bens que não devem ser alienados, (v) manutenção do bem com acusado, mediante compromisso, (vi) utilização de bens por parte do Estado e (vii) previsão mais clara da conversão do sequestro em perdimento e remessa da especialização e arresto para execução civil.

Assim, o Projeto de Lei n.º 8.045/2009, longe de simplificar e detalhar a matéria, descuidou do trato da disciplina, deixando-a tão ou mais confusa que o Código de Processo Penal vigente.

4.2. As dez medidas contra a corrupção (PL n.º 4.850/2016)

O que se convencionou chamar Operação Lava Jato é o maior conjunto de processos criminais no Brasil relacionados à apuração de corrupção, lavagem de dinheiro e organização criminosa. Iniciada em 2014, com processos primordialmente em trâmite na Justiça Federal da Seção Judiciária de Curitiba, Estado do Paraná, hoje tem desdobramentos em São Paulo, Rio de Janeiro e Distrito Federal, além de casos que tramitam originariamente no Supremo Tribunal Federal em razão do foro por prerrogativa de função dos investigados.

Os números da Operação Lava Jato impressionam. Até início de 2019, já houve 1072 mandados de busca e apreensão cumpridos, 227 conduções coercitivas, 120 mandados de prisão preventiva e 138 de prisão temporária. Já houve 548 pedidos de cooperação jurídica internacional, contados pedidos ativos (269) e passivos (279). Foram celebrados 176 acordos de colaboração premiada e 11 acordos de leniência. Já houve 215 condenações contra

140 pessoas. O valor do ressarcimento do dano alcança R$ 39,9 bilhões, sendo que R$ 846,2 milhões foram objeto de repatriação e já houve bloqueio de R$ 3,2 bilhões em bens dos acusados (http://www.mpf.mp.br/para-o-cidadao/caso-lava-jato/atuacao-na-1a-instancia/parana/resultado).

Na esteira da Operação, foram lançadas, capitaneadas pelo Ministério Público Federal, as chamadas dez medidas contra a corrupção, dando origem ao PL n.º 4.850/2016, de iniciativa popular, para alterações no sistema de justiça criminal.

No tocante às medidas para identificação do patrimônio do investigado, este projeto de lei acrescenta hipótese de prisão preventiva, estabelecendo no inciso II do parágrafo único do artigo 312 do Código de Processo Penal a possibilidade de decretação da prisão preventiva "para permitir a identificação e a localização do produto e proveito do crime, ou seu equivalente, e assegurar sua devolução, ou para evitar que sejam utilizados para financiar a fuga ou a defesa do investigado ou acusado, quando as medidas cautelares reais forem ineficazes ou insuficientes ou enquanto estiverem sendo implementadas".

Este dispositivo foi muito criticado, porque se trata, a bem da verdade, de forma transversa de prisão civil por dívida, o que é proibido pela Convenção Americana de Direitos Humanos, de que o Brasil é signatário.

Este projeto também prevê a inserção de duas novidades no sistema brasileiro: o confisco alargado e a ação civil de extinção de domínio.

O sistema brasileiro prevê, no artigo 91, II, *b*, do Código Penal, a perda – confisco – direto de bens ou valores, que sejam produto ou proveito do crime. Depois da alteração promovida pela Lei n.º 12.69/2012, passou a prever também o confisco por equivalência ao produto ou proveito do crime (artigo 91, II, *b*, § 1º, do Código Penal).

Já o Projeto de Lei n.º 4.085/2016 vai além: cuida do chamado confisco alargado. O confisco alargado foi originariamente tratado pelo Conselho Europeu na Diretiva n.º 014/42/UE e consiste na perda de bens e valores desproporcionais, por diferença, aos rendimentos do réu. Assim, de acordo com o projeto de lei, depois da condenação por um dos crimes previstos em um rol taxativo, há presunção de que a diferença de valores identificados seja proveniente da prática de crime.

Assim, o Projeto de Lei prevê a alteração do Código Penal, para inserção, no artigo 91-A do Código Penal, do chamado confisco alargado. Em caso de condenação pela prática de determinado crime (tráfico de drogas, comércio ilegal de arma de fogo, tráfico de influência, corrupção ativa e passiva, crime de responsabilidade de Prefeito, peculato doloso, inserção de dados falsos em sistema de informações, concussão, excesso de exação qualificado pela apropriação, facilitação de contrabando ou descaminho, enriquecimento ilícito, lavagem de dinheiro, associação criminosa, organização criminosa, estelionato em prejuízo do Erário ou de entes de previdência, contrabando e descaminho, receptação, lenocínio e tráfico de pessoas para fim de prostituição, e moeda falsa, quando o crime for praticado de forma organizada), a sentença ensejará a perda, em favor da União, da diferença entre o valor total do patrimônio do agente e o patrimônio cuja origem possa ser demonstrada por rendimentos lícitos ou por outras fontes legítimas.

O patrimônio poderá estar registrado em nome de terceiro (artigo 91-A, § 1º).

Sem especificar qual medida cautelar poderia garantir tal novo efeito da condenação e em que modo poderia ser utilizada, o Projeto apenas estabelece no § 2º que as "*medidas assecuratórias previstas na legislação processual e a alienação antecipada para preservação de valor poderão recair sobre bens, direitos ou valores que se destinem a garantir a perda a que se refere este artigo*".

O outro ponto do Projeto, que de perto interessa ao presente estudo, é a chamada ação civil de perda de bens. Esta ação vem prevista no artigo 21 do Projeto e consiste "*na extinção do direito de posse e de propriedade, e de todos os demais direitos, reais ou pessoais, sobre bens de qualquer natureza, ou valores, que sejam produto ou proveito, direto ou indireto, de atividade ilícita, ou com as quais estejam relacionados na forma desta lei, e na sua transferência em favor da União, dos Estados ou do Distrito Federal, sem direito a indenização*".

Para isso, de acordo com o Projeto de Lei, o bem, direito, valor, patrimônio ou seu incremento, deveriam proceder, direta ou indiretamente, de atividade ilícita, ser utilizado como meio ou instrumento para a realização de atividade ilícita, estar relacionado ou destinado à prática de atividade ilícita, ser utilizado para ocultar, encobrir ou dificultar a identificação ou a localização de bens de procedência ilícita ou, por fim, proceder de alienação, permuta ou outra espécie de negócio jurídico com bens abrangidos por quaisquer das hipóteses previstas nos incisos anteriores

Fica expresso que a declaração da perda civil independe da aferição de responsabilidade civil ou criminal, sendo, portanto, verdadeira *action in rem.*

O Projeto estabelece que esta ação comporta, a qualquer tempo, a concessão de medida de urgência que se mostre necessária para garantir a eficácia do provimento final, mesmo que ainda não tenha sido identificado o titular dos bens. Há previsão de duração de 60 dias da medida, prorrogável por igual período.

4.3. Pacote anticrime

O Ministério da Justiça apresentou, no dia 04 de fevereiro de 2019, o chamado Pacote anticrime. Neste pacote, previu medidas para aprimorar o perdimento de produto do crime.

Assim, prevê novamente o confisco alargado, por meio da inserção do artigo 91-A no Código Penal. Diferente do que previa o PL n.º 4085/2016, não há um rol taxativo de crimes, mas se exige que haja condenação por infrações as quais a lei comine pena máxima superior a 6 (seis) anos.

Havendo condenação por infração desta natureza, poderá ser decretada a perda, como produto ou proveito do crime, dos bens correspondentes à diferença entre o valor do patrimônio do condenado e aquele que seja compatível com o seu rendimento lícito (artigo 91-A, § 1º e § 2).

O Projeto não prevê qualquer medida cautelar destinada a assegurar este efeito da condenação, rompendo, portanto, a tradição de relacionar a medida assecuratória ao efeito que ela pretende garantir.

5. CONSIDERAÇÕES FINAIS

Como visto, nosso sistema processual, no tocante às medidas cautelares patrimoniais, é confuso e desatualizado. E nenhum projeto de lei até agora apresentado prevê a reformulação global do sistema de medidas cautelares patrimoniais. Cuida-se apenas de superação de eventuais obstáculos por meio de alargamento de hipóteses de constrição.

Seria necessário rever a ligação entre efeitos patrimoniais da condenação e medidas assecuratórias destinadas a garanti-los, trazendo novamente lógica e organicidade ao sistema.

De nada adianta o incremento ou soma de hipóteses de decretação de medidas restritivas, por acumulação. Melhor seria uma revisão global, destinada a atualizar tal microssistema com respeito à eficiência mas também às garantias do processo, de presunção de inocência, proporcionalidade, exercício adequado do direito de defesa e motivação das decisões penais.

Deve-se ser específico e técnico no trato da matéria das medidas cautelares patrimoniais, levando-se em conta as particularidades necessárias em termos de pressupostos, requisitos e momento para a decretação, sempre lembrando que devem ser tomadas levando em consideração a proibição de prévia consideração da culpabilidade.

Sem isso, o que se tem é a antecipação expansionista, cada vez mais e maior, dos efeitos da condenação para estágios muito iniciais da persecução penal.

COMPETÊNCIA MATERIAL DO TRIBUNAL PENAL INTERNACIONAL INCLUSÃO E/OU EXCLUSÃO DA CRIMINALIDADE ORGANIZADA E DO TERRORISMO?[1]

MATERIAL JURISDICTION OF THE INTERNATIONAL CRIMINAL COURT: INCLUSION AND / OR EXCLUSION OF ORGANIZED CRIME AND TERRORISM?

MARIA JOÃO SIMÕES ESCUDEIRO
Doutorada em Ciências Jurídico-Criminais pela Faculdade de Direito da Universidade Católica Portuguesa, Professora Adjunta do ISCAL – IPLisboa, Professora Auxiliar do ISCPSI, E-mail: mjescudeiro@iscal.ipl.pt; mjescudeiro@psp.pt.

RESUMO: No presente artigo pretende-se fazer uma análise sobre a criação e enquadramento do Tribunal Penal Internacional no contexto da justiça internacional. Realizar-se-á uma abordagem, sobre a jurisdição do Tribunal Penal Internacional no que diz respeito à sua competência material. Importa saber se a criminalidade organizada e o crime de terrorismo devem estar previstos no Estatuto de Roma, como tipos ilícitos a considerar no âmbito da competência do Tribunal Penal Internacional, e/ou se faz sentido que esteja integrado nos crimes mais graves previstos pelo Estatuto de Roma.

Palavras-chave: Jurisdição do Tribunal Penal Internacional, Competência Material, Terrorismo, Criminalidade Organizada, Tribunal Penal Internacional.

ABSTRACT: This article intends to analyze the creation and framing of the International Criminal Court in the context of international justice. A very succinct approach will be made to the jurisdiction of the International Criminal Court as regards its subject-matter jurisdiction. It is important to know whether organized crime and the crime of terrorism should be defined as one of the crimes covered by the jurisdiction of the International

---

[1] **Como citar este artigo:**
Escudeiro, Maria João (2019). Competência Material do Tribunal Penal Internacional: Inclusão e/ou Exclusão da Criminalidade Organizada e do Terrorismo?. In: Manuel Monteiro Guedes Valente (Coord.). *Criminalidade Organizada Transnacional – Corpus Delicti* I. Coimbra: Almedina, pp. 237-257.

Comunicação apresentada no âmbito do Seminário Internacional: *Corpus Delicti* – Estudos de Criminalidade Organizada Transnacional – novembro de 2018, Universidade Autónoma de Lisboa.

Criminal Court, and / or whether it makes sense that it is one of the crimes predicted as one of the most serious crimes under the Rome Statute.

Keywords: International Criminal Court Jurisdiction; Subject-Matter Jurisdiction; Organized Crime, Terrorism, International Criminal Court.

NOTA INTRODUTÓRIA

O Tribunal Penal Internacional é, atualmente, uma realidade em funcionamento e em profundo desenvolvimento. Representa um misto de valores humanos e de considerações políticas e tem como objetivos, uma verdadeira restauração e manutenção da paz mundial.[2]

Hoje, podemos fazer uma reflexão sobre a história da humanidade e concluir que todos os regimes desenvolveram instituições judiciais com o intuito de mediar, resolver e pôr fim aos conflitos que corrompiam a ordem social. Contudo, estas instituições não são, muitas vezes, por si só, uma solução para restabelecer essa ordem.

As instituições judiciárias, a par de outras instituições políticas e sociais, são indispensáveis na prossecução da justiça e paz nas sociedades. Esta é a base para concretizar o sonho de alcançar um mundo melhor e mais justo.[3]

Como refere M. Cherif Bassiouni: «Com o intuito de atingir estes objetivos, o TPI tem de ter capacidade para transmitir valores morais, que por sua vez produzirão reações positivas na coletividade. Com o decorrer do tempo o TPI tem de ser um «teatro» de eficiência e de credibilidade, onde o drama privado dos casos apresentados terá uma grande publicidade e projeção internacionais. Tal como numa tragédia grega, o TPI deve desempenhar o papel de *Deus ex machina*, que surge num cenário de crise para fornecer uma solução de acordo com as causas do conflito. Dá-se, então, a transferência do campo de conflito para as salas do tribunal, aqui não só se muda o cenário, como se permite amenizar as consequências do conflito, ao mesmo tempo que se lhe tenta pôr fim».[4]

---

[2] Bassiouni, M. Cherif; 1998; p. 1.

[3] *Ibidem.*

[4] *Ibidem.*

Nestas condições, o TPI é um mecanismo indispensável, que contribui para o fim dos conflitos, para a restauração da ordem e para a obtenção da paz.

Em síntese, os objetivos do TPI incluem: a exclusão da justiça taliónica; a reparação das vítimas; o reforço dos valores sociais; a educação de gerações presentes e futuras e, mais importante ainda, o impedimento e a prevenção das violações dos Direitos Humanos. Para atingir estes resultados, o TPI deve atuar com eficiência e consistência, os seus atos devem ser públicos para se poder prosseguir a justiça e, sempre que for apropriado, deve ter coragem para moderar a severidade da lei, com compreensão e compaixão.[5]

A história da humanidade é rica em conflitos internacionais e é com a experiência adquirida e os exemplos a não seguir que temos hoje a concretização de um Tribunal Penal Internacional. A Primeira Guerra Mundial foi apelidada «a guerra que pôs fim a todas as guerras»,[6] mas ainda mal tinha terminado quando os ventos da Segunda Guerra Mundial começaram a soprar.

E, com o término da Segunda Guerra Mundial, uma nova promessa foi feita: «nunca mais».[7] No entanto, desde essa altura, multiplicaram-se os conflitos, de caráter internacional e não internacional, que provocaram milhares de vítimas e uma série de outras incalculáveis consequências. A promessa não foi cumprida.

Hoje, o sucesso do TPI, e consequentemente da aplicação das normas internacionais, irá depender de quem fizer parte dele.

A cooperação dos Estados e a flexibilidade orçamental, nomeadamente a quantia atribuída ao Gabinete do Procurador, são também fatores preponderantes e decisivos. Somente o tempo dirá se estas expectativas serão realmente atingidas, mas, a julgar pelo apoio considerável que a comunidade internacional tem demonstrado, as perspetivas são muito favoráveis.[8]

ORIGENS E FONTES DO TRIBUNAL PENAL INTERNACIONAL

Não podemos deixar de mencionar que já muito antes do século XIX podíamos encontrar indícios, ainda que limitados, do que se poderia denominar de Direito Internacional Penal.

---

[5] *Idem*, pp. 1-2.

[6] Cassese, A. and Others; 2002; p. 17.

[7] The Universal Declaration of Human Rights, History of the Document. *In* http://www.un.org/en/documents/udhr/history.shtml.

[8] *Ibidem*.

O primeiro resquício deste facto foi, o que historicamente parece ter sido o primeiro Tribunal Penal Internacional *Ad Hoc*, constituído em 1474 para julgar Peter von Hagenbach, na cidade de Breisach na Alemanha. Hagenbach havia sido nomeado Governador da cidade de Breisach pelo Duque Charles de Borgonha, tendo gerado o terror pela cidade. Numa batalha contra um grupo formado por França, Áustria e por forças do Alto Reno, o Duque de Borgonha foi derrotado e Peter von Hagenbach preso e julgado na Praça do Mercado de Breisach, por ordem do Arquiduque da Áustria, onde foi capturado. Formou-se um Tribunal com 27 juízes de nacionalidades alemã, suíça e austríaca. Peter von Hagenbach, apesar de alegar que apenas cumpria as ordens do seu superior, o Duque de Borgonha, foi condenado à pena capital por violação de «leis Divinas e Humanas», porque tinha autorizado as suas tropas a cometer estupros, homicídios de civis inocentes e a pilhar propriedades, durante a ocupação militar daquela cidade, bem como, dispensado tratamento desumano à população que lá vivia, num momento em que não havia hostilidade alguma.[9-10]

Todavia, não há unanimidade quanto ao facto de este ser um verdadeiro precedente, porque nas palavras de Cristiano Oliveira não estávamos perante um Tribunal Internacional, mas sim perante um Tribunal do Sacro Império Romano-Germânico, tendo em consideração a sua constituição. Todos os Juízes faziam parte do Sacro Império Romano-Germânico. Mas, outro fundamento é o facto de o julgamento de Peter von Hagenbach não ter influenciado a criação de um futuro Tribunal Internacional.[11]

Em suma, parece-nos que a existência de um julgamento de uma pessoa, por aquilo que hoje seriam considerados crimes contra a humanidade e tendo em conta que este facto ocorreu há cinco séculos será uma primeira emanação de um tribunal *ad hoc*.

Por essa altura, a responsabilidade penal internacional encontrava-se muito circunscrita, segundo Bassiouni à pirataria, à escravatura e a alguns casos de conflitos armados.[12] A questão de a pirataria poder ser ou não considerada como um precedente do Direito Internacional Penal é controversa. Nas palavras de Bassiouni existem vários indícios de que a

---

[9] Hall, Christopher Keith; Artigo 1998; pp. 57-74.

[10] Vd. Oliveira, Cristiano José Martins de; Artigo 2010.

[11] *Ibidem.*

[12] Bassiouni, Cherif; 1999; pp. 515-516.

pirataria era vista como um crime internacional. O reconhecimento da pirataria como crime internacional data do ano de 1500.[13] Neste contexto é de salientar as ordens de Henrique VII a John Hopton para apreender e subjugar todos os piratas que fossem encontrados. Estes deveriam ser entregues aos comissários.[14] Sem embargo, no plano meramente substantivo, a proibição da pirataria começou por ser entendida como um costume, tendo as regras escritas aparecido muito mais tarde, no decorrer do séc. XIX.

Diferentemente de Bassiouni, Cassese não considera a pirataria como um precedente do Direito Internacional Penal porque não apresenta os requisitos dos crimes internacionais.[15]

Sendo a pirataria a primeira infração internacional de origem costumeira a ser tipificada, parece que estavam lançadas as bases do Direito Internacional Penal.[16]

No que diz respeito à escravatura durante muito tempo existiu um conflito entre a consciência jurídica de condenação da mesma e a dificuldade existente na sua abolição por parte dos Estados devido aos grandes interesses de natureza económica que estavam envolvidos. De forma sintética todo o processo de consideração da escravatura como um crime internacional foi gradual. Sustenta Bassiouni que "o objectivo era obrigar todos os estados a reconhecerem a escravatura como crime, criando uma jurisdição internacional".[17]

Finalmente, no que se refere aos conflitos armados importa distinguir entre responsabilidade dos Estados e dos indivíduos. A responsabilidade que releva nesta matéria é a individual. Neste âmbito, a primeira acusação sobre um indivíduo conhecida é a de Conrandin von Hohenstafen que foi condenado à morte em Nápoles no ano de 1268.[18]

---

[13] *Idem*, p. 515.

[14] "King Henry VII commissioned John Hopton to ...seize and subdue all pirates wherever they shall from time to time be found;
and if they cannot otherwise be seized, to destroy them, and to bring all and singular of them, who are captured, into one of our ports, and to hand over and deliver them...to our commissioners". In Bassiouni, Cherif; 1999; p. 515.

[15] Esta posição de Cassese é relembrada por Cristiano Oliveira. *In* Oliveira, Cristiano José Martins de; Artigo 2010.

[16] Oliveira, Cristiano José Martins de; Artigo 2010.

[17] Bassiouni, Cherif; 1999; p. 516.

[18] Evolução histórica desta matéria *vide* Bassiouni, Cherif; 1999; pp. 517-519.

Depois desta introdução sucinta, concentremos na evolução histórica para criação de um Tribunal Penal Internacional.

Ao longo de vários séculos sempre que era ponderada a criação de um Tribunal Penal Internacional as reações eram de constantes rejeições, mas em 1872, pela primeira vez, surgiu uma opinião favorável. No final do século XIX, início do século XX, uma série de acontecimentos evidencia um interesse cada vez maior na realização da justiça internacional. Esta situação era visível através da criação de diplomas internacionais que pretendiam melhorar as condições dos militares que sofriam ferimentos nos campos de batalha[19].

Após a guerra Franco-Prussiana em que se verificaram violações da Convenção de Genebra, Gustave Moynier, jurista e humanista suíço, propôs a constituição de um Tribunal Penal Internacional com competência para julgar crimes de guerra.

Mais tarde, em 1907 realizou-se uma segunda Conferência de paz em Haia com o mesmo intuito da primeira e em que foram adotadas uma série de Convenções Internacionais.

Face ao exposto, os méritos da proposta de Moynier eram de difícil avaliação, mas o seu conteúdo pode ter servido de base para uma posterior discussão. Para além disto, esta proposta é um momento histórico visto ser, de facto, a primeira real proposta para criação de um Tribunal Penal Internacional Permanente. Na nossa opinião, esta proposta apresentava uma inovação que importa enfatizar, e que se relaciona com o facto de prever o ressarcimento das vítimas, tendo em conta que este direito só veio a ser garantido recentemente com a entrada em vigor do Estatuto de Roma, como veremos ao longo deste estudo.

Mais tarde, com o final da Primeira Guerra Mundial (1919), a comunidade internacional voltou a ponderar criar um Tribunal Penal Internacional. Nas palavras de Cassese, o período que se seguiu à Primeira Guerra Mundial foi importante pelo número de tentativas que foram feitas para criar uma instituição criminal internacional. Mas todas tiveram o mesmo fim, visto que todas falharam. Por exemplo, a "Comissão para a Responsabilização dos

[19] Os diplomas em referência são a Convenção Internacional de Genebra de 1874 que garantia a proteção dos feridos e doentes; a Declaração de São Petersburgo de 1868 que restringia a utilização de determinado armamento e a Declaração de Bruxelas de 1874 que realizava a distinção entre militares e civis no caso dos conflitos armados.

Autores de Crimes de Guerra e para o Reforço das Penas" propôs a criação de um Tribunal composto por juízes de várias nações.[20] A devastação da guerra fez renascer a necessidade da responsabilização criminal internacional, conceito que advinha das Conferências de Haia. A Primeira Guerra Mundial teve o seu desfecho com o Tratado de Versailles[21] que estabeleceu as condições de paz entre as potências aliadas e associadas e a Alemanha. Este Tratado previa a possibilidade de serem criados Tribunais *Ad Hoc*, mas esta possibilidade não se concretizou. Contudo, a prossecução deste objetivo manteve-se, apesar de se ter revelado um processo muito lento e complexo.

Após intensas negociações do Tratado de Versailles, o art. 227.º, previa a criação de um tribunal especial para julgar o antigo Imperador alemão, Guilherme II de Hohenzollern. O Imperador era acusado de ofensa suprema contra a moral internacional e contra a autoridade sagrada dos Tratados. Este Tribunal especial deveria ser constituído por Juízes nomeados pelos EUA, Grã-Bretanha, França, Itália e Japão. Todavia, este julgamento nunca teve lugar e este esforço foi um enorme fracasso.[22] Este Tribunal não funcionou porque a Holanda não procedeu à extradição do antigo Imperador usando como fundamento a ideia de que as acusações que sobre ele recaíam eram de natureza política e não jurídica.[23] Por seu turno, o art. 228.º do Tratado regulava a possibilidade de os Aliados julgarem as pessoas acusadas de terem cometido «atos contrários às leis e costumes de guerra».

Os preceitos do Tratado de Versailles encontraram diversos obstáculos, desde logo porque a Alemanha não aceitou extraditar os seus nacionais com o argumento de que as acusações em grande escala teriam efeitos políticos incontroláveis e que alguns dos possíveis acusados eram considerados como heróis pelo povo alemão, o que poderia provocar situações imprevisíveis.

Decorrente desta situação, os Aliados abandonaram a ideia de estabelecer um Tribunal Penal Internacional, sacrificando a justiça dos vencedores em prol da paz na Europa. Apesar disto, foram impostas severas sanções económicas aos Estados vencidos.[24]

---

20 Cassese, A. and Others; 2002; pp. 4-5.

21 Acordo de Paz entre os Aliados e a Aliança Alemã. O Tratado de Versailles foi celebrado em 28 de junho de 1919, art. 227.º

22 Sadat, Leila Nadya; 2002; p. 24.

23 Duran, Renato Batista Toledo e outros; Artigo; p. 2 e Sadat, Leila Nadya; 2002; p. 24.

24 Duran, Renato Batista Toledo e outros; Artigo; p. 2.

Podemos concluir que as principais determinações do Tratado de Versailles não passaram de boas intenções, visto que no rescaldo da Primeira Guerra Mundial o sentimento era de impunidade.

Posteriormente, em 1924 foi criada a Associação Internacional de Direito Penal na Universidade de Paris, La Sorbonne tendo definido como um dos seus objetivos a criação de um Tribunal Penal Internacional permanente.[25]

Dois anos mais tarde realizou-se o I Congresso Internacional de Direito Penal, organizado pela AIDP em Bruxelas, onde se debateu o tema. Como consequência, em 1927, a AIDP propôs à Liga das Nações a criação de um Tribunal Criminal da Corte Permanente de Justiça Internacional, para o qual elaborou um projeto. O fim a alcançar era definir os princípios de Direito Internacional Penal e, principalmente, da responsabilidade penal do indivíduo no campo internacional.[26]

Este Tribunal propunha-se julgar os Estados e os indivíduos.[27]

Estes projetos receberam forte impulso após o atentado ocorrido em Marselha em 9 de outubro de 1934, perpetrado por terroristas macedónios e croatas, que vitimou o estadista Jean-Louis Barthou (1862-1934), presidente do Conselho da República Francesa, e o Rei Alexandre I, da Jugoslávia, e que esteve na base das negociações, entre os dias 1 e 16 de novembro de 1937, para a criação de um TPI para julgar o crime de terrorismo. Sob os auspícios da Liga das Nações, a Conferência Internacional para a Repressão do Terrorismo apresentou o primeiro instrumento jurídico que considerava o terrorismo como crime internacional, a Convenção para a Prevenção e Punição do Terrorismo.[28-29-30]Contudo, esta Convenção foi assinada por apenas treze Estados e, por conseguinte nunca entrou em vigor.[31]

---

25 Oliveira, Cristiano José Martins de; Artigo 2010.

26 Duran, Renato Batista Toledo e outros; Artigo; p. 2, Oliveira, Cristiano José Martins de; Artigo 2010 e Sadat, Leila Nadya; 2002; pp. 24-25.

27 Sadat, Leila Nadya; 2002; p. 25.

28 Esta Convenção Internacional dispunha que os atos de terrorismo são «atos criminosos dirigidos contra um Estado cujo objetivo ou natureza é a de provar um estado de terror em determinadas personalidades, em grupos de pessoas ou no público em geral» – art. 1.º Esta Convenção foi adotada a 16 de novembro de 1937, mas nunca entrou em vigor. Vd. Cassese, A. and Others; 2002; p. 5.

29 Bassiouni, M. Cherif; 1998; pp. 10-11.

30 Oliveira, Cristiano José Martins de; Artigo 2010.

31 Sadat, Leila Nadya; 2002; p. 25.

Durante este período surgiram três grandes obstáculos. Primeiro, a questão da soberania ainda estava muito enraizada. Segundo, muitos críticos afirmavam que não existia direito positivo para acusar os potenciais arguidos. Terceiro, nem todos consideravam que a criação de um Tribunal Penal Internacional permanente iria prevenir guerras, sendo esta uma das premissas para a sua criação.[32]

Neste momento histórico em que se delineavam os novos acontecimentos que ocasionariam a eclosão da Segunda Guerra Mundial, que assumiu contornos muito graves do que diz respeito às violações do Direito Internacional Humanitário, era muito dificil conceber a criação de um Tribunal Penal Internacional.[33] Tentando contrariar esta situação a Sociedade das Nações pretendia criar um TPI, cuja jurisdição se limitava à execução da Convenção contra o Terrorismo de 1937. Todavia os esforços foram infrutíferos devido à dificil conjetura mundial que se vivenciava. Referimo-nos à crise mundial, à guerra civil espanhola, à invasão italiana da Abissínia e às políticas militares agressivas da Alemanha. Este cenário internacional resultou quase que de forma inevitável na Segunda Guerra Mundial.[34] Os contornos desta guerra, a gravidade das atrocidades cometidas e a sua extensão, bem como a intenção de punir os vencidos, foram fatores decisivos na criação de vontade política para proceder à criação de tribunais de natureza internacional, para que pudessem ser julgados os principais violadores das normas de Direito Internacional.

A Sociedade das Nações não conseguiu concretizar os fins a que se propunha, visto que não conseguiu manter a paz mundial, tendo sido por isso dissolvida e encontrando-se extinta por volta de 1942. Todavia, a 18 de abril de 1946, esta Sociedade passou as responsabilidades para a recém-criada Organização das Nações Unidas.

Um primeiro passo nesse sentido foi a criação dos Tribunais Militares Internacionais de Nuremberga e de Tóquio. As atrocidades cometidas durante a Segunda Guerra Mundial desencadearam um profundo interesse em estabelecer um TPI permanente.[35] Surgiram, então, uma série de propostas, de entre as quais se destacava a da Sociedade das Nações de

[32] *Ibidem.*

[33] *Ibidem.*

[34] Bassiouni, M. Cherif; 1998; pp. 10-11.

[35] Cassese A. and Others; 2002; p. 5.

1941. Tal como sucedeu com o TPI, quando foi criado em Roma, o Tribunal proposto pela Assembleia em 1941 só teria jurisdição para julgar os casos que os Tribunais nacionais não julgassem.

Quanto aos Tribunais Militares Internacionais de Nuremberga e de Tóquio foram criados em 1945[36] e 1946[37] para julgar indivíduos responsáveis por, crimes contra a paz, crimes de guerra e crimes contra a humanidade. Estas duas experiências do pós-guerra foram criadas através das Comissões Internacionais.

O Tribunal Militar de Nuremberga foi constituído por um acordo internacional assinado pelos Aliados – Estados Unidos da América, Governo Provisório da República Francesa, Reino Unido e URSS – mas, subsequentemente, aderiram ao acordo dezanove outras nações, bem como às regras processuais e de jurisdição. O acordo define também, ainda que de forma muito sumária, o direito a ser aplicado.

Por outro lado, o Tribunal Militar Internacional de Tóquio foi criado através de uma Proclamação Especial do General McArthur, em 19 de janeiro de 1946. Os Regulamentos Processuais deste Tribunal continham apenas 9 artigos, e foram adotados pelo Tribunal em abril de 1946.[38]

Em 1989, voltou a ser debatida a criação de um Tribunal Penal Internacional na Organização das Nações Unidas. Nesse ano, a Assembleia-geral das Nações Unidas realizou uma sessão especial sobre o problema do tráfico de droga, e Trinidad e Tobago sugeriu a criação de um TPI especializado.[39]

O Tribunal Penal Internacional é a primeira e a maior instituição internacional do século XXI. Em parte, esta instituição surgiu como uma resposta ao século XX que pode ser descrito como o «século da violência».[40]

---

[36] O Tribunal Militar Internacional de Nuremberga foi criado em Londres a 8 de agosto de 1945.

[37] Proposta de criação do Tribunal Militar Internacional para o Extremo Oriente em 16 de janeiro de 1946, aprovada a 26 de abril de 1946.

[38] O art. 7.º da Carta do Tribunal de Tóquio esclarece que cabe ao Tribunal elaborar os Regulamentos Processuais de acordo com as normas fundamentais da Carta.

[39] *Ibidem*, p. 16.

[40] Philippe Kirsch salienta a observação de Whitney Harris que escreveu que podem passar setecentos anos para se eliminarem as guerras no mundo, e criar-se uma justiça internacional. Roma foi o início e o fim pode nunca chegar. Tal como Roma, a luta pela paz, pelo direito e pela justiça no mundo é eterna. *In* Kirsch, Philippe; Symposium 2007; p. 5.

Mas foi sobretudo um século em que a ideia de criar um Tribunal Penal Internacional esteve sempre intermitente na agenda do direito internacional.

Em 1989, 16 países das Caraíbas e os países da América Latina, liderados por Trinidad e Tobago, e apoiados por algumas ONG e por académicos proeminentes, solicitaram à Assembleia-Geral que pedisse à ILC que ponderasse a hipótese de o TPI deter jurisdição sobre o crime de tráfico de droga.[41]

Quer o tráfico de droga, quer o terrorismo, são crimes muito difíceis de investigar e de julgar, tanto a nível nacional, como internacional, atendendo-se aos limitados recursos de que o TPI dispõe. A procura de provas credíveis necessita de um trabalho de campo muito substancial e aprofundado com o objetivo de conseguir aceder a informações altamente confidenciais.

Esta inclusão foi aclamada por muitos estados e comentadores, como um grande acontecimento.[42] Segundo Allison Danner constitui um grande passo desde a original pretensão da ILC, que defendia que um Procurador independente não era possível naquele momento de desenvolvimento do sistema jurídico internacional, apesar de se considerar que a lei internacional deveria aumentar o poder dos indivíduos e demonstrar menos preocupação com a soberania dos estados.[43]

A independência do controlo político, do Tribunal Penal Internacional, e em particular do seu Procurador, é celebrada como um desenvolvimento sem precedentes

Entendemos que esta é a base para um efetivo desenvolvimento da justiça internacional.[44]

A criação de um Tribunal Penal Internacional não se coaduna com a hipótese de um dos seus órgãos, nomeadamente, o Gabinete do Procurador ser passível de influências políticas. Quando está em causa o respeito pelos Direitos Humanos a sujeição a um controlo político pode desvirtuar todos os objetivos, sendo mesmo uma traição aos princípios fundamentais que estão na base da criação do TPI.

---

[41] GA Resolution 44/39 de 1989.

[42] Cassese, A. and Others; 2002; p. 1907.

[43] Danner, Allison Marston; Artigo 2005; p. 515.

[44] *Ibidem.*

Em consequência da análise dos problemas e críticas a que esta problemática esteve sujeita ao longo das negociações do Estatuto de Roma, parece-nos importante fazer algumas considerações. Apoiamos sem restrições a existência de um Procurador com poderes *proprio motu*, somos adeptos e defensores da independência do Procurador e, em face disso, consideramos que este não pode estar sujeito a qualquer tipo de influências e pressões. Ao longo deste estudo, tornar-se-á claro como é que esta independência foi concretizada no Estatuto de Roma e quais as limitações que lhe foram impostas.

Concluímos, afirmando, sem falsas expectativas, que a atribuição de poderes *proprio motu* ao Procurador é a base fundamental para o sucesso do TPI.

O ex-Procurador do TPI, Luís Moreno-Ocampo, esteve presente numa conferência a que tivemos o privilégio de assistir na Universidade Católica Portuguesa em Lisboa, há alguns anos, e deixou-nos algumas reflexões de extrema importância que nos ajudam a ter uma visão mais realista dos problemas que o Gabinete do Procurador atravessa para trabalhar com competência e eficácia. Ocampo, no seu imenso conhecimento, considerou que um dos maiores desafios que ele, enquanto Procurador, enfrenta, é o honroso mas sempre contraditório conjunto de expectativas que recaem sobre o seu trabalho. O Procurador refere com muita insistência que as capacidades do TPI e do Gabinete do Procurador são limitadas e que, por isso, restringem a concretização dessas expectativas.

Ocampo considera que a maior parte do trabalho da justiça internacional não deve ser realizado em Haia, mas sim ao nível nacional dos respetivos Estados. Julgamos que as investigações e os procedimentos criminais levados a cabo pelo TPI poderão representar as linhas mestras para as iniciativas nacionais.

A principal preocupação do Procurador do TPI é a seleção de casos a serem investigados pelo Gabinete do Procurador. Com base na lei internacional e no Estatuto de Roma, o fator decisivo para se iniciar a investigação de um caso é a sua «gravidade». Para Ocampo, uma das definições de gravidade é o número de mortes, mas podem também existir outros indicadores.

A criação do TPI para julgar indivíduos que cometeram crimes graves é um passo de gigante para a humanidade. Contudo, este Tribunal não beneficia do facto de ter a sua própria polícia, baseia a sua atividade na cooperação dos Estados que o assistem na investigação e que cumprem as ordens judiciais.

Segundo o Estatuto de Roma, e pela primeira vez na ordem criminal internacional, as vítimas, os seus familiares ou os seus representantes legais, podem dirigir-se ao Tribunal para expressarem as suas preocupações e angústias, podendo também pedir indemnizações pelos danos sofridos. Esta novidade constitui algo de fundamental, porque enquanto anteriormente os Tribunais Penais Internacionais faziam justiça em nome de uma noção de humanidade um pouco abstrata, agora, essa justiça é feita em nome de pessoas/vítimas que têm um rosto. O TPI pretende que se faça justiça na presença das vítimas se estas assim o desejarem.

A Comissão Preparatória decidiu por consenso solicitar à Assembleia Geral que organizasse uma série de encontros para que os trabalhos pudessem estar concluídos em abril de 1998.[45]

As intensas negociações em Roma, em 1998, tiveram como base o relatório da Comissão Preparatória sobre a criação do TPI, que continha um esboço do Estatuto.[46]

Em 17 de julho de 1998, a Conferência Diplomática para o estabelecimento do TPI terminou com a adoção do Estatuto de Roma do Tribunal Penal Internacional.[47] O Estatuto de Roma é o produto de difíceis negociações. Por esse facto, os vários observadores identificam diferentes forças e fraquezas no Estatuto de Roma, dependendo das suas próprias perspetivas e prioridades. Logo, as previsões do Estatuto para uns são fracas, enquanto para outros são excessivamente ambiciosas.[48]

Muitas destas questões estão interligadas e o Estatuto representa o acordo possível. Ao nível filosófico, o TPI significa a expressão dos valores da justiça internacional e dos direitos humanos. Cento e vinte Estados votaram a favor do Estatuto, sete votaram contra e vinte e um abstiveram-se. Os que se abstiveram foram vários países Árabes e Islâmicos e também uma série de países da *Commonwealth* das Caraíbas. O Estatuto foi imediatamente aberto para assinatura.

Até 1 de março de 2003 o Estatuto tinha sido assinado por 139 Estados. Para entrar em vigor o Estatuto tinha de ser ratificado por sessenta países. Esta meta foi atingida, em face de muito esforço político, em 11 de abril

[45] *Ibidem*, pp. 50-51.

[46] U.N. Doc. A/CONF/183/2/Add 1 (14 de abril de 1998).

[47] U.N. Doc. A/CONF/183/9 (1998).

[48] Cassese, A. and Others; 2002; p. 87.

de 2002, o que permitiu a entrada em vigor do Estatuto a 1 de julho de 2002.[49]

Os Juízes foram eleitos no início de 2003 e pouco tempo depois iniciaram os seus trabalhos.

O Estatuto de Roma revelou-se um sucesso imediato. Primeiro, entrou em vigor com o forte apoio de vários Estados, apesar da «infeliz»[50] posição dos EUA. Segundo, é um passo fundamental na abolição de uma cultura de impunidade que até 1990 acompanhou a elaboração de muitos instrumentos de justiça internacional. Por outro lado, foi também uma forma de criação legislativa, elaboraram-se os Regulamentos Processuais que, quando referidos no contexto internacional, devem ter em conta os sistemas criminais da *Common* e da *Civil Law*.

COMPETÊNCIA MATERIAL DO TRIBUNAL PENAL INTERNACIONAL (INCLUSÃO E/OU EXCLUSÃO DOS CRIMES DE TERRORISMO E CRIMINALIDADE ORGANIZADA TRANSNACIONAL)

O Estatuto de Roma tem jurisdição sobre os crimes mais graves que afetam a comunidade internacional no seu conjunto (art.º 5.º).

Ainda que de forma muito sucinta ficam uma breves notas sobre os crimes que se encontram sobre a jurisdição do TPI.

- **GENOCÍDIO** – qualquer dos atos descritos no art. 6.º praticados com a intenção de destruir, no todo ou em parte, um grupo nacional, étnico, rácico ou religioso.

- **CRIMES CONTRA A HUMANIDADE** – qualquer dos actos descritos no art. 7º, quando cometido no quadro de um ataque, generalizado ou sistemático, contra a população civil, havendo conhecimento desse ataque.

De acordo com o n.º 2, Por «ataque contra uma população civil» entende-se qualquer conduta que envolva a prática múltipla de atos referidos no n.º 1 contra uma população civil, de acordo com a política de um Estado ou de

49 Art. 126.º do Estatuto de Roma.

50 Na nossa modesta opinião, face ao exposto anteriormente.

uma organização de praticar esses atos ou tendo em vista a prossecução dessa política.

O primeiro julgamento por crimes contra a humanidade foi o Julgamento de Nuremberg, onde foram sentenciados os líderes da Alemanha Nazista.

Ao contrário dos crimes de guerra, crimes contra a humanidade podem ser cometidos tanto em tempos de paz quanto de guerra, não sendo eles eventos isolados ou esporádicos, mas parte da política de um governo ou de uma ampla prática de atrocidades toleradas por uma autoridade *de facto*.

- **CRIMES DE GUERRA** – art. 8.º – quando cometidos como parte integrante de um plano ou de uma política ou como parte de uma prática em larga escala desse tipo de crimes.

Por crime de guerra entende-se:

Graves violações da Convenção de Genebra de 12 de Agosto de 1949.

Violações graves das leis e costumes aplicáveis em conflitos armados internacionais no quadro do direito internacional e em conflito armado que não seja de índole internacional.

Um crime de guerra é uma violação do direito internacional ocorrida durante um período de guerra ou conflito armado, principalmente com violação dos direitos humanos. Nos crimes de guerra estão sobretudo em causa violações das Convenções de Genebra.

A Convenção de Genebra (1949) instituiu uma lista de crimes de guerra, correspondente a atos cometidos durante conflitos militares que são condenáveis e proibidos. Alguns dos atos considerados crimes de guerra são: utilizar gás venenoso, lançar ataques propositalmente contra civis, privar prisioneiros de guerra de um julgamento justo, torturar prisioneiros de guerra e pegar reféns entre a população civil.

- **CRIME DE AGRESSÃO** – Definido e ratificado por Resolução da AR n.º 31/2017, de 20/02. Esteve deste 2002 sem definição foi aprovada pela assembleia dos Estados-Parte.

Na versão original do Estatuto de Roma o Crime de ameaça ficou por definir, tendo os estados partes assumido o compromisso de o definir num momento posterior. No passado dia 26 de novembro de 2015, tendo sido aditado o art. 8.º *bis* o Estatuto de Roma.

Art. 8.º *bis*: "*Para efeitos do presente Estatuto, entende –se por 'crime de agressão', o planeamento, a preparação, o desencadeamento ou a execução por uma pessoa que se encontre em posição de controlar ou conduzir de forma efetiva a ação política ou militar de um Estado de um ato de agressão que, pelo seu carácter, pela sua gravidade e dimensão, constitui uma violação manifesta da Carta das Nações Unidas.*

2. Para efeitos do n.º 1, entende –se por 'ato de agressão', o uso da força armada por um Estado contra a soberania, integridade territorial ou independência política de outro Estado, ou de qualquer outra forma incompatível com a Carta das Nações Unidas. Independentemente da existência ou não de uma declaração de guerra (...)"

O Tratado de Versalhes, no art. 227, fala sobre "ofensa suprema contra a moral internacional e a santidade dos tratados", crime que o Kaiser Guilherme II haveria cometido.

Esse crime encontra-se no Tribunal Militar Internacional de Nuremberg e de Tóquio sob a denominação genérica de *crimes contra a paz*, definido como sendo a direção, a preparação, o desencadeamento ou a continuidade de uma guerra de agressão, ou de uma guerra violando tratados, garantias ou acordos internacionais.

Todavia, após a Segunda Guerra Mundial, a Comissão de Direito Internacional, em 1974, entrou em consenso sobre o conceito de agressão, que resultou na Resolução 3314 (XXIX), que definiu crime de agressão como sendo o uso de força armada por um Estado contra a soberania, integridade territorial ou independência política de outro país, ou qualquer outra agressão que vá contra a Carta das Nações Unidas.

Importa ressalvar que os crimes previstos no Estatuto de Roma são imprescritíveis.

No que diz respeito à questão do **Crime de Terrorismo**, este crime nunca foi definido num tratado apoiado por toda a comunidade internacional. Por isso, a maioria dos estados é contrária à inclusão deste crime na competência do TPI.

Todavia, a inclusão de tal delito no Estatuto do TPI permaneceu em discussão até a última semana da Conferência de Roma, tendo sido excluído da competência do Tribunal em virtude da ausência de uma definição clara e amplamente aceite sobre o fenómeno terrorista.

Não obstante, pese embora tal circunstância, pode-se vislumbrar a possibilidade de que certos atos terroristas sejam julgados pelo Tribunal Penal Internacional dentro de uma diferente roupagem, ou seja, sob outra nomenclatura judicial.

O próprio Estatuto de Roma prevê que o reconhecimento deste princípio não afetará a tipificação de uma conduta como crime nos termos do direito internacional, independentemente das disposições nele constantes, reconhecendo a validade do direito costumeiro e dos princípios gerais de direito.

➢ **O Terrorismo como Crime de Guerra:**

Os crimes de guerra tipificados no Estatuto de Roma podem vir a ser identificados também como atos terroristas, desde que preenchidas certas condições, a saber:

(i) sejam cometidos como parte integrante de um plano ou de uma política ou como parte de uma prática em larga escala desse tipo de crimes,

(ii) sejam praticados no âmbito de um conflito armado internacional ou não internacional e

(iii) possuam a finalidade de semear o terror, ou seja, devem ser cometidos com o objetivo de intimidação e com a intenção e espalhar o medo e a violência.

Quanto a este último requisito, assevera António Cassese que: *"O actus reus é um ataque ou uma ameaça de ataque a civis (ou objetos civis), ou a adoção de outras medidas intimidatórias destinadas a espalhar o medo e a angústia entre civis. O elemento subjetivo deve ser a intenção de executar atos ilegais ou ameaças ou violência contra civis. Todavia, tal intento deve sempre vir acompanhado de uma especial intenção, qual seja, causar terror (medo, ansiedade) entre civis. É evidente nas previsões relevantes que espalhar ameaça ou medo entre civis deve ser o 'objetivo primordial' dos atos ilegais ou ameaças de violência. Interessantemente, no caso (Galic) trazido perante o Tribunal Internacional para a Ex-Jugoslávia, o Procurador sustentou a responsabilidade do arguido por ilegalmente infligir terror contra civis como um crime de guerra."*

➢ **Terrorismo como Crime Contra a Humanidade:**

A leitura do art. 7º do Estatuto de Roma demonstra que neste foram enumerados certos atos caracterizadores de crime contra a humanidade (homicídio, extermínio, escravidão, tortura, violações sexuais, perseguição por motivos políticos ou em função de raça, cultura, religião, etnia etc.), que, de forma geral, podem ser perpetrados por um indivíduo ou por um grupo de indivíduos no decorrer de uma empreitada levada a efeito para causar terror em uma determinada população civil.

Acrescente-se, todavia que, de acordo com António Cassese:

> *Atos de terrorismo podem se configurar em crimes contra a humanidade quando satisfizerem as exigências específicas destes crimes, ou seja, quando: (i) forem parte de um ataque difundido ou sistemático contra civis, e (ii) os perpetradores estejam cientes do fato de que seus atos criminosos são parte de uma conduta geral ou sistemática.*

Também a jurisprudência vai de encontro a esta ideia. Por exemplo no caso Blagojevic o TPI para a Ex-Jugoslávia, considerou o crime de terrorismo como crime contra a humanidade. Neste caso o Tribunal enquadrou o terror exercido contra a população civil como o crime de perseguição, incluído no âmbito dos crimes contra a humanidade.[51] Esta forma deve cumprir dois requisitos próprios dos crimes contra a humanidade:

(i) Ser parte de um ataque, sistemático ou em larga-escala, contra uma população civil, praticado com apoio de um Estado ou de uma organização não estatal;
(ii) O agente deve ter conhecimento que a sua ação está inserida numa política de violência sistemática ou em larga escala.

➢ **Terrorismo como Crime Autónomo**

Desde o 11 de Setembro, muitos autores internacionais assim como uma proposta em 2009 feita pela Holanda, pretendiam incluir no Estatuto de Roma o crime de terrorismo. Mas, esta proposta enfrentou vários problemas, principalmente a sua definição e depois a oposição política dos Estado Unidos da América e da China. Há quem defenda que o TPI só poderia ter jurisdição sobre crimes de terrorismo quando estes fossem praticados por uma organização. Houve propostas de definir o crime de terrorismo, mas nenhuma conseguiu que se reunisse um consenso sobre este assunto.[52]

---

[51] *Prosecutor v. Blagojević and Jokić*, Judgment, IT-02-6—T, 17 January 2005

[52] Proposta de definição do Crime de Terrorismo:
Article 8ter: Crime of Terrorism
1. The Court shall have jurisdiction over acts of terrorism.

Sintetizando o Crime de Terrorismo consiste na prática de atos:

- Tipificados como crimes em todos os ordenamentos jurídicos nacionais;
- Tais práticas devem ter como finalidade mediata a disseminação do pânico entre a população civil e o objetivo último de intimidar, coagir ou influenciar a política de um determinado governo;
- Devem ser política ou ideologicamente motivados.

No que diz respeito ao conceito de **criminalidade organizada transnacional** é sabido que o crime organizado transnacional tem hoje um imenso destaque no cenário mundial.

As múltiplas interações humanas ocasionaram o enfraquecimento das fronteiras e tornou quase impossível para um país controlar todos os seus fluxos internacionais.

O fenómeno da globalização deixou os Estados desestabilizados, comprometendo sua autonomia e seu poder de decisão.

A Convenção das Nações Unidas contra o Crime Organizado Transnacional, mais conhecida como Convenção de Palermo, estabeleceu que o grupo criminoso organizado seria:

> *"Grupo estruturado de três ou mais pessoas, existente há algum tempo e atuando concertadamente com o propósito de cometer uma ou mais infrações graves ou enunciadas na presente Convenção, com a intenção de obter, direta ou indiretamente, um benefício económico ou outro benefício material"*

As características das organizações criminosas são: planeamento empresarial; antijuridicidade; diversidade na área de atuação; estabilidade de seus integrantes; cadeia de comando; pluralidade de agentes; compartimentação; código de honra; controle territorial; fins lucrativos.

---

2. For the purpose of this Statute, "terrorism" includes, but is not limited to:
a. An offense according to [specified international counter-terrorism conventions]
b. act intended to cause death or serious bodily injury to a civilian, or to any other person not taking an active part in the hostilities in a situation of armed conflict, when the purpose of such act, by its nature or context, is to intimidate a population, or to compel a government or an international organization to do or to abstain from doing any act.

Com objetivo puramente patrimonial, a organização criminosa comete vários tipos de crimes, em sua grande maioria, lavagem de dinheiro, corrupção, homicídios e torturas, que afetam gravemente a economia mundial, a democracia, o estado democrático de direito, impede o desenvolvimento económico, social, cultural e político de todos os povos.

CONCLUSÃO

Consideramos que, perante este enquadramento, não há necessidade nem é relevante ou sequer fundamental para a ordem jurídica internacional que o Crime de Terrorismo ou o Crime Organizado se encontrem tipificado no Estatuto de Roma.

Como ficou demonstrado, o Crime de Terrorismo e o Crime Organizado podem claramente ser enquadrados nos outros crimes previstos no Estatuto de Roma, principalmente nos Crimes de Guerra e nos Crimes contra a Humanidade.

Não nos parece que por ser uma prática que do ponto de vista mediático e/ou informativo seja algo que tenha um grande impacto na comunidade internacional deva ser considerado de forma autónoma no Estatuto de Roma. Consideramos que a competência material prevista pelo Estatuto de Roma é suficiente para regular e aglutinar o conceito e práticas previstas pelo Crime de Terrorismo e pelos atos incluídos no âmbito do crime organizado.

Concordando plenamente com a autora Leila Sadat, «mesmo com todas as suas imperfeições, inconsistências e defeitos, o Estatuto de Roma foi e é um acontecimento extraordinário. De facto, a criação do TPI abriu uma janela para o futuro da humanidade no despontar do terceiro milénio. A semente desta revolução estava semeada; a estrutura de poder já existente mantém-se e o produto final pode ser ou não bem sucedido.»[53]

A nossa opinião vai de encontro à posição de Leila Sadat quando considera que «uma das chaves para o sucesso do Tribunal é a boa vontade e a cooperação dos Estados, que serão chamados a financiar a sua atuação, apoiando o seu pessoal e ajudando nas investigações, participando na detenção de suspeitos e no aprisionamento dos condenados.»[54] Mas a autora vai mais longe e, face à

---

[53] *Idem*, p. 481.

[54] *Ibidem*.

hipótese de o Tribunal não ser bem-sucedido, tendemos a corroborar a ideia da autora que considera que a «transformação no direito internacional penal, levada a cabo pela Conferência Diplomática, vai continuar a influenciar profundamente a comunidade internacional. E para aqueles que sofrem com a calamidade dos crimes de guerra ou com as atrocidades que chocam a consciência da humanidade, foi dado um grande passo civilizacional em Roma, o local onde os governos do mundo se reuniram para criar a última grande instituição internacional do século XX.»[55]

BIBLIOGRAFIA

BASSIONI, M. CHERIF, *The Statute of the International Criminal Court: A Documentary History*. New York, 1998 Trannational Publishers, Inc.

CASSESE, ANTÓNIO; GAETA, PAOLA and JONES, JOHN R. W. D., *The Rome Statute of the International Criminal Court: A Commentary: Materials*, Vol. I and II. New York 2002; Oxford University Press.

DANNER, ALLISON MARSTON, *Prosecutorial Discretion and Legitimacy*. *In* the American Journal of International Law, Vol. 97:510; 13 June 2005.

DURAN, RENATO BATISTA TOLEDO; BATALHA, SÉRGIO FEDATO e AMARAL, SÉRGIO TIBIRIÇÁ DO; *Tribunal Penal Internacional*; Disponível em http://intertemas.unitoledo.br/revista/index.php/ETIC/article/viewFile/1733/1653

HALL, CHRISTOPHER KEITH, *The First Proposal for a Permanent International Criminal Court*. *In* International Review of the Red Cross no. 322, pp. 57-74 (1998)

KIRSCH, PHILIPPE, *Symposium – Judgment at Nuremberg – Keynote Address: Applying the Principles of Nuremberg in the International Criminal Court*. Copyright (c) 2007, Washington University Global Studies Law Review 501.

OLIVEIRA, CRISTIANO JOSÉ MARTINS; *A Criação de um Tribunal Penal Internacional. Dos Tribunais Militares aos Tribunais Ad-Hoc*. Jus Navigandi, Teresina, Ano 15, n.º 2449, 16 de Março de 2010. *In* http://jus.uol.com.br/revista/texto/14525

SADAT, LEILA NADYA, *–The International Criminal Court and the Transformation of International Law – Justice for the New Millennium*. Ardsley, New York; 2002, Transnational Publishers, Inc.

[55] *Ibidem*.

INDAGINI TRANSNAZIONALI E TUTELA DEI DIRITTI FONDAMENTALI

TRANSNATIONAL INVESTIGATIONS AND PROTECTION OF FUNDAMENTAL RIGHTS

GIULIO ILLUMINATI[1]
Professor Catedrático Jubilado da Universidade de Bolonha

SOMMARIO: Il tema della protezione dei diritti fondamentali è affrontato da un triplice punto di vista: le forme tradizionali di cooperazione fra Stati, la cooperazione degli Stati nazionali con il Tribunale penale internazionale, la cooperazione all'interno dell'Unione europea nello spazio di libertà, sicurezza e giustizia. Con riferimento a quest'ultima, specifica attenzione è dedicata all'Ordine europeo di indagine e alla istituzione dell'Ufficio del Pubblico ministero europeo. L'esigenza di assicurare l'accertamento e la punizione dei delitti transnazionali non deve oscurare la principale funzione del processo penale come strumento di garanzia dei diritti della persona.

Parole chiave: Diritti fondamentali, Indagini transnazionali, Corte penale internazionale, Ordine europeo di indagine, Pubblico ministero europeo.

ABSTRACT: The issue of protection of fundamental rights in transnational investigations is addressed from a threefold point of view: the traditional forms of cooperation between States, the cooperation of national States with the International Criminal Court, the cooperation within the European Union in the area of freedom, security and justice. With reference to the latter, specific attention is dedicated to the European Investigation Order and to the establishment of the European Public Prosecutor Office. The need to ensure investigation and punishment of transnational crimes must not overshadow the main function of the criminal process as an instrument of safeguard of personal rights.

Keywords: Fundamental rights, Transnational investigation, International Criminal Court, European Investigation Order, European Public Prosecutor.

---

[1] **Como citar este artigo:**
Illuminati, Giulio (2019). Indagini Transnazionali e Tutela dei Diritti Fondamentali. In: Manuel Monteiro Guedes Valente (Coord.). *Criminalidade Organizada Transnacional – Corpus Delicti* I. Coimbra: Almedina, pp. 259-271.

1. Nell'introduzione alla Convenzione ONU contro il crimine transnazionale organizzato (Palermo 2000), l'allora Segretario generale Kofi Annan evidenziava la volontà politica

> «di rispondere ad una sfida globale con una risposta globale. Se il crimine attraversa le frontiere, lo stesso deve fare la repressione penale. Se lo Stato di diritto è minacciato non solo in un paese, ma in molti, allora quelli che lo difendono non possono limitarsi a mezzi puramente nazionali. Se i nemici del progresso e dei diritti umani cercano di sfruttare l'apertura e le opportunità della globalizzazione per i loro scopi, allora noi dobbiamo sfruttare gli stessi fattori per difendere i diritti umani e sconfiggere le forze del crimine, della corruzione e del traffico di esseri umani»

e proseguiva, citando la Dichiarazione del Millennio adottata dalla Conferenza dei Capi di Stato alle Nazioni Unite nel settembre 2000:

> «uomini e donne hanno il diritto di vivere la loro vita e crescere i loro figli dignitosamente, liberi dalla fame e dalla paura della violenza, dell'oppressione e dell'ingiustizia».

Il diritto alla vita e alla sicurezza è senza alcun dubbio un diritto fondamentale che deve essere tutelato prioritariamente. Ma questo è solo un lato dell'impegno a proteggere i diritti fondamentali della persona. Non meno importante è il rispetto delle regole nella repressione penale. Come ha scritto il prof. Raimo Lahti, «il sistema penale deve essere al tempo stesso razionale quanto al suo scopo (l'utilità) e razionale quanto ai suoi valori di base (giustizia, umanità)». Si comprende dunque che le garanzie del giusto processo e il rispetto della persona rappresentano il nucleo indispensabile della lotta contro il crimine transnazionale.

Tuttavia le investigazioni transnazionali e la cooperazione internazionale sono di solito intese esclusivamente come strumento per realizzare un sistema efficiente di repressione penale. Anche le azioni intraprese dall'Unione europea, nel costruire la cosiddetta Area unica di libertà, sicurezza e giustizia hanno fin dall'inizio privilegiato la sicurezza, mentre è sempre risultato molto più difficile raggiungere un accordo politico fra gli Stati membri su uno standard comune di garanzie individuali e diritti processuali.

Ma allora dobbiamo chiederci in cosa consiste l'efficienza della giustizia penale. Il processo penale efficiente è quello che assicura una rapida applicazione della pena, senza ostacoli o limiti legali, oppure quello che mira ad un accertamento dei fatti secondo le regole, valorizzando la propria essenziale funzione cognitiva? La domanda è evidentemente retorica, e quasi banale. Sappiamo che per infliggere una pena la colpevolezza deve essere accertata oltre il ragionevole dubbio, e l'ago della bussola è rappresentato dalla presunzione d'innocenza dell'accusato. Presunzione d'innocenza che non è l'espressione di un generico *favor rei*, ma rappresenta la stessa ragion d'essere del processo penale – strumento di cui altrimenti non ci sarebbe alcun bisogno – e indica le modalità secondo le quali il crimine deve essere combattuto.

2. Non si deve dimenticare che la protezione degli individui nei confronti dell'autorità risulta ancora più centrale quando è declinata a livello sovranazionale.

Le Carte internazionali dei diritti umani hanno avuto il compito di esprimere un'esigenza prioritaria, che si è manifestata molto prima degli attuali strumenti di cooperazione fra gli Stati. Si deve sottolineare come il diritto al giusto processo sia sempre formulato in termini molto simili fra loro, a dimostrazione di un sentimento davvero universale. A partire dall'art. 10 della Dichiarazione universale dei diritti dell'uomo (1948), si possono ricordare l'art. 6 della Convenzione europea per la salvaguardia dei diritti dell'uomo e delle libertà fondamentali (1950); l'art. 14 del Patto internazionale sui diritti civili e politici (1966); l'art. 8 della Convenzione americana sui diritti umani (1969); l'art. 7 della Carta africana dei diritti dell'uomo e dei popoli (1981).

Per quanto riguarda in particolare l'Unione europea, un ruolo determinante va assegnato alla Carta dei diritti fondamentali del 2000, la cosiddetta Carta di Nizza, i cui artt. 47-50 enumerano i principi attinenti alla giustizia: diritto alla tutela giurisdizionale e all'imparzialità del giudice, presunzione d'innocenza, diritto di difesa, principio di legalità, *ne bis in idem*. I diritti, le libertà e i principi sanciti nella Carta di Nizza, come è noto, sono espressamente riconosciuti dall'art. 6 del Trattato di Lisbona, che al comma 3 qualifica inoltre come principi generali del diritto dell'Unione i diritti fondamentali garantiti dalla Convenzione europea e risultanti dalle tradizioni costituzionali comuni agli Stati membri. Non va trascurata, in questa chiave, la clausola di salvaguardia contenuta nell'art 52 comma 3 della Carta di Nizza, in virtù della quale, se i diritti contenuti nella Carta sono corrispondenti a quelli garantiti dalla Convenzione europea, il significato e la portata degli stessi sono uguali a quelli conferiti dalla Convenzione; fermo restando che il diritto dell'Unione può concedere una protezione più estesa.

Si comincia così ad assistere ad una lenta ma costante penetrazione nei sistemi nazionali della tutela dei diritti fondamentali, almeno a livello di standard minimi. Aumenta, più in generale, la consapevolezza culturale del ruolo che tali diritti assumono nelle democrazie moderne.

Le tensioni tra le istanze repressive e le garanzie processuali che inevitabilmente si presentano negli ordinamenti interni si replicano nella cooperazione giudiziaria penale internazionale.

3. L'internazionalizzazione della giustizia penale sta trasformando i sistemi legali tradizionali, basati sul principio della sovranità territoriale.

Il primo problema riguarda le fonti. Le fonti normative, anche in materia penale, non sono più ordinate gerarchicamente, secondo l'accezione consueta, ma compongono un sistema policentrico con il quale occorre confrontarsi a tutti i livelli. Ciò implica fra l'altro la possibile esistenza di giurisdizioni concorrenti, col risultato che la medesima situazione giuridica può avere un valore diverso a seconda del contesto nel quale viene presa in considerazione. È chiaro che la scelta del metodo influenza il risultato: basta pensare alle regole di procedura e prova, determinanti per costruire l'accertamento.

Per altro verso, si assiste ad una sempre maggiore interazione tra sistemi legali differenti, sia per quel che riguarda le tecniche e le modalità di investigazione, sia per quel che riguarda il modo in cui vanno garantiti i diritti fondamentali. Come sappiamo, l'Unione europea punta all'armonizzazione o quanto meno all'approssimazione dei sistemi giuridici nazionali, partendo da principi generali uniformi ed emanando norme vincolanti per tutti gli Stati membri, o indicando tramite le direttive le regole comuni da applicare nel diritto interno.

Da tutto questo deriva la necessità di trovare una sintesi anche attraverso il dialogo fra le corti, nazionali ed europee. La comunità dei giudici e dei giuristi deve imparare a parlare lo stesso linguaggio, e ciò si riflette anche a livello scientifico, dato che sempre maggiore attenzione va riservata al diritto transnazionale, comparato e straniero. Le esigenze della cooperazione internazionale portano anche alla necessità di affinare gli strumenti giuridici a disposizione.

4. Come è emerso anche in queste giornate, esistono almeno tre diversi piani di discussione: *a*) la cooperazione penale fra Stati; *b)* le relazioni con la Corte penale internazionale e i tribunali *ad hoc* dell'ONU; *c)* più specificamente, l'integrazione europea nel campo della giustizia penale.

A) Sotto il primo profilo, vanno prese in considerazione le forme tradizionali di assistenza giudiziaria, basata sulla cooperazione intergovernativa e pertanto soggetta a valutazioni politiche: lo Stato a cui è richiesta l'assistenza, se accetta di compiere l'atto, ne dispone l'esecuzione secondo le proprie norme interne (*lex loci*).

La Convenzione di Palermo del 2000 definisce un reato come transnazionale se è commesso in più di uno Stato, se una parte sostanziale della sua preparazione ha luogo in uno Stato diverso, se coinvolge associazioni criminali attive in più di uno Stato, se ha effetti sostanziali in uno Stato diverso. La Convenzione si applica ai reati di criminalità organizzata, riciclaggio, corruzione, ostruzione alla giustizia e ad altri reati gravi, cioè quelli puniti con pena detentiva di almeno quattro anni nel massimo. I Protocolli aggiuntivi la estendono al traffico di persone, all'immigrazione clandestina e al traffico di armi. È previsto un ampio spettro di strumenti di cooperazione, fra i quali indagini comuni, tecniche speciali di investigazione (consegna controllata, sorveglianza elettronica, operazioni sotto copertura), nonché canali di comunicazione fra le autorità competenti per lo scambio di informazioni. Una menzione a parte meritano le convenzioni antiterrorismo. Dal 1963 al 2018 se ne contano ben diciannove. Vanno ricordate, in particolare, le norme sul congelamento dei beni e i primi passi nell'applicazione del principio *aut dedere aut iudicare*.

Lo scambio di informazioni tra le diverse autorità va assumendo un ruolo sempre più rilevante. Negli anni recenti si è assistito ad un progressivo spostamento dell'azione di contrasto alla criminalità dalla procedura penale ordinaria alla prevenzione: dalle indagini per l'accertamento di un reato commesso (indagini cosiddette "reattive") alle indagini destinate a prevenire la preparazione e la commissione di reati, attivate da un mero sospetto o da una semplice possibilità (indagini cosiddette "proattive").

Il quadro internazionale si riflette nelle legislazioni nazionali, inducendo una profonda trasformazione.

Tende infatti ad offuscarsi la distinzione tra attività preventiva (*intelligence*), di natura amministrativa, e attività di accertamento (*law enforcement*), più propriamente giudiziaria. I servizi di informazione e gli organi di indagine penale finiscono col sovrapporsi quanto a competenze e poteri. Ma l'attività di prevenzione non è soggetta alle garanzie del processo penale, anche se può impiegare misure che interferiscono sui diritti fondamentali: oltre alle tecniche investigative speciali e alla sorveglianza elettronica, basta pensare alla raccolta, conservazione ed elaborazione dei dati personali, che infrangono il diritto al rispetto della vita privata.

Nella Risoluzione adottata al XVIII Congresso dell'Associazione internazionale di diritto penale (Istanbul, 2009) si affermava, fra l'altro, che la reazione al crimine è riservata al giudice penale e non deve essere rimpiazzata da misure amministrative; e che l'uso di misure preventive deve essere eccezionale, precisamente definito dalla legge, compatibile con i diritti umani, secondo i principi di necessità e proporzionalità, e sottoposto all'autorizzazione e al controllo dell'autorità giudiziaria.

Ma il vero problema, dal punto di vista del processualista, è l'utilizzazione dei risultati di questa attività preventiva: perché un conto è usare le informazioni raccolte per indirizzare le indagini, un conto è avvalersene per iniziare un procedimento penale o, ancora di più, utilizzarle come prove per l'adozione di misure coercitive o per l'accertamento del reato. Allora, paradossalmente, garantire le indagini "proattive" rischia di dare maggiore attendibilità ai risultati e renderli utilizzabili nel processo, tradendone la funzione cognitiva. Anche il controllo del giudice su questa attività, necessariamente basato su sospetti o illazioni, rimarrebbe puramente formale, configurando una giurisdizionalità di fatto impossibile.

5. *B)* La cooperazione degli Stati con la Corte penale internazionale e i tribunali *ad hoc* non è semplicemente un mezzo per migliorare l'efficacia delle indagini e facilitare la raccolta delle prove, ma piuttosto un prerequisito indispensabile per il funzionamento stesso del procedimento davanti a questi giudici. La Corte penale internazionale, infatti, non ha i poteri di coercizione diretta necessari per lo svolgimento delle indagini, e può solo emettere ordini di cooperazione, la cui esecuzione, specie per quanto riguarda i modi, è rimessa alla discrezionalità degli Stati.

Per quanto qui importa, potrebbe anche venirsi a creare un conflitto fra gli interessi dello Stato coinvolto e la tutela dei diritti individuali, in particolare il diritto di difesa dell'imputato. Per fare un solo esempio, l'art. 54 comma 3 lett. a) dello Statuto di Roma della Corte penale internazionale prevede che il Procuratore possa concludere accordi di confidenzialità, impegnandosi a non divulgare in nessuna fase della procedura i documenti o le informazioni, ottenute allo scopo di acquisire elementi di prova: e ciò potrebbe porsi in contrasto con le garanzie difensive.

In questo contesto, potrebbe accadere che la cooperazione investigativa sia in concreto realizzata senza assicurare il rispetto dei diritti fondamentali. Lo Statuto, a parte una disciplina dettagliata dell'arresto e della detenzione, non contiene norme specifiche che stabiliscano garanzie per le libertà inviolabili nella fase delle indagini, rinviando alla procedura prevista nella legislazione dello Stato a cui la cooperazione è richiesta, secondo lo schema tradizionale dell'assistenza giudiziaria.

Il problema si sposta dunque sulle regole di ammissione ed esclusione della prova in giudizio. In altre parole, si tratta di verificare se la Corte può utilizzare i risultati di un atto investigativo, che risulti illegale secondo le norme interne dello Stato di riferimento (perquisizione illegittima, intercettazione vietata, dichiarazioni estorte). Sicuramente non è applicabile la dottrina nordamericana dei cosiddetti *"fruits of the poisonous tree"* che, salvo eccezioni, ne escluderebbe l'ammissibilità: stando all'art. 69 comma 8 dello Statuto, la Corte non si pronuncia sull'applicazione della legislazione nazionale dello Stato in cui gli elementi di prova sono stati raccolti.

Rimane, in linea di principio, l'inammissibilità delle prove ottenute in violazione dei diritti dell'uomo internazionalmente riconosciuti (art. 69 comma 7 dello Statuto). Ma tali prove vanno escluse solo se la violazione metta seriamente in dubbio la loro credibilità o l'ammissione comprometterebbe e pregiudicherebbe gravemente l'integrità del procedimento.

Anche senza considerare l'eccessiva discrezionalità così attribuita alla Corte, sia nell'individuare quali sono i diritti «internazionalmente riconosciuti», sia nel valutare l'entità del pregiudizio derivante dalla violazione, si confondono in questo modo due aspetti per noi ben distinti, e cioè l'ammissibilità della prova e l'attendibilità del risultato. Ciò è abbastanza frequente negli ordinamenti di *common law*, ma risulta incompatibile con quei sistemi nei quali l'invalidità è un concetto di natura formale, non subordinato alla dimostrazione dell'esistenza di un effettivo pregiudizio.

Rischia dunque di rappresentare poco più che una clausola di stile la solenne affermazione contenuta nell'art. 21 comma 3 dello Statuto, secondo cui l'applicazione e l'interpretazione del diritto ad opera della Corte devono essere compatibili con i diritti dell'uomo internazionalmente riconosciuti. E nemmeno le Regole di procedura e prova, emanate sulla base dell'art. 51 dello Statuto, forniscono alcuna indicazione specifica sulle modalità con le quali tali diritti debbono in concreto essere attuati nel corso delle indagini.

6. *C)* Nell'ambito dell'Unione europea, come si è già accennato, la cooperazione giudiziaria è stata originariamente impostata in un'ottica marcatamente repressiva e securitaria.

La base legale primaria è rappresentata dall'art. 82 del Trattato sul funzionamento dell'Unione europea, che al comma 2 consente l'adozione, mediante direttive, di norme minime comuni per facilitare il riconoscimento reciproco delle sentenze e delle decisioni giudiziarie e la cooperazione di polizia e giudiziaria nelle materie penali aventi dimensione transnazionale. Tali direttive possono riguardare l'ammissibilità reciproca delle prove, i diritti della persona nella procedura penale, i diritti delle vittime della criminalità ed altri elementi specifici della procedura penale.

Come sappiamo, la novità è rappresentata dall'adozione della procedura legislativa ordinaria anche in materia penale, dopo l'abolizione del sistema cosiddetto dei tre pilastri. La materia penale è da sempre quella in cui maggiore è la sensibilità degli Stati, dato che rappresenta una delle massime espressioni della sovranità.

È stato difficile raggiungere un accordo sulle norme destinate a garantire i diritti della persona nel processo penale. Il programma di Stoccolma del 2009, inteso dichiaratamente a garantire un'Europa sicura dove sono rispettati i diritti e le libertà fondamentali dei cittadini, ha prodotto nel tempo una serie di direttive sulle garanzie minime degli imputati nel processo penale: diritto all'interpretazione e traduzione (2010), diritto all'informazione (2012), diritto al difensore e di comunicare con terze persone dopo l'arresto (2013), presunzione d'innocenza e diritto di presenziare al processo (2016), garanzie per i minori indagati (2016), patrocinio a spese dello Stato (2016). Le direttive sono riferite essenzialmente agli ordinamenti interni degli Stati membri, tenuti a dar loro attuazione, ma essendo diritto dell'Unione sono applicabili a tutti gli strumenti normativi europei di cooperazione giudiziaria penale, anche se talvolta vengono richiamate in maniera occasionale e incompleta.

In tema di indagini transnazionali, lo strumento più importante è rappresentato dall'Ordine europeo di indagine penale (direttiva 2014/41/UE), che prevede il contatto diretto fra le autorità giudiziarie nazionali e il dovere, salvo eccezioni, di compiere l'atto richiesto. L'intento principale, ancora una volta, è quello di semplificare e rendere più efficace la cooperazione giudiziaria, mentre viene trascurato l'obiettivo dell'armonizzazione probatoria (risultato che potrebbe forse ugualmente realizzarsi, ma in maniera parziale e indiretta). Come sempre, è stato necessario contemperare le esigenze degli Stati, che prevedono sistemi di investigazione e di prova molto differenti e livelli di garanzia non omogenei.

In linea con la logica della direttiva, mancano norme specifiche riguardanti gli standard di garanzia dei diritti fondamentali negli atti di indagine previsti, anche se tali diritti sono ripetutamente citati nel preambolo, nei *Considerando* (10), (12), (18), (19), (39). Al riguardo, nella direttiva si rinvia soltanto genericamente ai «principi fondamentali dell'ordinamento dello Stato di esecuzione» (artt. 9 commi 2 e 4, 14 comma 2, 24 commi 2 e 5), e inoltre la loro tutela sembrerebbe rimessa agli «accordi» e alle «consultazioni» fra gli Stati interessati. Non sembra che, almeno stando al testo della direttiva, siano rispettati i criteri di prevedibilità, conoscibilità e chiarezza delle regole richiesti dalla giurisprudenza della Corte di giustizia dell'Unione europea.

Anche il richiamo espresso dell'art. 1 comma 4 della direttiva al già menzionato art. 6 del Trattato di Lisbona, affermando che la direttiva "non ha l'effetto" di modificarne la portata – richiamo che fra l'altro è inopportunamente formulato in forma negativa – rimane alquanto indefinito, oltre a risultare tecnicamente pleonastico, dal momento che sull'applicabilità diretta dei principi della Carta di Nizza (nonché della Convenzione europea dei diritti dell'uomo) non potrebbero comunque sussistere dubbi.

Ciò che si evidenzia in questa disciplina è l'assenza di un sistema europeo globale di garanzie per le indagini transnazionali. Le forme di tutela sono di regola rimesse alle normative interne degli Stati di esecuzione (*lex loci*), che non sempre prevedono garanzie dello stesso livello per il compimento degli atti di indagine: si pensi, ad esempio, alla tassatività dei presupposti, alla riserva di giurisdizione, alla partecipazione della difesa, agli avvisi all'indagato. Tuttavia l'autorità di emissione dell'ordine può indicare formalità e procedure (*lex fori*), che devono essere osservate, sempre che non siano in conflitto con i principi di diritto dello Stato di esecuzione. La previsione sembra peraltro destinata principalmente ad assicurare l'ammissibilità della prova in giudizio nello Stato di emissione.

Alcuni fra i motivi di legittimo rifiuto dell'esecuzione dell'ordine previsti dall'art. 11 della direttiva sono connessi con esigenze di garanzia: si possono ricordare l'esistenza di immunità, privilegi e limitazioni, incluso il diritto al silenzio dell'imputato, secondo la legge dello Stato di esecuzione; il *ne bis in idem* (anche se non sempre facile da accertare); il principio della doppia incriminazione, a meno che non si tratti di atti non coercitivi; si può aggiungere la mancanza del consenso della persona sottoposta alle indagini o dell'imputato, quando richiesto per il compimento dell'atto (artt. 22 comma 2 e 24 comma 2 della direttiva).

Più significativo il rifiuto che può essere opposto, ai sensi del comma 1 lett. f) del citato art. 11, qualora sussistano seri motivi per ritenere che l'esecuzione dell'atto di indagine richiesto nell'ordine «sia incompatibile con gli obblighi dello Stato di esecuzione ai sensi dell'articolo 6 TUE e della Carta». Occorre però notare che anche in questo caso, come negli altri, si tratta sempre di una facoltà, e non di un dovere, dell'autorità di esecuzione, circostanza che non può non sorprendere, visto il livello sovranazionale delle fonti.

Un altro tema rilevante sul quale la direttiva si è sostanzialmente astenuta dall'intervenire è quello dei diritti della difesa. Vero è che l'indagato, l'imputato o il suo difensore possono richiedere l'emissione di un ordine di indagine all'estero, ma solo attraverso l'autorità competente e «nel quadro dei diritti della difesa applicabili conformemente al diritto e alla procedura penale nazionale» (art. 1 comma 3 della direttiva). Ciò pregiudica la parità delle armi in sede di indagini, perché oltre a dover scoprire le carte di fronte all'autorità inquirente, la difesa soffre un deficit di conoscenza, dato che non è al corrente degli atti né degli scambi di informazioni o delle consultazioni eventualmente intercorse fra le autorità degli Stati coinvolti.

Risulta difficile anche il controllo, da parte della difesa, sulla legittimità degli atti di indagine, e in particolare sul rispetto del principio di proporzionalità, più volte affermato dalla Corte di giustizia. Tanto più che tale verifica sarebbe di competenza dell'autorità di emissione, mentre quella di esecuzione, se non la condivide, può solo avviare consultazioni. Non è chiaro se, a loro volta, le parti possono far valere in questa sede le eventuali violazioni occorse in fase di emissione dell'ordine. L'art. 6 comma 2 della direttiva apparentemente devolve la questione esclusivamente all'autorità di emissione, ma sembra logico che quando siano coinvolti i diritti fondamentali la violazione possa essere fatta valere dalla parte anche davanti all'autorità di esecuzione, dal momento che tale circostanza, come si è visto, legittima il rifiuto di eseguire l'atto.

7. Un cenno va dedicato anche al regolamento (UE) 2017/1939 sulla istituzione dell'Ufficio del Pubblico ministero europeo (EPPO), destinato a realizzare una più efficiente investigazione ed esercizio dell'azione penale nei confronti dei delitti contro gli interessi finanziari dell'Unione europea.

La funzione principale dell'ufficio non è quella di assicurare l'assistenza giudiziaria penale fra gli Stati. E nemmeno si tratta di un organo centralizzato a livello europeo, come era concepito nel disegno originario, con competenze estese a tutto il territorio degli Stati partecipanti a questa forma di cooperazione rafforzata. La cosiddetta rinazionalizzazione, determinata, nel corso di una lunga negoziazione, dalle resistenze degli Stati a perdere il controllo esclusivo dell'azione penale, ne ha ridotto il ruolo a quello di organo nazionale specializzato (i pubblici ministeri europei delegati), con un vertice ed una organizzazione centrale non gerarchici, destinati quasi esclusivamente a funzioni di coordinamento.

Tuttavia, la sua rilevanza ai nostri fini non è del tutto marginale, ed emerge chiaramente nel caso di prove transnazionali, come può accadere frequentemente in considerazione del tipo di reati presi in considerazione. Senza contare che in prospettiva – anche se, visto l'attuale momento politico, ciò appare di difficile realizzazione – la competenza potrebbe essere estesa fino ad includere reati gravi di dimensione transnazionale (art. 86 comma 4 del Trattato sul funzionamento dell'Unione europea).

In questi casi è previsto un rapporto diretto fra i pubblici ministeri europei delegati (quello incaricato del caso e quello destinato a prestare assistenza in uno Stato diverso), e nell'esecuzione delle misure investigative si osservano le formalità e le procedure indicate dal pubblico ministero incaricato del caso, a meno che, come abbiamo già visto a proposito dell'ordine europeo di indagine, esse non siano in conflitto con i principi fondamentali del diritto dello Stato di esecuzione (art. 32 del regolamento).

Anche in questi casi la protezione dei diritti individuali è lasciata alla legislazione nazionale. Un numero molto ridotto di articoli è dedicato alle garanzie processuali, e si limita a richiamare gli standard minimi richiesti dalle già menzionate direttive sul rafforzamento dei diritti degli indagati o accusati.

Quello che manca, nonostante la vocazione – almeno teorica – ad operare su tutto il territorio degli Stati aderenti, è un sistema di regole procedimentali comuni per la fase delle indagini. Non ha avuto seguito la proposta a suo tempo elaborata da una commissione di accademici europei presieduta dalla prof. Katalin Ligeti dell'Università di Lussemburgo, che prevedeva una specifica disciplina (*Model rules*) delle misure investigative utilizzabili, distinguendo fra misure non coercitive, misure coercitive senza autorizzazione del giudice, misure coercitive subordinate a previa autorizzazione. Al Pubblico ministero europeo dovevano essere conferiti solo i poteri di indagine espressamente riconosciuti nelle *rules*, e una specifica attenzione era dedicata alla tutela del diritto di difesa.

Bisogna riconoscere che la proposta era commisurata alla figura, pensata originariamente e poi abbandonata, di un Pubblico ministero europeo centralizzato e con competenza generale. Attualmente, come si è detto, le regole (e le garanzie) del procedimento sono quelle previste dalla legislazione nazionale, quindi differenziate a seconda del luogo in cui si svolgono le indagini.

A questo riguardo, l'art. 37 del regolamento stabilisce che il giudice non può escludere le prove «per il solo motivo che sono state raccolte in un altro Stato membro o conformemente al diritto di un altro Stato membro». In questo modo si stabilisce un criterio generale di libera circolazione della prova fra le diverse giurisdizioni, senza tener conto del fatto che a determinare il risultato della prova sono precisamente le modalità di acquisizione e di formazione, che possono variare anche notevolmente.

In particolare, il regolamento nulla dispone circa la sorte delle prove raccolte illegalmente, lasciando la decisione al giudice del luogo in cui si svolge il giudizio, che è quello del pubblico ministero europeo incaricato delle indagini. Ma nel caso di reati transnazionali la competenza del pubblico ministero è determinata secondo regole poco precise, che possono anche essere discrezionalmente modificate dall'ufficio se la deroga è «debitamente giustificata» (art. 26 comma 4 del regolamento) o è «nell'interesse generale della giustizia» (art. 26 comma 5 del regolamento). È facile pensare che questo possa dar luogo a fenomeni di *forum shopping*, tanto più che nei confronti di eventuali violazioni nel corso delle indagini non è nemmeno ammesso il ricorso diretto alla Corte di giustizia dell'Unione europea, come era previsto nella proposta originaria. Ne segue una contraddizione con l'art. 47 comma 2 della Carta di Nizza, secondo cui il tribunale deve essere sempre prestabilito dalla legge.

8. Non si può fare a meno di segnalare, nel concludere, che tutti gli strumenti normativi di cooperazione giudiziaria penale, basati sui principi tradizionali del diritto penale, sovranità, territorialità e giurisdizione esclusiva, cominciano a risultare non più adeguati di fronte al progresso tecnologico nella raccolta delle informazioni.

Basta pensare alla prova informatica, alla captazione in tempo reale delle comunicazioni, alla raccolta e alla elaborazione dei dati, mezzi di indagine per i quali la localizzazione degli elementi da raccogliere e analizzare non è più determinante. Le indagini nel cyberspazio non richiedono più necessariamente di passare attraverso le procedure di mutua assistenza, poiché è ugualmente possibile l'accesso diretto alla fonte remota, dipendente dal luogo in cui si trova il *server* che gestisce i dati, oppure effettuato mediante il cosiddetto *trojan virus* informatico, inoculato segretamente nel terminale fisso o mobile oggetto di sorveglianza.

La sorveglianza elettronica svolta in funzione di *intelligence*, come abbiamo detto in precedenza, rischia di far regredire il processo penale da strumento cognitivo, funzionale ad assicurare un metodo di accertamento garantito, a puro e semplice arnese poliziesco. Sotto questo profilo, occorre restare sempre vigili nei confronti delle forzature che tendono a strumentalizzare il processo penale per finalità di politica criminale dimenticando la sua funzione di garanzia, che ne rappresenta la ragione di essere.

La scienza e la tecnologia procedono senza aspettare il diritto, e la sfida è recuperare terreno rispetto ai progressi della società dell'informazione. Ciò è tanto più importante quando si tratta di operare su scala globale.

MÉTODOS EXPEDITOS DE OBTENÇÃO DE PROVA: OS VALORES DEMOCRÁTICOS EM RISCO?

EXPEDITED METHODS OF EVIDENCE: DEMOCRATIC VALUES AT RISK?

GERMANO MARQUES DA SILVA[1]
Professor Catedrático da Universidade Católica Portuguesa

SUMÁRIO: Introdução. 1. Métodos expeditos de produção de prova. 2. A presunção de inocência. 3. Quebra de segredo. 4. As investigações pró-ativas. 5. Delatores e arrependidos. 6. Especialização dos órgãos de polícia criminal e dos tribunais. Fecho.

Palavras-Chave: métodos expeditos; prova; delatores; arrependidos; polícia.

SUMMARY: Introduction. 1. Expedited methods of proof production. 2. The Presumption of Innocence. 3. Breach of secrecy. 4. Proactive Investigations. 5. Whistleblowers and repentant. 6. Specialization of criminal police bodies and courts. Close.

Keywords: Expedited methods; proof; whistleblowers; repentant; police.

INTRODUÇÃO

I. A "*Criminalidade Organizada Transnacional*" é implementada e consequência, em grande parte, da globalização que alargou também o âmbito da criminalidade, não só no espaço que passou a ser o mundo, mas também o tipo de crimes, sobretudo os de natureza económica e financeira, primeiro pilar da globalização. Em nome da necessidade de combate a esse tipo de criminalidade para defesa das comunidades vão-se preconizando

[1] **Como citar este artigo:**
Silva, Germano Marques da (2019). Métodos Expeditos de Obtenção de Prova os Valores Democráticos em Risco? In: Manuel Monteiro Guedes Valente (Coord.). *Criminalidade Organizada Transnacional – Corpus Delicti* I. Coimbra: Almedina, pp. 273-290.

e adotando, um pouco por toda a parte, métodos expeditos de obtenção de prova, que frequentemente abalam princípios que são conquista da civilização e componentes essenciais do ideal democrático.

Para o enfraquecimento desses princípios, estruturantes do Estado de direito democrático e que foram aprofundados após a 2ª Grande Guerra, muito tem contribuído o populismo penal reinante nesta sociedade pós-moderna, impulsionado em grande parte pela política criminal dos Estados Unidos da América, mas que é fruto da conjugação de fenómenos vários, para além da globalização e do terrorismo na ordem transnacional, também a corrupção nos negócios, transnacionais e nacionais, a imigração e o desemprego. Todos estes fatores geram o crescimento exponencial da delinquência urbana, por uma parte, a que se junta a expansão de uma certa comunicação de massas, por outra, que provocam o medo na população e despertam o espírito securitário a abafar ou limitar significativamente os princípios inspiradores do direito penal liberal, desde logo o princípio da humanidade das penas criminais e a restrição das garantias processuais, tidas por muitos, agora, como excessivas, – como se, para garantia da liberdade e da justiça, possa haver garantias excessivas! – e que imediatamente tem como consequência a aplicação desmesurada da prisão preventiva como meio normal, como instrumento ao serviço da investigação, e ainda que a lei a considere medida excepcional de cariz estritamente processual é, na prática, frequentemente confundida com a antecipação da pena[2].

A prevenção deu lugar à pura retribuição e o propósito e esforço de reinserção social do delinquente à sua segregação e acantonamento nas prisões que abarrotam de presos por toda a parte. As penas aumentam e a comunicação social de massas, e agora também essa nova forma de comunicação descontrolada que é a das redes sociais, reivindica constantemente o seu agravamento para segregação dos condenados em nome dos perigos que ameaçam a segurança; renasce a intolerância e a xenofobia e muitos que é suposto defenderem convictamente os valores inerentes ao ideal democrático, que reclama um direito penal mínimo para a máxima expansão das liberdades, perdem a voz, ou juntam-se aos extremistas em

[2] A lei confia aos juízes o controlo dos pressupostos no caso concreto, mas fica-se muitas vezes com a impressão de que a prisão preventiva é aplicada não em razão das necessidades do caso concreto, mas como antecipação da pena e como mera medida de prevenção geral negativa.

nome da segurança e necessidade de prevenir o novo fluxo de criminalidade. O povo, amedrontado, espanta-se que os presos, mesmo os preventivos na base de meras suspeitas, possam ter direitos!

Na América já não são só os Republicanos a exigirem o endurecimento do direito penal, o direito como vingança, e na Europa é vê-los a levantar cabeça um pouco por toda a parte. É o direito penal do inimigo teorizado por JAKOBS; o direito penal, o processo penal e a prevenção criminal são agora meros instrumentos no combate à criminalidade, porque neste tempo é sobretudo o crime que conta e de que é preciso proteger a sociedade. É o direito penal inspirado e contaminado pelo discurso da guerra, «guerra contra o terrorismo», expressão lançada por Bush na sequência do 11 de Setembro de 2001, mas também «guerra contra a droga», «guerra contra a pedofilia», «guerra contra a corrupção», enfim «guerra contra a criminalidade», a legitimar um grau superior de violência e desprezo pelo Direito, a manipular a opinião pública e a promover uma visão simplista do mundo, a fazer do direito penal uma arma, uma arma dissuasiva e não um meio de assegurar a paz civil. Neste novo contexto o suspeito torna-se desde logo o inimigo a abater, segregando-o o mais cedo possível atrás dos muros das prisões. Os direitos de cada um, a humanidade de todos e cada um, passam a poder sacrificar-se ao colectivo, em nome da paz da maioria? Mas não será isto a negação dos direitos humanos?

II. Durante muitos anos tenho pugnado pela ideia de que a eficácia do combate à criminalidade, em qualquer dos seus domínios, organizada ou não, transnacional ou doméstica, há de alcançar-se sobretudo pelo engenho e arte dos "polícias"*[3], nunca pela força bruta, ainda que com cobertura legal, pelo artifício ou pela atuação processualmente desleal, que degradam quem as sofre, mas não menos quem as usa. E se não desisti ainda da militância por esta ideia é porque estou absolutamente convencido que esse é o único caminho compatível com os valores da sociedade livre e democrática e que os exemplos de violação de princípios e valores em que assenta a sociedade livre não são, muito longe disso, índice de eficiência das forças de combate ao crime, e a defesa que ainda muitos fazem dos métodos ditos "expeditos" se me apresenta frequentemente por voluntarismo generoso e militante pela justiça mais do que por necessidade experimentada. Não basta

[3] *Ética Policial e Sociedade Democrática*, Lisboa: ISCPSI, 2001, p. 99 ss.

acreditarmos no rigor das instituições; é necessário que em cada processo se possa comprovar sempre a legalidade e lealdade de procedimentos para que não fiquem nunca suspeitas sobre a justiça das condenações.

Tenho para mim, e disso estou também firmemente convicto, que a democracia, enquanto forma de convivência cívico-política, enquanto complexo de ideias e instituições de um Estado social de direito, assenta em três elementos fundamentais e imprescindíveis: a soberania do povo, o reconhecimento dos princípios do direito natural e o culto da liberdade, não apenas como direito, mas como virtude pessoal e coletiva[4].

A soberania do povo é absolutamente indispensável e imprescindível para a democracia, mas não é absoluta e exclusiva norma de democraticidade, exige correlativamente o reconhecimento e o respeito do direito natural, como justificação e fundamentação[5] da integridade e dignidade da pessoa humana.

O direito natural está hoje em grande parte positivado nos textos internacionais sobre declarações de direitos. Pode dizer-se, empiricamente, que o direito natural é o direito das minorias, o direito dos fracos, o direito dos vencidos, o direito dos perseguidos, o direito de toda e cada pessoa ao reconhecimento da sua integridade e dignidade.

Os direitos fundamentais, direitos humanos ou direitos naturais, são direitos morais, i.e, exigências éticas e direitos que os seres humanos têm pelo facto de serem humanos e, portanto, com um direito igual ao seu reconhecimento, protecção e garantia por parte do poder político e do direito; direito igual, baseado na propriedade comum a todos de serem seres humanos, e direito igual de humanidade independente de qualquer contingência histórica ou cultural, característica física ou intelectual, poder político ou classe social[6].

O terceiro elemento que deve entrar sempre na definição da democracia e sua prática é o culto da liberdade, como direito e como virtude. Mas o

---

[4] D. António Ferreira Gomes, «Democracia, Sindicalismo, Justiça e Paz», *Direito e Justiça*, Vol. 1, n.º 1 (1980), p. 7.

[5] *Idem, idem*, p. 10: «Se assim não for, teremos a confusão do justo e do injusto no mesmo plano, teremos o desaparecimento da própria noção de direito e justiça, teremos a tortura e a morte do inocente por capricho do mais forte ou por via da "razão de Estado"».

[6] Eussébio Fernandez, *Estúdios de Ética Jurídica*, Madrid, 1990, p. 65.

que interessa à democracia ao nível cívico-político não é propriamente a liberdade de cada um, mas a liberdade dos outros[7].

Na relação com os outros a expressão e tutela da liberdade está na lei, lei legítima e devidamente promulgada. Na lei como expressão temporal do ideal de justiça, na sua administração e no seu julgamento por tribunais independentes e eficazes. A lei promulgada e a sua justa aplicação constituem, na contingência humana, a condição da liberdade. A lei é a garantia da liberdade. Culto da liberdade é em grande parte sinónimo de culto da legalidade[8], da legalidade democrática, evidentemente.

III. Perdoem-me esta longa introdução, ainda por cima aparentemente despropositada a propósito do tema anunciado para a minha comunicação, mas não me proponho falar-vos do direito positivo acerca dos meios mais ou menos expeditos do combate ao crime organizado ou dos instrumentos policiais propostos aqui e ali para esse combate, ou não só nem sobretudo, mas essencialmente refletir convosco sobre os riscos para a democracia – o subtítulo da minha comunicação – quando a propósito da criminalidade grave e organizada e com o pretexto do seu combate se sacrificam valores e princípios instrumentais essenciais da democracia.

O que pretendo realçar é que também no combate ao crime organizado importa assegurar o mais profundo respeito pelos princípios e valores do Estado de direito democrático e a minha profunda convicção de que o processo penal comum é geralmente bastante para reagir com firmeza contra esse fenómeno que corrói as sociedades modernas e põe em risco o ideal democrático.

É essa, aliás, a questão fundamental: o respeito dos princípios fundamentais do processo penal democrático ou o seu abandono ou restrição, e respetiva medida, no combate ao crime organizado.

---

[7] Guy Haarscher, *A Filosofia dos Direitos do Homem* (trad. de Armando Pereira da Silva, Instituto Piaget, p. 135: «o que os direitos do homem significam, não ***é*** que o indivíduo tenha doravante uma liberdade sem peias, ***mas que o respeito pelo outro indivíduo constitua a norma última do político»***.

[8] D. António Ferreira Gomes, *ob. cit.*, p. 14.

1. MÉTODOS EXPEDITOS DE PRODUÇÃO DE PROVA

Quando se preconizam métodos expeditos de produção de prova – e também na avaliação da prova! – o que se pretende afinal? Investigações aceleradas, simplificação de processos de investigação, uso de métodos de obtenção de prova que estão vedados na investigação da criminalidade comum, nomeadamente pelo cerceamento das garantias processuais da defesa que são conquista civilizacional? Ao fim e ao cabo tudo se resume na limitação dos direitos de defesa e dos direitos fundamentais, em geral. Como referi já de passagem, no combate ao terrorismo, o próprio sistema Norte Americano – esse País que por muitos é considerado como a pátria da democracia – admite o uso de certos meios de tortura para obter provas e um pouco por todo o lado onde o terrorismo mais se fez sentir (Reino Unido, França, Espanha, Bélgica,,,) foram decretadas medidas legislativas no sentido de limitar ou afastar as tradicionais garantias de defesa, nomeadamente no que respeita aos métodos de obtenção de prova. Princípios que julgávamos definitivamente adquiridos, como o princípio da presunção de inocência, da proibição de presunções legais de culpa, dos agentes provocadores, da reserva da intimidade, etc. etc., estão a ser esvaziados do seu teor garantístico, já não apenas no combate ao flagelo do terrorismo, mas estendendo-se paulatinamente a todo o tipo de criminalidade, especialmente a de tipo económico financeiro. Parece estar a regressar-se à mitologia grega e romana, aos deuses Hermes e Mercúrio, que eram deuses protetores dos comerciantes e dos ladrões, cujas qualidades pessoais se confundiam, e a presumir-se agora também que todo o homem de negócios só tem sucesso se for também ladrão e por isso que há que o presumir culpado de um qualquer crime. Não se tem a coragem de o proclamar em letra de lei, mas a prática conduz frequentemente a essa presunção...e a justificar métodos expeditos de produção de prova assentes na presunção de culpa. Ao *nemo tenetur* contrapõe-se o "quem cala consente", como diz o povo, mas a *vox populi* não é por si só sinónimo de democraticidade ...

O princípio lógico da prova significa que quem acusa tem de provar os factos da acusação, mas o princípio político, quando inspirado na doutrina do direito penal do inimigo, é outro. Agora, qualquer indício, por muito leve que seja, faz impender sobre o suspeito o ónus de provar a sua inocência. Neste contexto, os juízes e demais agentes do sistema penal têm de desempenhar a sua função sob a pressão dos meios de comunicação social de massa, de alguns políticos menos avisados e das pulsões de vingança que se insinuam na sociedade. E é novamente a presunção popular, a *vox populi* a insinuar que "ninguém enriquece a trabalhar honestamente" ou noutra expressão também popular que «quem cabritos vende e cabras não tem de algum lado lhe vêm!».

2. A PRESUNÇÃO DE INOCÊNCIA

I. A primeira questão que importa colocar, porque condiciona quase todas as outras que se suscitam na problemática do combate à criminalidade, organizada ou não e nacional ou transnacional, respeita ao princípio da presunção de inocência, quer na sua expressão política de organização do processo, quer na sua expressão lógica em matéria de decisão sobre a prova. Concretamente, é admissível a presunção de culpa, mais ou menos ilidível?

Consideremos apenas este último aspecto, o do *in dubio pro reo.* O princípio da presunção de inocência é antes de mais um princípio natural, lógico, de prova. Com efeito, enquanto não for demonstrada, provada, a culpabilidade do arguido não se lhe podem imputar os factos da acusação, sendo inadmissível a sua condenação. Por isso que o principio da presunção de inocência seja identificado por muitos autores com o principio *in dubio pro reo,* e que efetivamente o abranja, no sentido de que um *non liquet* na questão da prova deva ser sempre valorado a favor do arguido.

A dúvida sobre a culpabilidade é a razão de ser do processo. O processo nasce porque uma dúvida está na sua base e uma certeza deveria ser o seu fim. Dados, porém, os limites da possibilidade do conhecimento humano, sucede frequentemente que a dúvida inicial permanece dúvida a final, não obstante todo o esforço para a superar. Em tal situação, o princípio da presunção de inocência imporá a absolvição do acusado já que a condenação significaria a consagração de um ónus de prova a seu cargo baseado na prévia presunção da sua culpabilidade, ou seja, princípio contrário, princípio de presunção de culpa. Sucede que alguns consideram exagerada a importância deste princípio, sobretudo em períodos de acentuada criminalidade ou relativamente à criminalidade organizada. Será admissível, mesmo naquelas circunstâncias, a presunção de culpa?

Tenho para mim que a condenação penal é também castigo a resgatar a culpa do delinquente pelo que é de todo inaceitável a condenação sem a certeza moral da culpabilidade a redimir; é inaceitável que numa sociedade em que o valor primeiro é, ou deveria ser, a pessoa humana possa a condenação penal ter outra finalidade utilitária, como a da mera prevenção geral, alheando-se da culpa do condenado.

II. Mas a questão da presunção de culpa não é pura especulação e tem assento, ainda que limitado, também no sistema processual penal português. Com efeito, o n.º 1 do artigo 7º da Lei n.º 5/2002, de 11 de Janeiro, dispõe que *em caso de condenação pela prática de crime referido no artigo 1º* (tráfico de estupefacientes, de arma e de veículos furtados, terrorismo, corrupção passiva e peculato, branqueamento de capitais, associação criminosa, contrabando, lenocínio e tráfico de menores e contrafação de moeda e de títulos equiparados), *e para efeitos de perda de bens a favor do Estado, presume-se constituir vantagem da actividade criminosa a diferença entre o valor do património do arguido e aquele que seja congruente com o seu rendimento lícito.*

A nossa lei estabelece a possibilidade de ilidir a presunção, impondo esse ónus ao condenado. Tenho sérias reservas quanto a esta medida, porque muitas vezes é de prova impossível a origem lícita dos bens, nomeadamente que estavam na titularidade do arguido há pelo menos cinco anos no momento da constituição como arguido.

Suponhamos que o arguido ao longo da sua vida amealhou um determinado património e o converteu em joias, metais e pedras preciosas e mesmo notas do banco e o tem guardado num escaninho de sua casa como ainda é frequente em Portugal, memória da descolonização e mais recentemente dos escândalos bancários que fizeram a tantos perder as suas economias de uma vida! Não será que terá dificuldades e frequentemente até impossibilidade de provar a origem lícita desses bens? Não seria muito mais razoável, mais justo e mais eficaz que, primeiro, se prevenisse e só no limite se confiscasse! Dá muito trabalho e falta a imaginação. Mas lá está a medida – que não é original de Portugal que nestas coisas está sempre pronto a copiar os maus exemplos! – inserida no diploma que estabelece medidas especiais de combate à criminalidade organizada e económico financeira... (Lei nº 5 de 2002). E os outros crimes? A mero exemplo: os crimes fiscais e não só o de contrabando ou lenocínio organizados! Porquê aqueles crimes ou só aqueles? Procurarei responder nas conclusões.

III. Ainda a propósito da presunção de inocência e do grau de convicção necessário para a condenação. Já se vai querendo introduzir na doutrina e prática judicial uma regra simplesmente aritmética ou estatística, a afastar a exigência tradicional de que a convicção moral do julgador há de ser a *convicção para além de toda a dúvida razoável*, fundamentada nas provas dos factos produzidas e discutidas em julgamento, regra que há de assentar simplesmente num grau de probabilidade, probabilidade que varia em função da natureza do crime. E se para os crimes comuns, como o homicídio e quejandos, será de exigir uns 80 ou 90% de probabilidade para a criminalidade dita organizada e económico financeira, onde se destaca a corrupção (fruto dos negócios) nas suas diversas espécies, bastará uma probabilidade de uns 50 ou 60%!!! Não exagero; esta ideia é alimentada ou pretensamente justificada pela dificuldade de prova deste tipo de criminalidade![9]

Mas há muitos outros casos de limitação dos princípios democráticos do processo, mesmo na Lei n.º 5/2002. Vejamos só mais um exemplo: a quebra de segredo profissional.

3. QUEBRA DE SEGREDO

I. Dispõe a lei nº 5/2002 que nas fases de inquérito, instrução e julgamento de processos relativos à criminalidade organizada e económico financeira, o segredo profissional dos membros dos órgãos sociais das instituições de crédito e similares, dos seus empregados e de pessoas que a elas prestem serviço, bem como o segredo dos funcionários da administração fiscal, cedem, se houver razões para crer que as respectivas informações têm interesse para a descoberta da verdade, sendo que a quebra do segredo depende unicamente de ordem da autoridade judiciária titular da direcção do processo, em despacho fundamentado. A lei comum já admite a quebra do segredo bancário no seu artigo 136º do CPP, mas reserva a competência ao tribunal superior àquele em que o incidente tiver sido suscitado e só o permite em atenção à imprescindibilidade desse meio de obtenção da prova. Exige-se um controlo jurisdicional por um tribunal superior; agora

[9] Giovanni Tuzet, *Filosofia della prova giuridica*, 2ª ed.,2016, G. Giappichelli Editore, Turim, p. 104 ss.

basta simplesmente a alegação de que o uso desse meio tem interesse para a descoberta da verdade. É fraca a exigência, ou antes, é nula a exigência...

Mas não se fica por aqui a quebra dos segredos. Também a legislação sobre branqueamento de capitais usa e abusa da quebra do segredo por mera iniciativa e decisão do Ministério Público, como mais adiante aprofundarei, se tiver tempo.

II. Devo deixar claro que não me repugna nada que certos segredos, nomeadamente os atinentes ao exercício da função pública, *v.g.* fiscais, e à actividade bancária, cedam perante as necessidades de combate à criminalidade organizada, como não me repugna que cedam, em geral, relativamente ao combate a quaisquer tipos de crime, desde que a sua gravidade o justifique (principio da proporcionalidade).

A relevância que entre nós têm assumido as discussões sobre o segredo, especialmente o segredo bancário, tem explicações históricas relativamente recentes e que foram a razão da sua consagração; refiro-me à devassa pública das contas bancárias no período revolucionário imediatamente a seguir à Revolução de Abril. O problema dessa devassa pública não está totalmente ultrapassada, se tivermos presente a apetência que têm os media por certo tipo de criminalidade e, em especial certa categoria de agentes, e o risco de devassa para os que se venham a revelar inocentes. É que a investigação não respeita apenas aos criminosos, mas aos simplesmente suspeitos.

O direito à reserva é importante e pode não ter nada a ver com actividades criminosas e por isso que deve ser protegido até onde não seja necessário para o combate à criminalidade.

Com a moda que se vai generalizando da constituição de jornalistas como assistentes dos processos mais mediáticos [artigo 68º, nº 1, e)], qualquer cidadão arrisca a ver a sua vida em números espelhada nas páginas dos jornais ou nos écrans televisivos, mesmo se não for sujeito a acusação ou vier a ser declarado inocente. Tem-se visto no dia a dia, porque também o segredo de justiça é quebrado todos os dias, e nunca se chega a saber por quem. O empenhamento das autoridades não parece ser muito a este propósito!

III. A quebra do segredo bancário oferece-me uma reflexão marginal. Não é tanto a proteção da intimidade que é geralmente invocada para a consagração deste segredo – e essa intimidade pode efetivamente ser posta em causa, já que hoje os registos bancários constituem em grande parte a biografia financeira das pessoas e através dessa biografia é a própria vida privada e até intima que pode ser devassada – mas sobretudo a proteção do sistema económico-financeiro pelo receio da fuga dos capitais para os locais onde o segredo seja mais fortemente tutelado.

É precisamente esta explicação que frequentemente é apresentada para a justificação da consagração mais ou menos rígida do segredo bancário a nível nacional que cria uma certa perplexidade. Neste empenhamento a nível internacional no combate à criminalidade grave não seria mais curial que os países se esforçassem e entendessem para acabar com as bolsas em que os segredos são quase absolutos, sabido como é que grande parte dos produtos da actividade criminosa passam por esses "paraísos"? Entretanto, enquanto isso não acontece, compreende-se o cuidado com que legislador nacional trata o sigilo bancário na criminalidade comum, cuidado que não constitui entrave à investigação criminal. Porquê um regime especial sem garantias de sigilo para a criminalidade económica e financeira?!

4. AS INVESTIGAÇÕES PRÓ-ATIVAS

A chamada investigação pró-ativa, apontada frequentemente como uma forma privilegiada de combate à criminalidade organizada, não é senão um modo de atuação de prevenção, consagrada nas nossas leis, em geral, mas especialmente na Lei n.º 36/94, de 29 de setembro, que estabelece medidas de combate à corrupção e criminalidade económica e financeira.

Dispõe o n.º 3 do artigo l.s da Lei n.º 36/94 que as acções de prevenção compreendem, designadamente:

a) A recolha de informações relativamente a notícias de factos susceptíveis de fundamentar suspeitas do perigo da prática de um crime;
b) A solicitação de inquéritos, sindicâncias, inspecções e outras diligências que se revelem necessárias e adequadas à averiguação da conformidade de determinados actos ou procedimentos administrativos, no âmbito das relações entre a Administração Pública e as entidades privadas.

Trata-se, está bem de ver, de atividades pré-processuais de caráter preventivo em domínios especiais da criminalidade e que só merecem destaque porque nos domínios da criminalidade grave e organizada para a sua prossecução pode lançar-se mão de meios que em regra só são usados nas fases processuais.

Por isso que a investigação pró-ativa, quando recorre a meios que podem afetar os direitos fundamentais, só deva ser usada no domínio das infrações especialmente graves (princípio da gravidade e proporcionalidade), com recurso a meios previstos na lei (princípio da legalidade), de modo subsidiário e sempre com sujeição a controlo das autoridades judiciárias, nos mesmos termos estabelecidos para a atividade processual. É isso que a nossa lei estabelece para a criminalidade organizada e económico-financeira. Penso que igual faculdade deve ser alargada a todo o tipo de criminalidade, ponderando naturalmente a proporcionalidade e necessidade desses meios de investigação pré –processual.

Questão muito importante é a do controlo da legalidade dos meios a que se recorre nestas investigações e da admissibilidade e possibilidade de controlo da legalidade por parte da defesa quando elementos de prova obtidos nesta fase são depois transpostos para o processo penal. A este propósito tem havido um braço de ferro entre o Ministério Público e um dos juízes de Instrução do Tribunal Central de Investigação Criminal, conflito de todo incompreensível porque se não for possível à defesa controlar a aquisição da prova é o contraditório que se frustra e o contraditório sobre a prova, nomeadamente sobre o modo da sua aquisição, é trave essencial do processo penal democrático. A defesa não tem de confiar em ninguém; nem na polícia, nem no Ministério Público, nem nos juízes, e tem o direito de conhecer como é que a prova junta aos autos foi obtida para verificar da regularidade da sua aquisição. É que, quando falha o controlo, e sobretudo quando se sabe de antemão que não há possibilidade de controlo da legalidade por parte dos arguidos, todos os abusos são possíveis; é da história. Também há magistrados do Ministério Público e judiciais que de quando em vez esquecem os seus deveres, especialmente quando pressionados pela pulsão populista de guerra ao crime organizado!

5. DELATORES E ARREPENDIDOS

I. Pretendia tecer algumas considerações sobre o método de investigação que usa os agentes infiltrados e os provocadores (Lei nº 101/2001, de 25 de Agosto). Não temos tempo para aprofundar a apreciação e há nesta matéria geral consenso de repúdio dos agentes provocadores. Direi apenas que a provocação é de rejeitar em absoluto, e assim o faz a nossa lei. É que a provocação não é apenas informativa, é formativa; não revela o crime e o criminoso, mas cria o próprio crime e o próprio criminoso. E inaceitável absolutamente como método de investigação criminal, uma vez que gera o seu próprio objeto.

Há que ponderar que a ordem pública é mais perturbada pela violação das regras fundamentais da dignidade e da retidão da atuação judiciária, pilares fundamentais da sociedade democrática, do que pela não repressão de alguns crimes, por mais graves que sejam, pois são sempre muitos, porventura a maioria, os que não são punidos, por não descobertos, sejam quais forem os métodos de investigação utilizados.

A capacidade para o bem e para o mal está em cada um de nós como uma possibilidade que as circunstâncias estimulam – «a ocasião faz o ladrão». Raros merecem a veneração devida aos Santos e as honras aos Heróis! Por isso que é de excluir liminarmente como método de investigação criminal a provocação ao crime. Para o evitar, para que afinal se cumpra a lei que os proíbe, é necessário insistir sempre, sobretudo junto daqueles que detêm o poder, pelo culto da legalidade e estar atentos.

Tenho também muitas reservas quanto ao método dos agentes infiltrados, sobretudo porque o recurso a esses métodos de investigação podem contribuir para a desconfiança e quebra de solidariedade entre os cidadãos. E por isso que só no limite, quando absolutamente necessário para a investigação de crimes graves, também o recurso aos agentes infiltrados – nunca aos provocadores deve ser utilizado. A história demonstra as monstruosidades a que esta técnica de investigação deu lugar, sobretudo nos regimes autoritários, mas é preciso estar atentos porque o autoritarismo está sempre à espreita e muitas vezes revestido de aparente fervor democrático.

Dizemos no limite, ou seja, quando a inteligência dos agentes da justiça ou os meios sejam insuficientes para afrontar com sucesso a criminalidade e esta ponha gravemente em causa os valores fundamentais que à Justiça criminal cabe tutelar. E que uma sociedade organizada na base do respeito pelos valores da dignidade humana, que respeite e promova os valores da amizade e da solidariedade, que vise a construção de um pais mais livre, mais justo e mais fraterno, não pode consentir que o exercício de uma função soberana possa constituir a causa da quebra da solidariedade entre os seus membros, possa ser motivo de desconfiança no próximo, conduzir ao egoísmo e ao isolamento .

II. Outra técnica muito usada no combate ao crime organizado consiste em conceder prémios processuais e penais aos delatores. Digo delatores e não arrependidos porque o arrependimento não anda necessariamente de mão dada com a delação. É método que me perturba e me repugna. A nossa lei também o consagra, sobretudo no âmbito da corrupção e tráfico de estupefacientes.

Dispõe o artigo 8.º da Lei n.º 36/94, de 29 de setembro, que nos crimes de corrupção, peculato e participação económica em negócio e infracções económico-financeiras de dimensão internacional ou transnacional, *a pena pode ser especialmente atenuada se o agente auxiliar concretamente na recolha das provas decisivas para a identificação ou a captura de outros responsáveis.* E o artigo 9.º do mesmo diploma vai ainda mais longe ao dispor que *no crime de corrupção activa, o Ministério Público, com a concordância do juiz de instrução, pode suspender provisoriamente o processo, mediante a imposição ao arguido de injunções e regras de conduta,* se se verificar, entre outros, o seguinte pressuposto: b) *ter o arguido denunciado o crime ou contribuído decisivamente para a descoberta da verdade.*

Evidentemente que se o arrependimento é sincero merece o prémio; o arrependimento foi sempre uma importante causa de atenuação das penas criminais. O que me repugna, e mais até me preocupa, é o prémio atribuído em troca do auxílio na investigação e que as mais das vezes de arrependimento não tem nada. É que a lei exige que o arrependido «contribua para a identificação ou captura de outros responsáveis» e assim teremos que o delinquente se pode dispor a colaborar, denunciando os seus comparsas na criminalidade, só para obter o prémio da atenuação ou do arquivamento do processo e pode até acontecer que este "arrependido" forje provas para obter esse prémio.

Fiquei muito impressionado há uns meses atrás com um filme exibido na televisão em que se tratava precisamente do prémio aos arrependidos no tráfico de estupefacientes. Todos os arguidos receberam prémios, pela forma de atenuação acentuada das penas, menos uma, a inocente, porque, desconhecendo absolutamente os factos criminosos, não conhecia nenhum dos seus agentes e por isso não podia colaborar com as autoridades, não tinha nada para denunciar, não tinha nada para dar em troca. Foi condenada a 20 anos, salvo erro, enquanto o cérebro da organização, seu namorado, foi apenas condenado em 5 anos. A injustiça foi mais tarde parcialmente corrigida através de um perdão parcial da pena, graças à intervenção de uma instituição que na América luta contra este tipo de injustiças, contra a lei dos arrependidos/delatores.

É esse o risco, mas não é só essa a razão do meu repúdio.

III. No XVI Congresso Internacional de Direito Penal, realizado em Budapeste, em setembro de 1999, foi aprovada uma resolução quanto aos arrependidos:

> *Não recomendar o uso de "arrependidos" pelas dificuldades suscitadas por esta instituição quanto à legitimidade do sistema penal e ao princípio da igualdade perante a lei. Não obstante, as pessoas suspeitas de pertencerem a uma organização criminosa que decidam colaborar com as autoridades judiciais podem beneficiar de uma redução da pena nas condições seguintes: a) que o uso de informações procedentes de arrependidos se encontre previsto de maneira precisa pela lei (princípio da legalidade); b) Deve exigir-se a aprovação judicial (princípio da jurisdicidade),' c) os arguidos não podem ser condenados unicamente com base nos testemunhos de arrependidos; d) só pode recorrer-se a arrependidos para prova de infracções graves (principio da proporcionalidade); e) o arrependido não pode beneficiar do anonimato.*

Parece-me que o nosso sistema não se afasta destas recomendações, mas é precisa muita cautela na prática processual para evitar os erros judiciários induzidos pelos falsos arrependidos. É que quando o "arrependimento" visa apenas o prémio, todas as cautelas são poucas.

IV. As penas criminais têm nos sistemas penais finalidades diversas, mas na sua essência são sempre repressão, são castigo. Têm sempre como suporte a culpa dos criminosos e como finalidade primeira a sua remição.

Não consigo entender de todo que a culpa se possa redimir com o prémio da delação. O criminoso acaba por ficar impune, pelo menos na medida em que a pena que sofre não tem correspondência com a sua culpa, mas com a sua instrumentalização ao serviço da perseguição criminosa. É útil a delação na investigação e perseguição dos crimes e dos criminosos? Porventura que sim, mas isso significa pura e simplesmente a instrumentalização do arguido no interesse do coletivo. Pagar ao criminoso a sua colaboração com perdão total ou parcial da pena merecida pelo crime que cometeu representa a subversão dos princípios sagrados do direito penal, significa o desrespeito pela própria dignidade do criminoso.

6. ESPECIALIZAÇÃO DOS TRIBUNAIS E DOS ÓRGÃOS DE POLÍCIA CRIMINAL

I. Há hoje geral consenso em que para o combate à criminalidade é conveniente, mesmo necessária, a especialização dos órgãos de polícia criminal e também do Ministério Público. Alinho nesse entendimento.

Mas há também quem reclame que os próprios tribunais deveriam ser especializados porque as dificuldades que as policias e o Ministério Público enfrentam nas fases pré-processuais e preparatórias do processo também se revelam na fase de julgamento. Por enquanto a questão não nos respeita porque a nossa Constituição proíbe a existência de tribunais com competência exclusiva para o julgamento de certas categorias de crimes (artigo 209.0, n.º 4, da CRP). São também razões históricas a justificar esta proibição, mas que ainda estão muito presentes no subconsciente colectivo.

II. Evidentemente que para investigar um qualquer crime é necessário que o investigador conheça a realidade do fenómeno que investiga, mas será também necessário que o julgador seja especializado na matéria? De registar apenas que é bem diverso investigar os factos e recolher as provas, tarefa da investigação criminal, e julgar da conformidade dos factos com a lei, tarefa do julgamento.

O aprofundamento da análise levar-nos-ia a questionar a natureza da sentença. Enunciativa ou constitutiva? Verdade científica ou verdade judicial? Ciência ou Direito? Ficará para outra oportunidade...

A FECHAR

É tempo de concluir e vou fazê-lo de pronto.

Como tinha anunciado não me propus uma análise técnica da legislação portuguesa sobre os instrumentos específicos de combate à criminalidade organizada. Para tanto o tempo desta sessão era muito curto. Foi minha intenção enunciar a traços leves alguns dos métodos e meios processuais hoje preconizados para este tipo de combate, alertando para os riscos que o seu uso envolve no que respeita aos direitos fundamentais dos cidadãos.

Conclui, e se isso não resultou claro da minha exposição clarifico-o agora, que o sistema jurídico português dispõe dos instrumentos jurídicos comuns adequados para esse combate e que são, em geral, razoáveis, porque prevêem as medidas de controlo adequadas contra os abusos sempre possíveis. São esses instrumentos, comuns, que julgo também suficientes para combater qualquer tipo de criminalidade, mesmo a denominada "criminalidade organizada e económico financeira".

Mas o que me importava realçar é que por muito boas que sejam as leis, para além das leis importa o modo como são aplicadas, o espírito que anima todos os que participam neste combate. É que, como frequentemente repito, parafraseando D. António Ferreira Gomes, não tenhamos ilusões: enquanto não entrar bem fundo nas ideias e nos costumes que o respeito absoluto pelos direitos fundamentais da pessoa humana é o limite de toda a atividade de investigação criminal, *sempre a polícia, qualquer polícia do mundo, sobretudo onde intervêm ideologias e apartheids de qualquer natureza, violará a dignidade pessoal, decerto por brio e eficácia profissional, mas não só.*

Por isso que se é dever de todos, dos mais altos magistrados ao mais modesto dos cidadãos, absolutamente necessário travar o combate contra a criminalidade organizada, é também não menos necessário travar o combate da cultura democrática: pelo respeito dos direitos naturais e no culto da liberdade. Sem qualquer destes combates, é a própria comunidade que está sempre em perigo.

Como Professor da Universidade Católica não me ficará mal que termine esta comunicação parafraseando o Papa Francisco no seu Discurso à Delegação da Associação Internacional de Direito Penal, em 23 de outubro de 2014. Disse o Papa:

> *«Já são muitas as convenções e os tratados internacionais sobre esta matéria e proliferaram as hipóteses de crime que se destinam a proteger não tanto os cidadãos, que afinal são as últimas vítimas — em particular os mais vulneráveis — quanto a tutelar os interesses dos agentes dos mercados económicos e financeiros.»*

Por aqui me fico, absolutamente convencido que Sua Santidade tem razão,

Muito obrigado pela atenção com que escutaram este meu discurso tão politicamente desajustado.